21世纪应用型本科会计系列教材

新编成本会计

主编 张蔚文 凌辉贤
副主编 郑朝亮 邓巧飞 杨玉国 刘丽

XINBIAN CHENGBEN KUAIJI

Southwestern University of Finance & Economics Press
西南财经大学出版社

图书在版编目(CIP)数据

新编成本会计/张蔚文,凌辉贤主编.—成都:西南财经大学出版社,2011.8

ISBN 978-7-5504-0410-6

Ⅰ.①新… Ⅱ.①张…②凌… Ⅲ.①成本会计 Ⅳ.①F234.2

中国版本图书馆 CIP 数据核字(2011)第 175371 号

新编成本会计

主　编:张蔚文　凌辉贤

副主编:郑朝亮　邓巧飞　杨玉国　刘　丽

责任编辑:李特军

助理编辑:袁晓丽

封面设计:穆志坚

责任印制:封俊川

出版发行	西南财经大学出版社(四川省成都市光华村街 55 号)
网　　址	http://www.bookcj.com
电子邮件	bookcj@foxmail.com
邮政编码	610074
电　　话	028-87353785　87352368
印　　刷	四川森林印务有限责任公司
成品尺寸	185mm×260mm
印　　张	14.25
字　　数	320 千字
版　　次	2011 年 9 月第 1 版
印　　次	2011 年 9 月第 1 次印刷
印　　数	1—3000 册
书　　号	ISBN 978-7-5504-0410-6
定　　价	28.00 元

前言

在市场经济环境下，会计信息格外引人注目，计量组织提供产品和服务的成本是会计信息的三大功能之一，成本会计的目标正是为内部和外部信息使用者提供产品或服务的成本信息，这样成本会计便构成财务会计和管理会计的联系纽带和桥梁。我们吸收了会计实际工作和教学工作中的实践经验，在著名会计学家郭道扬教授的指导下编写了《新编成本会计》，以此来阐述成本核算与分析的理论、方法及其各行业中成本实务操作技术。

谁将从本书中受益?

本书主要作为高等院校会计学和财务管理学专业的主干课程教材，也可用作其他相关专业的教材和参考书，还可供从事不同层次会计教学工作的教师、从事会计实务的管理人员及从事经济工作的管理人员阅读参考。

主要内容与章节安排

我们在安排本书章节顺序时，从简明易懂的角度出发，考虑到了课程的特点和教学安排两方面的因素，全书共分十二章，前四章以工业制造企业为背景，完整地介绍成本会计的基本理论和核算原理，第五章至第七章主要介绍工业制造企业外的其他类企业的成本核算实务，主要包括商业企业、工程类企业、交通运输企业的成本核算，以满足不同教学对象的需要，最后五章我们考虑到更多学生将到广大的服务业（第三产业）就业的要求，详尽地介绍了服务业（第三产业）企业成本核算的主要内容，以满足更多层次读者的需要。我们认为这样安排内容与章节，结构合理，内容完整，难度适中，易于学习和理解。

主要特点

《新编成本会计》与其他各种同类教材相比，体现了如下特点，使得本书成为一本更有价值的教材，这些特点主要包括：

1. 新颖性

我们在编写时注重以教材使用者需要掌握的成本核算的技能来安排内容，以最近的成本核算资料贯穿于案例中，并将新会计准则和相关会计制度的变更运用到教材编写中。

2. 简明性

我们从“理论够用为度”的目标出发，按照着重掌握成本会计实用技能的指导方针来安排教材的结构和内容，全书内容重点突出，简明扼要，实务案例翔实。

3. 全面性

我们充分考虑了本教材的独立性和完整性，本教材内容涵盖了所有行业成本核算，同时特别突出了服务业，同时限于篇幅我们也舍弃了部分内容，这样可以避免与同类教材的不必要重复。

4. 专业性

我们通过大量的案例，来强化学生的实际动手和操作能力，增强社会适应能力，实践性强。同时本书的编写是众多专业人士合作的成果，这些专业人士包括会计学教授、高级会计师、注册会计师、注册税务师、财务总监等。

致谢

本书由张蔚文教授和凌辉贤副教授共同拟定写作大纲和进行最后的审定，具体由凌辉贤副教授（注册税务师、会计师）、郑朝亮高级会计师（MBA\财务总监）、刘丽讲师（硕士、高级审计主管）、欧阳春云讲师（硕士、注册会计师）、邓巧飞副教授（注册税务师、会计师）、杨玉国副教授（会计师）进行编写，宋林财副教授提了大量的宝贵意见。全书编写过程中借鉴吸收了众多成本会计专家学者的既有优秀成果，由于篇幅所限，未能一一注明，在此谨向相关作者深表诚挚的谢意。由于时间仓促和水平有限，书中疏漏之处在所难免，恳请广大读者批评指正，以便再版时修订。

编　者

2011 年 8 月于广州

华南师范大学独立学院（增城学院）

目录

第一章　成本会计导论

【内容提要】

伴随着企业生产方式的变革、管理技术的发展，成本会计逐渐从财务会计和管理会计中分离出来，成为会计学的一个重要分支，用以计量组织成本，为信息使用者提供成本信息。本章主要阐述成本会计的基本理论和基本概念，具体包括：成本的含义，成本会计的对象，成本会计的目标与职能以及实务中成本的工作组织。

第一节　成本会计的概念、对象和目标

一、成本的含义、成本和费用

（一）成本的含义

1．理论成本

成本是价值范畴，是商品经济发展到一定阶段的产物。马克思主义政治经济学指出，产品价值 W = C + V + M，产品成本是（C + V）价值之和。

C：物化劳动价值（生产资料中转移的价值）

V：劳动者自己创造的价值（活劳动的耗费）

M：劳动者为社会创造的价值（归社会支配的部分，包括税金与利润）

马克思的成本价值理论仍然适用于我国社会主义市场经济条件下的产品价值。从理论上讲，产品成本是生产产品过程中已耗费的、能用货币表现的生产资料的价值与相当于工资的劳动者自己创造的价值的总和，即产品生产中耗费的物化劳动和活劳动的货币表现，这就是成本的经济实质，这种成本称为“理论成本”

2．现实成本

在现实的经济活动中，很难确定纯粹的理论成本（C + V）。因此在实际工作中，为了加强成本的管理，减少生产的损失，把某些不构成成本的支出（如废品损失、停工损失、保险费等）列入成本之中，同时也可能将某些构成产品成本的耗费不列入产品成本中（如期间费用直接计入当期损益），从而导致实际补偿价值和已消耗的理论成本不一致，形成了现实成本的概念。产品成本，一般将其称为成本开支范围（由国家统一规定），一切与产品生产有关的支出，均应计入产品成本中，这样做是为了提高指标的综合反映能力，有利于进行成本分析与考核。

3. 管理成本

管理成本是企业内部为管理需要所计算的成本，即由于管理需要而产生的成本概念。美国会计学会所定义的成本与标准委员会于1995年所定义的成本为“成本是指为达到特定目的而发生或应发生的价值牺牲，它可用货币单位加以衡量”。这一定义无论是外延还是内涵都远远超出了产品成本概念的范围。在西方发达国家中，企业为适应经营管理的不同目的，运用不同的成本概念，如变动、固定、边际、机会、差别等成本概念。

4. 财务成本

这是管理成本概念的对称，是按现行企业会计制度的有关规定所计算的成本，包括生产经营成本和期间成本（费用）两部分。它是用于企业内部成本管理和向外部报告的成本概念，也称法定成本、制度成本和账面成本。故将其定义为：企业为生产产品、提供劳务而发生的各种耗费。

成本是商品经济的产物，是商品经济中的一个经济范畴，是商品价值的主要组成部分，成本的内容往往要服从于管理的需要。此外，由于从事经济活动的内容不同，成本含义也不同。随着社会经济的发展，企业管理要求的提高，成本概念和内涵都在不断地发展、变化，人们所能感受到的成本范围也就逐渐地扩大。

不同的经济环境，不同的行业特点，对成本的内涵有不同的理解。但是，成本的经济内容归纳起来有两点是共同的：一是成本的形成以某种目标为对象。目标可以是有形或无形的产品，如新技术、新工艺，也可以是某种服务，如教育、卫生系统的服务目标。二是成本是为实现一定的目标而发生的耗费，没有目标的支出是一种损失，不能叫做成本。

（二）成本与费用

成本与费用是一组既有紧密联系又有一定区别的概念。正确区分成本与费用是成本会计的重要前提。

成本是指企业生产某种产品或提供劳务过程中做成某件事情的代价、发生的耗费的总和，成本是对象化的费用。费用是指企业在获取当期收入的过程中对企业所拥有或控制的资产的耗费，是会计期间与收入相配比的成本。成本代表经济资源的减少，而费用是会计期间为获得收益而发生的成本。成本会计关注的是成本而不是费用。

（三）期间成本的含义

期间成本也称期间费用，又称为非产品成本或非制造成本，是与产品生产活动没有直接联系的成本。它不计入成本，而是直接归入当期损益的本期费用。期间成本包销售费用、管理费用和财务费用三项。

1. 销售费用

销售费用是指企业在销售商品过程中发生的各项费用，包括为了取得购买单位的订单而发生的广告费、促销费、展览费和交运产品给购买单位而发生的包装、运输、装卸等费用，以及专设销售机构（包括销售网点、售后服务网点等）的人员工资及福利费、类似工资性质的费用、业务费等经营费用。

2．管理费用

管理费用是指企业为组织和管理整个企业的生产经营，使其正常运作所发生的费用，以及技术转让费、研究与开发费、无形资产摊销、房产税、车船使用税、土地使用税、印花税和职工教育经费等费用。

3．财务费用

财务费用是指企业在筹资、调剂外汇和调整外汇牌价等财务活动中所发生的费用，包括应当作为期间费用的利息支出（减利息收入）、汇兑损失（减汇兑收益）以及相关的手续费等。

二、成本对象及其特点

成本会计对象指的是成本会计核算和监督的内容。成本会计的对象概括为：企业生产经营过程中发生的生产经营业务成本和期间费用。成本会计实际上是成本、费用会计。成本会计主要研究生产部门为制造产品而发生的成本即产品生产成本，所以成本会计核算和监督的内容主要是指产品生产成本。成本对象是为了核算经营业务成本而确定的归集经营费用的各个对象，也是成本的承担者。成本对象可以是一种产品、一项服务、一位顾客、一张订单、一份合同、一个作业或是一个部门。

成本会计的一个中心目标是计算产品成本，为对外财务报告服务。产品成本的具体含义取决于其所服务的管理目标。产品有有形产品和无形产品两种。生产性企业生产有形产品，如电视机、计算机、家具、服装和饮料等。劳务性企业提供无形产品，如保险服务、旅游服务、咨询服务等；汽车租赁、电话出租和保龄球等都是由顾客使用组织的产品或设施。与有形产品相比，无形产品主要有四大方面的特点：无形性、瞬时性、不可分割性和多样性。无形性是指某项服务的购买者在购买之前无法直接感觉到该项服务的存在，因而服务是无形产品；瞬时性是指顾客只能即时享受服务，而不能储存到未来；不可分割性是指服务的提供者与购买者通常有直接的接触，以使交换得以发生；多样性是指服务的提供比产品的生产有着更大的差异性，提供服务的工人会受到所从事工作、工作伙伴、教育程度、工作经验、个人因素等的影响。可见，无形产品成本计算有其特殊性。

三、成本会计的目标

成本会计目标是指成本会计工作应达到的目的和要求。成本会计目标是一定政治、经济和社会环境的产物，具有历史性、时代性，反映特定环境对成本会计的要求。不同历史时期、不同经济发展水平以及不同社会制度下，成本会计的目标亦有所不同。这是由特定环境下成本会计的对象、内容、性质及其职能所决定的，尤其是成本会计职能的制约。因此，成本会计目标应与其职能相适应，在职能范围内制定科学、可行、先进的目标，在目标的实施过程中体现其功能作用。

（一）成本会计的基本目标

成本会计的基本目标是指成本会计的长期性、根本性、终极性目标，公认的观点是经济效益。成本会计正是从费用成本的计量、记录、计算及监督等方面着手，为提高经济效益服务，并以经济效益为最高目标。成本会计的产生、发展，正是基于对费用成本的反映与监督，基于对经济效益的关注和追求，与经济效益具有密不可分的关系。

（二）成本会计的具体目标

成本会计的具体目标是指成本会计实践中向谁提供会计信息、提供哪些会计信息、怎样提供会计信息。

1. 成本会计信息的服务对象

众所周知，财务会计是一种对外报告会计，其服务对象主要是企业所有者、债权人及国家政府有关部门。成本会计是一种对内报告会计，这是由社会主义市场经济环境所决定的。成本费用是企业员工素质、技术水平、管理水平、机器设备的先进程度、企业地理位置及交通通信状况等诸多因素的集中反映，所有这些都是企业内部的事，有的属于企业合法的商业秘密，企业没有义务也不可能对外报告。因此成本会计的服务对象主要是企业内部的有关部门和人员，应包括以下五个方面：

一是企业行政管理部门。企业经济效益的高低是考核其工作业绩的主要尺度之一，而经济效益的主要制约因素在于成本费用。因此，企业的行政管理部门一方面要了解各产品的生产耗费金额及其结构，从中检测各项技术改造措施、专有技术与专利权的应用效果，考核各项降低成本措施的落实和执行情况，分析评价成本费用的升降对当期利润的影响，为实施工作奖惩提供客观依据。另一方面，企业行政管理部门还要掌握期间费用的支出情况，尤其是管理费用的支出金额及其结构，了解其发展趋势，为加强人员管理、节约经费开支提供参考依据。此外，财务费用的利息支出、汇兑损失，销售费用中的广告费、包装费等也是行政管理部门关心的重要内容。

二是企业生产管理部门。包括工厂、车间等组织和管理生产过程的部门。这些部门处于产品生产的具体组织、指挥、协调和控制的第一线，对产品生产的耗费内容、耗费方式最为了解并对产品的制造成本具有控制能力，是企业最高层的责任成本中心。因此企业生产管理部门对本部门的直接材料、直接人工及制造费用的耗费最为关心。成本会计向企业生产管理部门提供制造成本的详细信息，也是其重要的工作目标之一。

三是企业基层生产单位。工段、班组是产品生产的最基层单位，是直接材料费、直接人工费的发生地，是最基本的责任成本中心。企业的班组核算内容，主要是成本核算，班组是成本考核对象之一，成本会计也要向这些单位提供有关成本会计信息。

四是企业内部员工。在经济责任制的约束下，职工必将关心其生产耗费情况，因为生产耗费直接关系到职工的切身利益。成本会计有义务向职工报告成本会计信息（一般通过职工代表大会报告）。

五是其他有关会计分支。财务会计虽然向成本会计提供资产价值、负债状况等资料，以便于成本核算，但在计量资产和利润过程中，则需要成本会计为其提供在产品成本、半成品成本、产成品成本等资料，以便于编制财务会计报告。此外，在管理会计进行成本预测、决策、控制过程中，也需要成本会计为之提供基础成本会计信息。

2. 成本会计信息的服务内容

成本会计信息的服务对象不同，所需求的会计信息也不同。首先，服务对象的层次越高，所需求的成本会计信息越具综合性、全面性，反之亦然。其次，在企业内部管理过程中，有关管理部门可能随时要求成本会计提供特定的成本会计信息，其内容具有一定的不确定性。客观地讲，成本会计所提供的日常成本信息，从不同角度进行组合、分类后，可以形成全然不同的成本信息，以满足不同目的需要。对此可从成本费用分类和成本会计报表中得到答案。

3. 成本会计信息的服务方式

一是通过凭证、账簿、报表等形式，提供直接材料、直接人工、制造费用、期间费用及其细节的账内成本会计信息，这些信息一般是定期、定向提供的。二是通过账外统计、计算提供，如变动成本、固定成本、加工成本、边际成本等。这些信息一般是不定期、不定向提供的。三是通过专题报告形式向特定对象提供有关成本信息。四是通过口头汇报方式向有关方面提供成本信息，如年终决算后对职代会的成本费用报告，回答有关政府机构、企业所有者的成本费用咨询等。总之，由成本会计的对内服务特性所决定，它的服务方式也显得灵活多样，具有提供方法、内容、对象及时间等方面的可变性。

第二节　成本会计的职能

成本会计的职能，是指成本会计作为一种管理经济的活动，在生产经营过程中所固有的功能和作用，它随着社会经济的发展和管理水平的不断提高而变化。由于现代成本会计与管理紧密结合，因此，它实际上包括了成本管理的各个环节。现代成本会计的主要职能有成本预测、成本决策、成本计划、成本控制、成本核算、成本分析和成本考核。

一、成本预测

成本预测是指运用一定的科学方法，对未来成本水平及其变化趋势做出科学的估计。通过成本预测，掌握未来的成本水平及其变动趋势，有助于减少决策的盲目性，使经营管理者易于选择最优方案，做出正确决策。

二、成本决策

成本决策是指依据掌握的各种决策成本及相关的数据，对各种备选方案进行分析比较，从中选出最佳方案的过程。成本决策与成本预测紧密相连，它以成本预测为基础，是成本管理不可缺少的一项重要职能，它对于正确地制订成本计划，促使企业降低成本，提高经济效益具有十分重要的意义。

成本决策涉及的内容较多，包括可行性研究中的成本决策和日常经营中的成本决策。由于前者以投入大量的资金为前提来研究项目的成本，因此这类成本决策与财务管理的关系更加紧密；后者以现有资源的充分利用为前提，以合理且最低的成本支出为标准，属于日常经营管理中的决策范畴，包括零部件自制或外购的决策、产品最优组合的决策、生产批量的决策等。

三、成本计划

成本计划是企业生产经营总预算的一部分，它以货币形式规定企业在计划期内产品生产耗费和各种产品的成本水平以及相应的成本降低水平和为此采取的主要措施的书面方案。成本计划属于成本的事前管理，是企业生产经营管理的重要组成部分，通过对成本的计划与控制，分析实际成本与计划成本之间的差异，指出有待加强控制和改进的领域，达到评价有关部门的业绩、增产节约、促进企业发展的目的。

企业的整体预算从销售预算开始，最终流向预计收益表和预计现金流量表，而成本计划是主要的中间环节，所以做好成本计划对企业的经营管理有重要的意义。

四、成本控制

所谓成本控制，是企业根据一定时期预先建立的成本管理目标，由成本控制主体在其职权范围内，在生产耗费发生以前和成本控制过程中，对各种影响成本的因素和条件采取的一系列预防和调节措施，以保证成本管理目标实现的管理行为。

成本控制的过程是运用系统工程的原理对企业在生产经营过程中发生的各种耗费进行计算、调节和监督的过程，同时也是一个发现薄弱环节、挖掘内部潜力、寻找一切可能降低成本途径的过程。科学地组织实施成本控制，可以促进企业改善经营管理，转变经营机制，全面提高企业素质，使企业在市场竞争的环境下生存、发展和壮大。

五、成本核算

成本核算是对生产经营管理费用的发生和产品成本的形成所进行的核算。进行成本核算，首先审核生产经营管理费用，看其是否已发生，是否应当发生，已发生的是否应当计入产品成本，实现对生产经营管理费用和产品成本直接的管理和控制。其次对已发生的费用按照用途进行分配和归集，计算各种产品的总成本和单位成本，为成本管理提供真实的成本资料。

六、成本分析

成本分析是按照一定的原则，采用一定的方法，利用成本计划、成本核算和其他有关资料，控制实际成本的支出，揭示成本计划完成情况，查明成本升降的原因，寻求降低成本的途径和方法，以达到用最少的劳动消耗取得最大的经济效益的目的。

七、成本考核

成本考核是指定期通过成本指标的对比分析，对目标成本的实现情况和成本计划指标的完成结果进行的全面审核、评价，是成本会计职能的重要组成部分。其意义在于：

（1）评价企业生产成本计划的完成情况；

（2）评价有关财经纪律和管理制度的执行情况；

（3）激励责任中心与全体员工的积极性。

在经济活动完成之后，将成本、效益的实际指标同计划指标进行比较，可以评价企业成本会计的完成情况，以提高企业的成本管理水平和经济效益。需要强调的是，成本考核要与一定的奖惩制度相结合，通过成本考核，用经济、行政手段进行激励，可以调动各成本责任单位与全体员工更好地完成成本计划的积极性。

成本会计的各种职能是相互联系的，它们互为条件、相辅相成，放松或削弱任何一种职能，都不利于加强成本会计工作。成本预测是成本会计的第一个环节，它是进行决策的前提；成本决策是成本会计的重要环节，在成本会计中占中心地位，它既是成本预测的结果，又是制订成本计划的依据；成本计划是成本决策的具体化；成本控制是对成本计划的实施进行监督，是实现成本决策既定目标的保证；成本核算是成本会计最基本的职能，它提供企业管理所需的成本信息资料，是发挥其他职能的基础，同时也是对成本计划能否得到实现的最后检验；成本分析和成本考核是实现成本决策目标和成本计划的有效手段，只有通过成本分析，查明影响成本高低的原因，制定和执行、改进和完善企业管理的措施，才能有效降低成本。正确评价和考核各责任单位的工作业绩，才能调动各部门和全体职工的积极性，进行有效控制，为切实执行成本计划、实现企业既定目标提供动力。

第三节 成本会计的工作组织

成本会计工作是一项综合性的管理工作，它贯穿于企业生产经营活动的全过程。因此，通过合理组织，充分发挥其积极作用，是做好成本会计工作的前提条件。企业成本会计工作的组织，主要包括设置成本会计机构、配备成本会计人员和制定成本会计制度。

一、设置成本会计机构

（一）成本会计机构的设置

成本会计机构是指企业从事成本会计工作的职能单位，是企业会计机构的组成部分。设置成本会计机构应明确企业内部对成本会计应承担的职责和义务，坚持分工与协作相结合、统一与分散相结合、专业与群众相结合的原则，使成本会计机构的设置与企业规模大小、业务繁简、管理要求相适应。

由于成本会计工作是会计工作的一部分，因而企业的成本会计机构一般是企业会计机构的一部分。在大中型企业，厂部的企业会计机构一般设在厂部会计部门中，是厂部会计处的一个成本核算科室；在小型企业，通常在会计部门中设置成本核算组或专职成本核算人员负责成本会计工作。

厂部成本会计机构是全厂成本会计的综合部门，负责组织全厂成本的集中统一管理，为企业管理当局提供必要的成本信息；进行成本预测和成本决策；编制成本计划，并将成本计划分解下达给各责任部门；实行日常成本控制，监督生产费用的支出；正确地核算企业产品成本及有关费用；检查各项成本计划的执行结果，分析成本变动的原因。考核各责任部门和个人的成本责任完成情况，实行物资利益分配；组织车间成本核算和管理，加强对班组成本核算的指导和帮助；制定全厂的成本会计制度，配备必要的成本会计人员。

（二）成本会计机构的组织分工

企业内部各级成本会计机构之间的组织分工，有集中工作和分散工作两种方式。

（1）集中工作方式，是指成本会计工作中的核算、分析等各方面工作，主要由厂部成本会计机构集中进行，车间等其他单位中的成本会计机构和人员只负责登记原始记录和填制原始凭证，对它们进行初步的审核、整理和汇总，为厂部进一步工作提供资料。

（2）分散工作方式，亦称非集中工作方式，是指成本会计工作中的核算和分析等方面工作，分散由车间等其他单位的成本会计机构或人员分别进行。厂部成本会计机构负责对各下级成本会计机构或人员进行业务上的指导和监督，并对全厂成本进行综合的核算、分析等工作。

二、配备必需的成本会计人员

就思想品德而言，要求成本会计人员应具备脚踏实地、实事求是、敢于坚持原则的作风和高度的敬业精神；就业务素质而言，要求成本会计人员不仅要具备较为全面的会计知识，而且要掌握一定的生产技术和经营管理方面的知识。

成本会计机构和成本会计人员应在总会计师和会计主管人员的领导下，忠实地履行自己的职责，认真完成成本会计的各项任务，并从降低成本、提高企业经济效益的角度出发，参与制定企业的生产经营决策。

成本会计人员是指在会计机构或专设成本会计机构中所配备的成本工作人员，对企业日常的成本工作进行处理，诸如成本计划、费用预算、成本预测与决策、实际成本计算和成本分析、考核等。成本核算是企业核算工作的核心，成本指标是企业一切工作质量的综合表现，为了保证成本信息质量，对成本会计人员业务素质要求比较高。具体要求如下：

（1）会计知识面广，对成本理论和实践有较好的基础；

（2）熟悉企业生产经营的流程（工艺过程）；

（3）刻苦学习和任劳任怨的品质；

（4）良好的职业道德。

三、确定成本会计工作的组织原则和组织形式

任何工作的组织都必须遵循一定的原则，成本会计工作也不例外，它的组织原则主要有：

(1) 成本核算必须与成本管理相结合;

(2) 成本会计工作必须与技术相结合;

(3) 成本会计工作必须与经济责任制相结合。

成本会计工作的组织形式,主要是从方便成本工作的开展和及时准确地提供成本信息的需要,按成本要素划分为材料成本、人工成本和间接费用成本组织核算。

(1) 材料组:一般由企业厂部成本会计人员与仓库材料管理人员共同负责,主管材料物资和低值易耗品的采购、入库、领用、结存的明细分类核算,定期盘点清查,计算材料成本费用,并对全过程进行控制和监督。

(2) 工资组:主管应付职工的工资、奖金的计算与分配的明细分类核算,并对全过程进行严格的控制和监督。

(3) 间接费用组:间接费用的核算一般是由厂部成本会计人员负责进行,这部分费用可按成本习性分为变动费用和固定费用,而变动费用以弹性预算进行控制,固定费用则用固定预算进行控制。

四、制定成本会计制度

成本会计制度是成本会计工作的规范,是会计法规和制度的重要组成部分。企业应遵循国家有关法律、法规、制度,如《中华人民共和国会计法》、《企业财务通则》、《企业会计准则》、《企业会计制度》等的有关规定,并适应企业生产经营的特点和管理要求,制定企业内部成本会计制度,作为企业进行成本会计工作具体和直接的依据。

各行业企业由于生产经营的特点和管理要求不同,所制定的成本会计制度有所不同,就工业企业来说,成本会计制度一般应包括以下几方面的内容:

(1) 关于成本预测和决策的制度;

(2) 关于成本定额的制度和成本计划编制的制度;

(3) 关于成本控制的制度;

(4) 关于成本核算规程的制度,包括成本计算对象和成本计算方法的确定,成本项目的设置,各项费用分配和归集的程序和方法,完工产品和在产品之间的费用分配方法等;

(5) 关于责任成本的制度;

(6) 关于企业内部结算价格和内部结算办法的制度;

(7) 关于成本报表的制度;

(8) 其他有关成本会计的制度。

成本会计制度是开展成本会计工作的依据和行为规范,其是否科学、合理,会直接影响成本会计工作的成效。因此,成本会计制度的制定,是一项复杂而细致的工作。在成本会计制度的制定过程中,有关人员不仅应熟悉国家有关法规、制度,而且应深入基层做广泛、深入的调查和研究工作,在反复试点、具备充分依据的基础上进行成本制度的制定工作。但随着时间的推移,实际情况往往会发生变化,出现新的情况时应根据变化了的情况,对成本会计制度进行修订和完善,以保证成本会计制度的科学性和先进性。成本会计制度一经确定,就应认真贯彻执行。

第二章 成本核算的一般程序和方法

【内容提要】

成本核算是成本会计最基本的职能，也是成本会计最主要的内容。本章主要阐述成本核算的一般要求，成本费用的分类及不同类别成本的核算方式，成本核算时使用到的基本会计账户和通用的成本核算程序，常用的成本核算方法。本章主要为后面章节提供理论支撑。

第一节 成本核算的基本要求

成本核算不仅是成本会计的基本任务，同时也是企业经营管理的重要组成部分。为了充分发挥成本核算的作用，在成本核算工作中，应当实现以下的要求。

一、严格遵守国家规定的成本开支范围和费用开支标准

成本开支范围是国家对企业在生产过程中发生的各种支出是否应当计入成本所做的相关规定。如企业为生产某种产品所发生的各项费用应当列入产品成本，企业进行基本建设购入固定资产等与企业正常生产经营活动无关的费用支出不列入产品成本。

费用开支标准是对某些费用支出的数额、比例做出的具体规定。如固定资产和低值易耗品的划分标准、业务招待费的提取比例等，都应根据国家规定的标准开支，不能突破这个标准。

二、正确划分各项费用界线

在进行成本核算时，不得乱摊成本，应当正确划清以下几个方面的界线：

（一）正确划分计入产品成本与不计入产品成本的费用界线

一般而言，企业用于产品生产的生产费用，应计入产品成本。期间费用，不应分配计入产品成本，应当直接计入当期损益。与生产经营无关的营业外支出不应列入产品成本，应当计入当期损益。用于购建固定资产、无形资产的资本性支出应分期计入产品成本或期间费用，不应在发生当期直接列入产品成本；在利润分配中发生的分配性支出已退出了企业资金的循环过程，亦不应列入产品成本。

（二）正确划分各个月份的生产费用界线

本月发生的生产费用，应在本月内入账，不得延至下月入账；企业不应未到月末就提前结账，变相地将本月生产费用的一部分转作下月生产费用处理；对于本月支付，但属于以后各月受益，应由以后各月产品成本负担的生产费用应当递延到以后各月分配计入产品成本；对于本月虽未支付，但本月已受益，应由本月产品成本负担的生产费用，应计入本月的产品成本中。

（三）正确划分各种产品的生产费用界线

对于本期的生产费用还应在各种产品之间划分清楚。对于某种产品单独发生，能够直接计入该种产品成本的费用，应直接计入该种产品成本。对于几种产品共同发生，不能直接计入某种产品成本的费用，则应采用适当的分配方法，分配计入各种产品成本中。

（四）正确划分完工产品与月末在产品的生产费用界线

在计算产品成本时，应当将本期生产费用在完工产品与月末在产品之间采用适当的方法予以分配，分别计算完工产品成本和月末在产品成本。如月末计算产品成本时，某种产品全部完工，该种产品的各项生产费用之和为产品的完工产品成本；如某种产品月末尚未完工，该种产品的各项费用之和则为该产品的月末在产品成本。

三、正确确定财产物资的计价和价值结转方法

产品成本是对象化的生产费用，是生产经营活动过程中物化劳动和活劳动的货币表现。其中物化劳动绝大部分是生产资料，它们的价值随着生产过程的进行而转移到产品成本中去，而这些计价和价值结转的方法直接影响产品成本的计算，如固定资产原值的计算方法、折旧方法、折旧率的计算，固定资产修理费用的处理。因此，为正确计算产品成本，对于财产物资的计价和价值结转的方法应做到合理简便。对国家有统一规定的，应采用国家统一规定的方法，防止任意改变计价和价值结转方法。

四、做好各项基础工作

企业应重视建立健全有关成本核算的原始记录，制定必要的消耗定额，建立健全材料物资的计量、收发、领退和盘点制度，制定内部结算价格和结算办法。具体包括以下几项基础工作：

（一）原始记录制度

原始记录是按照规定的格式，对企业生产经营活动中具体事实所做的最初记载，反映企业活动情况的第一手材料。因此，企业应制定既符合各方面管理需要，又符合成本核算要求的原始记录，如记载机器设备等固定资产的转移单、报废清理单以及企业进行的各项工程竣工验收单等有关固定资产的原始记录。

（二）计量验收记录

企业财产物资的收发、领退，在产品、半成品的内部转移和产成品的入库时，必

须经过一定的审批手续，认真计量、验收或交接，并填制相应的凭证。企业对库存的材料、半成品和产成品，以及车间的在产品和半成品，应按照规定进行盘点、清查，防止丢失、积压、损坏变质和被贪污盗窃。

（三）定额管理制度

企业应当建立和健全定额管理制度，凡是能够确定定额的各种消耗，都应指定先进、合理、切实可行的消耗定额，并随着生产的发展、技术的进步、劳动生产率的提高，不断修订消耗定额。同时，企业产品的各项消耗定额是编制成本计划、分析考核成本水平的依据，在计算产品成本时，一般要用产品的原材料和工时的定额消耗量或定额费用作为分配费用的标准。

（四）企业内部价格制度

在计划管理基础较好的企业中，为了分清企业内部各单位的经济责任，便于分析和考核企业内部各单位成本计划的完成情况和管理业绩，应对原材料、半成品、厂内各车间相互提供的劳务（如运输、修理劳务等）制定厂内计划价格，作为企业内部结算和考核的依据。厂内计划价格要结合实际，保持相对稳定，一般在年度内不变。通常，在制定了厂内计划价格的企业中，各项原材料的耗用、半成品的转移，以及各车间与部门之间相互提供劳务等，应首先按计划价格结算。月末计算产品实际成本时，再在计划价格成本的基础上，采用适当方法计算各产品应负担的价格差异（如材料成本差异），将产品的计划价格成本调整为实际成本。

五、选择适当的成本计算方法

为了加强成本管理，在计算产品成本时应按照产品生产特点，同时考虑管理要求，选用适当的成本计算方法，为成本管理提供与决策相关的成本信息。

第二节 成本费用的分类

企业生产经营过程中的耗费是多种多样的，为了科学地进行成本管理，正确计算产品成本，应对各种费用进行合理分类。费用可按不同的标准进行分类，其中最基本的分类是按费用的经济内容和经济用途分类。

一、费用按经济内容分类

企业的生产经营过程，也是物化劳动（劳动对象和劳动手段）和活劳动的耗费过程，因而生产经营过程中发生的费用，按其经济内容分类，可划分为劳动对象方面的费用、劳动手段方面的费用和活劳动方面的费用三大类。这三类可以称为费用的三大要素。为了具体反映各种费用的构成和水平，还应在此基础上，将其进一步划分为以下八种费用要素（所谓费用要素，就是费用按经济内容的分类）：

(1) 外购材料。外购材料指企业为进行生产经营而耗用的一切从外单位购进的原料及主要材料、半成品、辅助材料、包装物、修理用备件和低值易耗品等。

（2）外购燃料。外购燃料指企业为进行生产经营而耗用的一切从外单位购进的各种燃料，包括固体、液体和气体燃料。

（3）外购动力。外购动力指企业为进行生产经营而耗用的一切从外单位购进的各种动力，包括热力、电力和蒸汽等。

（4）人工费用。人工费用指企业应计入产品成本和期间费用的支付给职工服务对价。

（5）折旧费。折旧费指企业按照规定的固定资产折旧方法计算提取的折旧费用。

（6）利息支出。利息支出指企业应计入财务费用的借入款项的利息支出减利息收入后的净额。

（7）税费。税费指企业应缴纳的各种税费用，如房产税、车船使用税、土地使用税、印花税等。

（8）其他支出。其他支出指不属于以上各要素费用但应计入产品成本或期间费用的费用支出，如差旅费、租赁费、外部加工费以及保险费。

按照以上费用要素反映的费用，称为要素费用。将费用划分为若干要素分类核算的作用是：

（1）可以反映企业一定时期内在生产经营中发生了哪些费用，数额各是多少，据以分析企业各个时期各种费用的构成和水平。

（2）反映企业生产经营中外购材料和燃料费用以及职工工资的实际支出，可为企业核定储备资金定额、考核储备资金的周转速度，以及编制材料采购资金计划和劳动工资计划提供资料。

这种分类的缺点是不能说明各项费用的用途，不便于分析各种费用的支出是否节约、合理。

二、费用按经济用途分类

工业企业在生产经营中发生的费用，首先可以分为计入产品成本的生产费用和直接计入当期损益的期间费用两类。

（一）生产费用按经济用途的分类

为具体反映计入产品成本的生产费用的各种用途，提供产品成本构成情况的资料，还应将其进一步划分为若干个项目，即产品生产成本项目（简称产品成本项目或成本项目）。工业企业一般应设置以下几个成本项目：

（1）直接材料，指直接用于产品生产、构成产品实体的原料，包括主要材料和有助于产品形成的辅助材料费用。

（2）燃料及动力，指直接用于产品生产的各种燃料和各种动力费用。

（3）直接人工，指企业支付给直接参加产品生产的工人的服务对价。

（4）制造费用，指间接用于产品生产的各项费用以及一些虽直接用于生产但不能直接计入产品成本，没有专设成本项目的费用，如机器设备的折旧费。

企业可根据生产特点和管理要求对上述成本项目作适当调整。对于管理上需单独反映、控制和考核的费用，以及产品成本中所占比重较大的费用，应专设成本项目，否则，为了简化核算，不必专设成本项目。

（二）期间费用按经济用途的分类

工业企业的期间费用按照经济用途可分为销售费用、管理费用和财务费用。

（1）销售费用，也称营业费用，指企业在产品销售过程中发生的费用以及为销售产品而专设的销售机构的各项费用，包括运输费、装卸费、包装费、保险费、展览费、广告费和销售人员的工资福利费。

（2）管理费用，指企业为组织和管理生产经营所发生的各项费用，包括企业的董事会和行政管理部门在企业的经营管理中发生的，或者应由企业统一负担的公司经费，如行政管理部门职工工资、修理费、工会经费、待业保险费、聘请中介机构费等。

（3）财务费用，指企业为筹集生产经营所需资金而发生的各项费用。如利息支出（利息收入）、汇兑损失（汇兑收益）以及相关的手续费等。

三、费用按其他的分类

（一）费用按与生产工艺的关系分类

计入产品成本的各项生产费用，按与生产工艺的关系，可分为直接生产费用和间接生产费用。直接生产费用是指由于生产工艺本身引起的、直接用于产品生产的各项费用，如原料费用、主要材料费用、生产工人工资和机器设备折旧费等；间接生产费用是指与生产工艺没有联系，间接用于产品生产的各项费用，如机物料的消耗、辅助工人工资和车间厂房的折旧费等。

（二）费用按计入产品成本的方法分类

计入产品成本的各项生产费用，按计入产品成本的方法，可分为直接计入费用和间接计入费用。直接计入费用也称为直接费用，是指可以分清哪种产品所耗用、可直接计入某种产品的费用。间接计入费用也称为间接费用，指不能分清哪种产品所耗用、不能直接计入某种产品成本，而必须按照一定标准分配计入有关的各种产品成本的费用。

此外，费用还有其他的分类方法，如费用按与产量的关系可分为变动费用（变动成本）和固定费用（固定成本）。

第三节　成本核算的一般程序和账户设置

一、成本核算的一般程序

成本核算的一般程序是指对企业在生产经营过程中发生的各项生产费用和期间费用，按照成本核算的要求，逐步进行归集和分配，最后计算出各种产品的生产成本和各项期间费用的基本过程。根据前述的成本核算要求和生产费用、期间费用的分类，可将成本核算的一般程序归纳如下：

（一）确定成本计算对象

成本计算对象是生产费用的承担者，是指为计算产品成本而确定的归集和分配生产费用的各个对象。确定成本计算对象是计算产品成本的前提。企业的生产特点及成本管理要求不同，企业成本计算对象也就不同。对于工业企业而言，产品成本计算的对象包括产品品种、产品批别和产品生产步骤三种。企业应当根据自身的生产特点和管理要求，选择合适的产品成本计算对象。

（二）确定成本项目

成本项目是指生产费用要素按照经济用途划分的若干项目。通过成本项目，可反映成本的经济构成以及产品生产过程中不同资金耗费情况。企业为满足成本管理需要，可在直接材料、直接人工、制造费用三个成本项目的基础上进行必要的调整，如增设“燃料与动力”、“废品损失”和“停工损失”等成本项目。

（三）确定成本计算期

成本计算期是指生产费用计入产品成本所规定的起止日期。产品成本计算期的确定主要取决于企业生产组织的特点。一般情况下，在大量大批生产情况下，由于生产活动连续不断进行，只能按月定期计算产品成本，产品成本的计算期与会计分期一致；在单件、小批量生产的情况下，产品成本的计算期与会计分期往往不一致，而与产品的生产周期一致。

（四）审核和控制生产费用

审核和控制生产费用主要是指企业要严格按照国家规定的成本开支范围和费用开支标准，确定各项费用是否应该开支，开支的费用是否应该计入产品成本。

（五）生产费用的归集和分配

生产费用的归集和分配是指将应计入本月产品成本的各种生产费用在相关产品之间，按照成本项目进行分配和归集，计算各种产品成本。生产费用归集和分配的原则是：直接用于产品生产发生的各项直接生产费用，应当直接计入该种产品成本；为产品生产发生的间接生产费用，可先按发生地点和用途进行归集汇总，再分配计入受益产品。产品成本的计算过程也是生产费用的归集、分配和汇总过程。

（六）计算完工产品和月末在产品成本

对于月末既有完工产品又有在产品的产品，将该种产品的生产费用（月初在产品生产费用与本月生产费用之和），在完工产品与月末在产品之间进行分配，计算出该种产品的完工产品成本和月末在产品成本。

二、成本核算的主要会计账户

为了进行成本核算，企业一般应设置“基本生产成本”、“辅助生产成本”、“制造费用”、“长期待摊费用”、“销售费用”、“管理费用”、“财务费用”等账户。如果企业需要单独核算生产损失，还应设置“废品损失”和“停工损失”账户。

(一)“基本生产成本”账户

基本生产成本，是基本生产车间发生的成本，包括直接人工、直接材料和制造费用。为归集基本生产发生的各项费用，计算基本生产产品的成本，应设置“基本生产成本”账户。借方登记企业为进行基本生产而发生的各种费用；贷方登记转出完工入库的产品成本；余额在借方，表示基本生产的在产品成本。

“基本生产成本”账户按产品品种、产品批别、生产步骤等成本计算对象开设产品成本明细账（也称“产品成本计算单”或“基本生产明细账”）。

(二)“辅助生产成本”账户

辅助生产是企业为基本生产提供服务而进行的产品生产和劳务供应。为归集辅助生产车间发生的各种生产费用，计算辅助生产车间所提供的产品和劳务的成本，应设置“辅助生产成本”账户。借方登记为进行辅助生产而发生的各种费用；贷方登记完工入库的产品成本或分配转出的劳务成本；余额在借方，表示辅助生产的在产品成本。

“辅助生产成本”账户按辅助生产车间和生产的产品和劳务开设明细账。

(三)“制造费用”账户

“制造费用”账户核算企业为生产产品和提供劳务而发生的各项间接费用，费用发生时计入该账户借方。月末，将本账户归集的费用，按照一定的分配标准计入有关成本计算对象，从“制造费用”账户贷方转入“基本生产成本”账户或“辅助生产成本”账户借方。

“制造费用”账户按不同车间或部门开设明细账。

第四节　成本核算的方法体系

一、成本核算的方法体系

成本核算就是按照成本计算对象分配和归集生产费用，计算其总成本和单位成本的过程。成本计算对象是构成产品成本核算方法的主要标志，形成了以品种法、分批法和分步法为基本方法，以分类法和定额法等为辅助方法的核算方法体系。

(一) 成本核算的基本方法

(1) 品种法。品种法是以产品品种为成本计算对象，归集生产费用计算产品成本的一种方法，一般适用于单步骤的大量生产，如发电、采掘等；也可用于管理上不要求分步骤计算成本的多步骤的大量、大批生产，如小型造纸厂、水泥厂等。

(2) 分批法。分批法是以产品批别为成本计算对象，归集生产费用计算产品成本的一种方法，适用于单件、小批的单步骤生产或管理上不要求分步骤计算成本的多步骤生产，如修理作业、专用工具模具制造、重型机器制造、船舶制造等。

（3）分步法。分步法是以产品生产步骤为成本计算对象，归集生产费用计算产品成本的一种方法，适用于大量、大批的多步骤生产，如纺织、冶金、机械制造等。

这三种方法之所以归属为产品成本的基本方法，是因为这三种方法与不同生产类型的特点有着直接联系，而且涉及成本计算对象的确定。不论哪一种生产类型的工业企业，进行成本核算所采用的基本方法，不外乎这三种方法之一。

（二）成本核算的辅助方法

（1）分类法。分类法是按产品类别归集生产费用、计算成本，然后按一定标准分配计算每类产品内各种产品成本的一种方法。分类法与产品的生产类型没有直接联系，可以在各种类型生产中应用，如针织厂、灯泡厂。

（2）定额法。定额法是为了及时核算和监督实际生产费用和产品成本定额脱离的差异，加强定额管理和成本控制而采用的产品成本计算方法。适用于企业管理制度较健全、定额管理基础较好且产品的生产已经定型、消耗定额较准确稳定的企业。

成本核算的辅助方法与生产类型的特点没有直接联系，不涉及成本计算对象，它们的应用或者是为了简化成本核算工作，或者是为了加强成本管理，只要具备条件，在哪种生产类型企业都能用。

需要特别说明的是，产品成本计算的基本方法和辅助方法的划分，是从计算产品实际成本角度考虑的，并不是指辅助方法不重要。相反，有的辅助方法，如定额法，对于控制生产费用、降低产品成本，具有重要的作用。

以上五种产品成本核算方法是目前我国实际工作中使用较为广泛的几种主要方法。

第三章　生产成本的核算

【内容提要】

本章主要介绍各项费用要素的归集和分配，重点介绍外购材料、外购动力、折旧费用、职工薪酬要素费用的归集和分配方法；对辅助生产费用和制造费用的归集和分配原则、方法作了全面的介绍；在此基础上，对月末完工产品和在产品之间的成本分配的方法也作了详细介绍。本章为第四章学习工业企业的成本核算方法奠定基础。

第一节　各项费用要素的分配

一、费用要素分配的原则

生产过程中发生的各项生产费用应采用一定的方法进行归集、分配计入产品成本中。费用要素的归集和分配，应首先将各种费用要素划分为应计入产品成本的费用要素和不应计入产品成本的费用要素。对于应计入产品成本的费用要素，如果是专为某种产品所耗用，应根据其负担的费用额直接计入某种产品成本；如果是几种产品共同耗用，应先归集费用，然后采用适当的方法分配计入各产品成本。因此，费用要素的分配原则可概述为：凡是属于直接费用的，应直接计入产品成本；属于间接费用的，经归集后，分配计入产品成本。

对于只生产一种产品的企业，应计入产品成本的费用均为直接费用，直接计入该产品的成本。对于生产多种产品的企业，应区分具体情况分析，如果可以确定为某种产品所耗用则为直接费用，可直接计入该产品成本；若为几种产品共同耗用，则为间接费用，需要采用一定的标准进行分配计入各产品成本。应注意的是，在分配间接费用时，应选择合理的分配方法进行分配。所谓分配方法合理，是指分配所依据的标准与分配对象有比较密切的联系，因而分配结果比较准确、真实。分配间接费用的标准主要有：①成果类，如产品的重量、体积、产量等；②消耗类，如生产工时、机器工时、生产工人工资等；③定额类，如定额消耗量、定额费用等。间接费用的分配公式可以概括为：

$$\text{费用分配率}=\frac{\text{待分配费用总额}}{\text{分配标准总额}}$$

某产品应分配的间接费用 = 该产品的分配标准 × 费用分配率

各项要素费用的分配是通过编制各种费用分配表进行的，根据分配表据以登记各种成本、费用总账和所属明细账。

二、材料费用的归集与分配

（一）材料的分配原则

材料是指企业生产经营过程中实际消耗的原料、辅助材料、半成品、修理用备件以及其他直接材料，它们是制造成本的主体。

直接材料的特点是：在生产过程中被用来加工，构成产品实体，或有助于产品的形成，或为劳动工具所消耗，并且经过一个生产周期，就要全部消耗或改变其原有的实物形态，其价值也一次、全部转移到新的产品中去，构成产品价值的重要组成部分。无论是自制或是外购的材料，应根据审核后的领、退料凭证，按照材料的用途进行归集和分配。

（1）对于直接用于产品生产、构成产品实体的原料和主要材料，通常根据产品品种分别领用，可根据领料凭证直接计入某种产品成本的“直接材料”成本项目；对于由几种产品共同耗用的原料和主要材料，应采用适当的分配方法，分配计入各有关产品成本的“直接材料”成本项目。

（2）直接用于产品生产的辅助材料，也参照主要材料直接或分配后计入某种产品的“直接材料”成本项目。

（3）直接用于辅助生产的原材料费用，应记入“辅助生产成本”总账及其所属明细账的相应成本项目。

（4）用于基本生产车间管理用途的材料费用，应记入“制造费用”账户。

（5）用于厂部组织和管理生产经营活动等方面的材料费用，应记入“管理费用”账户。

（6）用于产品销售的材料费用，应记入“销售费用”账户。

（二）材料费用的分配方法

对于几种产品共同耗用的某种材料，应采用一定的标准分配计入。材料费用的分配标准很多，可按产品的重量比例、体积比例分配，如果材料的消耗定额比较准确，可以按照材料的定额消耗量比例或定额费用比例分配。

1. 定额消耗量比例法

按原材料定额消耗量比例分配原材料费用，其计算分配的程序为：

（1）某产品材料定额消耗量 = 该产品的实际产量 × 单位产品材料定额消耗量

（2）材料定额耗用量分配率 = 原材料实际耗用总量 ÷ 各产品材料定额消耗量之和

（3）某产品应分配的材料实际耗用量 = 该产品材料定额耗用量 × 分配率

（4）某产品应分配的材料费用 = 该产品应分配的材料实际消耗量 × 材料单价

【例3-1】华康公司生产甲、乙两种产品，共同耗用原材料120 000千克，每千克20元，共计2 400 000元（假设该原材料的实际价格和计划价格一致）。生产甲产品2 400件，单件甲产品原材料消耗定额为60千克；生产乙产品1 600件，单价乙产品原材料消耗定额为30千克。原材料费用分配计算如下：

甲产品原材料定额消耗量＝2 400×60＝144 000（千克）

乙产品原材料定额消耗量＝1 600×30＝48 000（千克）

原材料消耗量分配率＝120 000÷（144 000＋48 000）＝0.625

甲产品应分配原材料实际消耗量＝0.625×144 000＝90 000（千克）

乙产品应分配原材料实际消耗量＝0.625×48 000＝30 000（千克）

甲产品应分配的原材料费用＝90 000×20＝1 800 000（元）

乙产品应分配的原材料费用＝30 000×20＝600 000（元）

上述计算过程不仅可以提供每种产品应分配的材料费用金额资料，而且还可以得出每种产品耗用材料的实际数量，有利于材料的实物管理，但计算量较大。为了简化计算，也可以采用材料定额消耗量的比例直接分配材料费用的方法。其计算公式如下：

（1）原材料费用分配率＝原材料实际费用总额÷各种产品原材料定额消耗量之和

（2）某产品应分配的材料费用＝该产品材料定额消耗量×材料费用分配率

仍以例3－1资料为基础，计算如下：

材料费用分配率＝2 400 000÷（144 000＋48 000）＝12.5（元）

甲产品应分配的原材料费用＝144 000×12.5＝1 800 000（元）

乙产品应分配的原材料费用＝48 000×12.5＝600 000（元）

2. 定额费用比例法

在生产多种产品或多种产品共同耗用多种原材料费用的情况下，可采用按定额费用比例分配原材料费用。其计算分配的程序为：

某种产品原材料定额费用＝该种产品实际产量×单位产品原材料费用定额

原材料费用分配率＝各种产品原材料实际费用总额÷各种产品原材料定额费用总额

某种产品应分配的实际原材料费用＝该种产品原材料定额费用×原材料费用分配率

【例3－2】 华康公司生产甲、乙两种产品，共同领用A、B两种主要材料，共计75 240元。本月共生产甲产品300件，乙产品240件。甲产品材料消耗定额为：A材料12千克，B材料16千克；乙产品材料消耗定额为：A材料18千克，B材料10千克。A材料单价20元，B材料单价16元。计算分配过程如下：

甲产品材料定额费用＝300×12×20＋300×16×16＝148 800（元）

乙产品材料定额费用＝240×18×20＋240×10×16＝124 800（元）

材料费用分配率＝75 240÷（148 800＋124 800）＝0.275

甲产品应分配材料费用＝148 800×0.275＝40 920（元）

乙产品应分配材料费用＝124 800×0.275＝34 320（元）

（三）材料分配的账务处理

在实际工作中，各种材料费用的分配是通过编制“原材料费用分配表”进行的，原材料费用分配表是按车间、部门和原材料的类别来编制的。“原材料费用分配表”的格式见表3-1：

表3-1　　原材料费用分配表

2010年6月　　单位：元

分配对象		分配计入			直接计入	费用合计
		定额消耗量	分配率	分配金额		
基本生产成本	甲产品	144 000千克	12.5	1 800 000	200 000	2 000 000
	乙产品	48 000千克	12.5	600 000	160 000	760 000
	小计	192 000千克	12.5	2 400 000	360 000	2 760 000
辅助生产成本	机修车间				30 000	30 000
制造费用	基本车间				2 500	2 500
	机修车间				1 000	1 000
管理费用					1 000	1 000
销售费用					1 500	1 500
合计		192 000千克		2 400 000	396 000	2 796 000

借：基本生产成本——甲产品　　2 000 000

　　　　　　　　——乙产品　　760 000

　　辅助生产成本——机修车间　　30 000

　　制造费用——基本车间　　2 500

　　　　　　——机修车间　　1 000

　　管理费用　　1 000

　　销售费用　　1 500

　贷：原材料　　2 796 000

三、燃料费用的分配

燃料实际上也是材料，因此，燃料费用的归集和分配与材料费用的归集和分配方法大致相同。如果燃料在产品成本中比重较大时，可以和动力费一起单设“燃料及动力”成本项目，还应增设“燃料”会计科目，以便单独核算燃料的收、发、存情况。在单设“燃料及动力”成本项目情况下，其分配的处理原则为：

（1）基本生产车间用于产品生产的燃料费用，如果可以分清由哪种产品耗用的，应直接计入该产品的“基本生产成本”及所属“燃料及动力”成本项目中；如果是几种产品共同耗用的燃料，属于间接计入费用，应采用适当的分配方法，在各种产品之间分配后，再计入各产品的“基本生产成本”及所属“燃料及动力”成本项目中。

（2）辅助生产车间耗用的燃料，应计入“辅助生产成本”及所属“燃料及动力”成本项目中。

（3）间接用于生产以及企业管理和销售部门的燃料费用，应分别记入“制造费用”、“管理费用”和“销售费用”中。

四、外购动力费用的归集与分配

（一）外购动力的分配原则

动力费用是企业在生产经营过程中消耗电力、热力等形成的费用。企业消耗的动力可以通过外购取得，也可以自制即通过辅助生产车间提供。自制部分是通过辅助生产组织核算，在此不涉及。

外购动力在有仪器仪表记录的情况下，按仪器所显示的耗用数量和外购动力单价计算；对于没有仪器仪表记录的产品、车间或部门，按一定的分配标准计算分配。其分配标准有生产工时、机器功率时数、定额消耗量等。下面以外购电力来说明外购动力费用的分配过程：

通常来说，各车间、部门的动力用电和照明用电一般都分别装有电表，其外购电力费用可按电表度数分配；车间中的动力用电，一般无法按产品分装电表，因而车间动力电费在各种产品之间一般按产品的生产工时比例、机器工时比例、定额耗电量比例等进行分配。

电力费用分配率 = 外购电力费用总额 ÷ 各车间、部门电力度数总和

某车间、部门应分配的电费 = 该车间、部门用电度数 × 电力费用分配率

某车间产品用电费用分配率 = 该车间动力用电费用 ÷ 该车间各产品生产工时（或其他标准）之和

某产品应分配动力用电费用 = 该产品分配标准 × 该车间产品用电费用分配率

直接用于产品生产和辅助生产的外购动力费，应分别记入“基本生产成本”和“辅助生产成本”账户及所属“燃料及动力”成本项目；间接用于产品生产以及企业管理部门、销售部门的动力费，应分别记入“制造费用”、“管理费用”和“销售费用”账户。

【例3－3】华康公司2010年6月外购电费一共44 000元，每度电0.4元。直接用于A、B两种产品生产的耗电85 500度，金额34 200元。按机器工时比例分配。A产品机器工时为11 100小时，B产品机器工时为6 000小时。该公司的外购电费分配如表3－2所示：

表3－2 外购电费分配表

2010年6月

分配对象		成本项目	机器工时	工时分配率	度数	单位电费	金额（元）
基本生产成本	A产品	燃料及动力	11 100	2			22 200
	B产品	燃料及动力	6 000	2			12 000
小　　计			17 100	2	85 500	0.4	34 200
辅助生产成本	供水	燃料及动力			7 500	0.4	3 000
	机修	燃料及动力			5 000	0.4	2 000

表3－2(续)

分配对象	成本项目	机器工时	工时分配率	度数	单位电费	金额（元）
小　计				12 500		5 000
制造费用	水电费			6 000	0.4	2 400
管理费用	水电费			3 500	0.4	1 400
销售费用	水电费			2 500	0.4	1 000
合　计				110 000		44 000

其中，A、B产品动力费用分配如下：

动力费用分配率＝34 200÷（11 100＋6 000）＝2

A产品动力费用＝11 100×2＝22 200（元）

B产品动力费用＝6 000×2＝12 000（元）

根据外购动力费用分配表，编制以下会计分录：

借：基本生产成本——A产品　　22 200

　　　　　　　　——B产品　　12 000

　　辅助生产成本——供水车间　　3 000

　　　　　　　　——机修车间　　2 000

　　制造费用　　2 400

　　管理费用　　1 400

　　销售费用　　1 000

　贷：应付账款（银行存款）　　44 000

五、折旧费用的归集与分配

固定资产在使用过程中由于损耗而减少的价值就是固定资产折旧，应计入产品成本或期间费用。折旧费的归集和分配是通过分车间、部门编制的“折旧费用分配表”来进行的，格式参考表3－3，并据以编制记账凭证，登记账簿。

应注意的是，在产品生产过程中使用的机器设备的折旧费虽然是直接用于产品生产，但一般属于分配工作比较复杂的间接计入费用，为了简化核算，没有专设成本项目，而是与生产车间的其他固定资产折旧费一起记入“制造费用”账户。企业行政管理部门和销售部门的固定资产折旧费用，则应分别记入“管理费用”、“销售费用”账户。

表3－3　　折旧费用分配表

2010年6月

项目	基本生产车间	辅助生产车间——供水	行政部门	销售机构	合计
折旧费用	40 000	9 000	5 000	2 000	56 000

根据折旧费用分配表，编制以下会计分录：

借：制造费用——基本生产车间　　40 000
　　　　　　——供水车间　　9 000
　　管理费用　　5 000
　　销售费用　　2 000
　贷：累计折旧　　56 000

六、职工薪酬费用的归集与分配

（一）职工薪酬的概念

职工薪酬指企业为获得职工提供的服务而给予各种形式的报酬以及其他相关支出，包括企业为职工在职期间和离职后提供的全部货币性薪酬和非货币性福利，是企业产品成本和期间费用的重要组成内容。主要包括八项：

（1）职工工资、奖金、津贴和补贴；

（2）职工福利费；

（3）社会保险费；

（4）住房公积金；

（5）工会经费和职工教育经费；

（6）非货币性福利；

（7）辞退福利（因解除与职工的劳动关系给予的补偿）；

（8）其他支出。

（二）工资费用的归集

工资费用是企业根据职工所提供的劳动数量和质量，以货币形式支付给职工个人的劳动报酬总额（也称工资总额），它是职工薪酬费用的主要构成内容，也是计提职工福利费、社会保险费、住房公积金以及工会经费和职工教育经费等的依据。工资总额主要由计时工资和计件工资组成，所以工资费用的计算和分配，也就是对计时工资和计件工资的计算和分配。

要正确地计算和分配工资费用，企业应做好各项工资费用核算的基础工作。主要是应建立和健全所需的工资核算原始凭证。各项原始记录包括考勤记录、产量记录和工时记录。

1．考勤记录

考勤记录是按月分别登记职工出勤、缺勤时间和情况的原始记录。它是计算职工工资和分配工资费用的依据。考勤记录的形式有考勤簿和考勤卡两种。

2．产量和工时记录

产量和工时记录是登记工人或生产班组在出勤内完成产品数量、质量和生产这些产品所耗费的工时数量的原始记录。它为计算计件工资和在各产品间按工时分配费用提供依据，也是考核工时定额、明确生产工人的责任的依据。

（三）工资费用的计算

工资的计算是企业直接工资费用归集的基础。由于各类企业实行的工资制度不同，具体的计算方法应根据企业的具体规定进行。以下介绍计时工资和计件工资的计算方法。

1. 计时工资的计算

计时工资是指按计时工资标准、考勤记录和有关制度计算支付给个人的报酬。具体计算构成又因采用月薪制或日薪制而有所不同，企业固定职工一般采用月薪制计算。下面主要对月薪制下的计时工资进行介绍。

在月薪制下，不论各月的日历天数有多少，也不论各月的星期日和国定假日有多少，每月的标准工资是相同的，职工只要出满一个月应出勤的天数，就可以得到月标准工资。由于职工每月出勤和缺勤的情况不同，每月的应得计时工资也不尽相同。在职工缺勤情况下，计算计时工资有两种方法：

（1）月工资扣除缺勤工资，其计算公式为：

某职工应得计时工资 = 该职工月标准工资 -（事假旷工天数 × 日工资率）-（病假天数 × 日工资率 × 病假扣款率）

（2）按出勤日数计算工资，其计算公式为：

某职工应得计时工资 = 该职工本月出勤天数 × 日工资率 + 病假天数 × 日工资率 ×（1 - 病假扣款率）

上述公式中的日工资率的计算为：

日工资率 = 月标准工资 ÷ 每月工作日数

由于每月工作日可能不同，为了简化核算，每月工作日一般按以下方法确定：

一是按固定每月 30 天计算，二是按全年法定平均每月工作日数 20.83 天［(365 - 104 - 11) ÷ 12］计算。其中：104 天为双休日，11 天为法定节假日。

前者是按节假日照付工资，因此缺勤期间的节假日也照扣工资，后者则按节假日不付工资，因此缺勤期内的节假日就不扣工资。

【例 3 - 4】 华康公司某工人的月工资标准为 2 400 元，7 月份 31 天，事假 4 天，病假 2 天，双休日休假 9 天，出勤 16 天。根据该工人的工龄，其病假工资按工资标准的 90% 计算。该工人的病假和事假期间没有节假日。

要求：按照下述四种方法，分别计算该工人 7 月份的工资。

（1）按 30 天计算日工资率，按出勤天数计算工资。

日工资率 = 2 400 ÷ 30 = 80（元）

应算出勤工资 = 80 ×（16 + 9）= 2 000（元）

应算病假工资 = 2 × 80 × 90% = 144（元）

应付月工资 = 2 000 + 144 = 2 144（元）

（2）按 30 天计算日工资率，按缺勤天数扣工资。

应扣事假工资 = 80 × 4 = 320（元）

应扣病假工资 = 2 ×80 ×10% = 16（元）

应付月工资 = 2 400 −320 −16 = 2 064（元）

（3）按20.83天计算日工资率，按出勤天数计算工资。

日工资率 = 2 400 ÷20.83 = 115.22（元）

应算出勤工资 = 115.22 ×16 = 1 843.52（元）

应算病假工资 = 115.22 ×2 ×90% = 207.4（元）

应付月工资 = 1 843.52 +207.4 = 2 050.92（元）

（4）按20.83天计算日工资率，按缺勤天数扣工资。

应扣事假工资 = 115.22 ×4 = 460.88（元）

应扣病假工资 = 2 ×115.22 ×10% = 23.04（元）

应付月工资 = 2 400 −460.88 −23.04 =1 916.08（元）

2. 计件工资的计算

计件工资，是按职工所完成的工作量和计件单价计算支付的劳动报酬。计件工资的计算是用产量记录的个人或班组完成的合格品数量乘以规定的计件单价。此外生产中产生的废品，如果是因材料不合格（料废）造成的，应按计件单价照付工资；如果是由工人加工失误（工废）造成的，则不付计件工资。其计算公式：

应付计件工资 =（合格品数量 + 料废数量）×计件单价

计件单价是根据加工单位产品所需耗用的定额工时乘以该产品的小时工资率计算求得。例如，企业加工单位甲产品的定额工时为30分钟，加工甲产品工人的小时工资率为6元/小时，那么甲产品的计件单价则为3元/件（6 ×30/60）。

计件工资按照结算对象的不同，可分为个人计件工资和集体计件工资两种。

（1）个人计件工资的计算

个人计件工资是根据每一生产工人完成的工作量乘以计件单价并支付给个人的报酬。如果某个工人在月份内生产几种产品，且各种产品有着不同的计件单价，则应按下式计算其应付计件工资。

应付计件工资 = ∑（某产品合格品数量 + 该产品料废数量）× 该产品计件单价

【例3 −5】华康公司生产工人10月份加工甲、乙两种产品，甲产品100件，乙产品200件。该生产工人的小时工资率为8元/小时，甲产品的定额工时为30分钟，乙产品的定额工时为15分钟。该生产工人本月应得计件工资的计算结果如下：

甲产品计件单价 =8 ×30/60 =4（元）

乙产品计件单价 =8 ×15/60 =2（元）

计件工资合计 =100 ×4 +200 ×2 =800（元）

（2）集体计件工资的计算

整个集体的计件工资计算与上述个人计件工资的计算相同，但集体计件工资还需要采用适当的方法，将工资在集体成员内部进行分配。集体计件工资在集体内部各成员之间的分配，应考虑各成员的工作时间长短和工作质量的高低，工作质量高低通常可从各成员的工资等级差别来确定，因此，在分配时可用工作时间与各成员的工资标准的乘积作为分配标准进行集体内部计件工资的分配。

【例3-6】某集体由三名不同等级的生产工人组成，他们共同完成了某项生产任务，按计件工资计算，该集体共获得计件工资为7 780元，该集体各成员的工作时间和工资标准资料以及集体计件工资的内部分配情况见表3-4：

表3-4　　集体计件工资分配表

2010年6月

工人姓名	等级	工资标准（日工资率）	出勤天数	分配标准
李红	一	50	22	1 100
赵江	二	60	22	1 320
王明	三	70	21	1 470
合计			65	3 890

集体计件工资内部分配率=7 780÷3 890=2

李红应分配计件工资=1 100×2=2 200（元）

赵江应分配计件工资=1 320×2=2 640（元）

王明应分配计件工资=1 470×2=2 940（元）

（四）工资费用的分配

工资费用应按其发生的地点和用途进行分配。

（1）直接从事产品生产的工人的工资，应计入“基本生产成本”科目的“直接人工”成本项目中。其中，生产工人的计件工资为直接计入费用，可直接计入某种产品成本的“直接人工”成本项目。在只生产一种产品时，生产工人的计时工资也可以直接计入该种产品成本的“直接人工”成本项目；在生产多种产品时，生产工人的计时工时就属于间接计入费用，应按照产品的实际生产工时比例或定额生产工时比例等分配标准分配计入各种产品成本的“直接人工”成本项目，计算公式为：

工资费用分配率=某车间生产工人计时工资总额÷该车间各种产品生产工时（或定额工时）总额

某产品应分配的计时工资=该产品生产工时（或定额工时）×工资费用分配率

【例3-7】华康公司生产甲、乙两种产品，生产工人计时工资合计46 000元。甲、乙产品生产工时分别为2 500小时和1 500小时。按生产工时比例分配计算如下：

工资费用分配率=46 000÷(2 500+1 500)=11.5

甲产品分配工资费用=2 500×11.5=28 750（元）

乙产品分配工资费用=1 500×11.5=17 250（元）

（2）辅助生产车间的工人工资，应计入“辅助生产成本”科目的“直接人工”成本项目。

（3）生产车间管理人员的工资、企业行政管理人员的工资和销售部门人员的工资，应分别计入“制造费用”、“管理费用”和“销售费用”科目。

工资费用分配是通过工资费用分配表进行的，并根据工资费用分配表编制会计分录，登记相关账簿，格式参考表3-5：

表3-5 工资费用分配表

2010年6月 单位：元

科目		成本项目	直接计入	分配计入			工资费用合计
				生产工时	分配率	分配金额	
基本生产成本	甲产品	直接人工	20 000	2 500	11.5	28 750	48 750
	乙产品	直接人工	10 000	1 500	11.5	17 250	27 250
	小计		30 000	4 000	11.5	46 000	76 000
辅助生产成本	供水车间	直接人工	18 000				18 000
制造费用	基本生产车间	职工薪酬	15 000				15 000
	供水车间	职工薪酬	5 000				5 000
	小计		20 000				20 000
管理费用		职工薪酬	50 000				50 000
销售费用		职工薪酬	30 000				30 000
合计			148 000			46 000	194 000

借：基本生产成本——甲产品 48 750

——乙产品 27 250

辅助生产成本——供水车间 18 000

制造费用——基本生产车间 15 000

——供水车间 5 000

管理费用 50 000

销售费用 30 000

贷：应付职工薪酬 194 000

（五）其他职工薪酬

其他职工薪酬主要包括职工福利费、社会保险费、住房公积金、工会经费、职工教育经费。根据规定，企业应按照工资总额一定的比例提取上述职工薪酬，其分配可参照工资的分配方法，提取时与工资费用分配相同方向分别借记“基本生产成本”、“辅助生产成本”、“制造费用”、“管理费用”、“销售费用”科目，贷记“应付职工薪酬”科目。

七、其他费用要素的归集和分配

除了上述的外购材料、外购燃料、外购动力、折旧费、职工薪酬费用要素，还有利息、税金、差旅费、办公费等其他费用。这些费用应在发生时，根据有关凭证，按发生的部门或地点，分别计入“制造费用分配表”、“管理费用分配表”和“销售费用分配表”中，并据以记入“制造费用”、“管理费用”及“销售费用”科目。在此不再详述。

第二节　辅助生产费用的归集与分配

一、辅助生产费用分配原则

辅助生产是指为了基本生产车间、企业行政管理部门等单位服务而进行的产品生产和劳务供应。如供电、供水、运输、模具制造等辅助生产。辅助生产提供的产品和劳务，主要是为本企业服务，其成本的高低，会影响企业产品成本和期间费用的水平，因此，正确、及时地计算辅助生产费用，对于企业控制成本有重要意义。

辅助生产费用的分配，就是将辅助生产成本各明细账上所归集的费用，采用一定的分配方法，按各受益对象耗用的数量计入基本生产成本或期间费用的过程。进行辅助生产费用的分配，应遵循受益原则，即凡接受辅助生产部门提供的产品、劳务的部门、产品均应负担辅助生产成本。其中能确认受益对象的，直接计入各该部门、产品成本；不能直接确认的费用，应按受益比例在各受益部门进行分配，多受益多分配，少受益少分配。

二、辅助生产费用的归集

为了核算辅助生产车间所发生的费用，应设置“辅助生产成本”科目。该科目一般应按车间以及产品或劳务的种类设置明细账，进行明细核算。格式见表3-6：

表3-6　　辅助生产成本明细账

辅助车间：供水　　2010年6月　　单位：元

摘要	直接材料	燃料及动力	直接人工	制造费用	合计	转出
原材料分配表	32 000				32 000	
外购动力分配表		2 000			2 000	
工资分配表			40 000		40 000	
制造费用分配表				2 500	2 500	
辅助生产成本分配表						76 500
合计					76 500	76 500

对于直接用于辅助生产产品或劳务的费用，应直接计入“辅助生产成本”；辅助生产车间发生的制造费用，则应先计入“制造费用——辅助生产车间”科目，然后再从“制造费用——辅助生产车间”转入“辅助生产成本”科目。如果辅助生产车间规模较小，发生的费用较少，为了简化核算，也可不通过“制造费用——辅助生产车间”科目核算，直接记入“辅助生产成本”科目。

三、辅助生产费用的分配方法

辅助生产提供的产品和劳务，应该按照受益原则，在各生产车间和部门进行分配。如果辅助生产车间是生产模具、修理用配件等产品的，在这些产品完工后，应将其成本从“辅助生产成本”科目转入“原材料”或“低值易耗品”科目；如果辅助生产车间提供供电、供水等服务，应归集辅助生产费用后，根据各受益对象的耗用量，在各受益部门间分配。由于辅助生产车间除了向基本生产车间、行政管理部门等外部部门提供服务，辅助生产车间之间也会相互提供服务。如修理车间为供电车间修理设备，供电车间也为修理车间提供电力。这样，为了计算修理成本，就要确定供电成本；为了计算供电成本，又要确定修理成本。因此，为了正确计算辅助生产产品和劳务成本，并且将辅助生产费用正确地计入基本生产产品成本和期间费用，在分配辅助生产费用时，就通常采用一些特定的方法，主要包括直接分配法、交互分配法、计划成本分配法、顺序分配法、代数分配法。现对这几种方法分述如下：

（一）直接分配法

采用这种分配方法，不考虑各辅助生产车间之间相互提供产品或劳务的情况，而是将各种辅助生产费用直接分配给辅助生产以外的各受益单位。其计算公式如下：

某辅助生产车间费用分配率 = 该辅助生产车间直接发生的费用 ÷ 该辅助生产车间对外提供的劳务数量

某受益部门应分配的辅助生产费用 = 该受益部门产品或劳务耗用量 × 辅助生产费用分配率

【例3－7】华康公司有供水和供电两个辅助生产车间。该企业2010年6月份各辅助生产车间费用已登记在“辅助生产成本”明细账中。根据“辅助生产成本”明细账的资料，供电车间本月发生费用为3 696元，供水车间本月发生费用2 700元。各辅助生产车间供应产品或劳务数量详见表3－7：

表3－7　　各辅助生产车间供应产品或劳务数量

受益单位		耗水量（立方米）	耗电量（度）
基本生产——甲产品			4 800
基本生产车间		2 400	800
辅助生产车间	供电车间	300	
	供水车间		1 200
行政管理部门		200	400
销售机构		100	160
合计		3 000	7 360

采用直接分配法的辅助生产费用分配表如表3－8所示：

表 3－8　　　　　　　　　　辅助生产费用分配表　　　　　　　　　　单位：元

项目		供水车间	供电车间	合计
待分配辅助生产费用		2 700	3 696	6 396
供应辅助生产以外的劳务量		2 700	6 160	
分配率		1	0. 6	
基本生产——甲产品	耗用数量		4 800	
	分配金额		2 880	2 880
基本生产车间	耗用数量	2 400	800	
	分配金额	2 400	480	2 880
行政管理部门	耗用数量	200	400	
	分配金额	200	240	440
销售机构	耗用数量	100	160	
	分配金额	100	96	196
合计		2 700	3 696	6 396

其中：

供水车间分配率＝2 700÷2 700＝1

供电车间分配率＝3 696÷6 160＝0. 6

根据辅助生产费用分配表编制会计分录：

借：基本生产成本——甲产品　　2 880
　　制造费用——基本生产车间　　2 880
　　管理费用　　440
　　销售费用　　196
　贷：辅助生产成本——供水车间　　2 700
　　　　　　　　　——供电车间　　3 696

直接分配法是一种较为简便的分配方法，只适合在辅助生产内部相互提供产品或劳务不多、不进行交互分配对辅助生产成本和产品成本影响不大的情况下采用，否则会影响成本计算的准确性。

（二）交互分配法

采用这一分配法，是对辅助生产车间的成本费用进行两次分配。首先应根据各辅助生产车间相互提供的产品或劳务的数量和交互分配前的单位成本，进行一次交互分配；然后，将各辅助生产车间交互分配后的实际费用（即交互分配前的费用加上交互分配转入的费用，减去交互分配转出的费用），再按提供产品或劳务的数量，在辅助生产车间以外的各受益单位之间进行分配。其计算公式为：

（1）交互分配：

某辅助生产车间费用交互分配率＝该辅助生产车间直接发生的费用÷该辅助生产

车间提供的劳务总量

某辅助生产车间应分配其他辅助生产车间的费用 = 该辅助生产车间耗用其他辅助生产车间劳务量 × 其他辅助生产车间费用交互分配率

（2）对外分配：

某辅助生产车间费用分配率 = 该辅助生产车间交互分配后的实际费用 ÷ 该辅助生产车间对外提供的劳务量

某受益部门应分配的辅助生产费用 = 该受益部门产品或劳务耗用量 × 辅助生产费用分配率

【例3-8】仍以例3-7资料为例，采用一次交互分配法分配的辅助生产费用，见表3-9：

表3-9　　**辅助生产费用分配表**　　单位：元

项目		交互分配			对外分配		合计
		供水车间	供电车间	合计	供水车间	供电车间	
待分配辅助生产费用		2 700	3 696		3 030	3 366	6 396
劳务量		3 000	7 360		2 700	6 160	
分配率		0.9	0.5		1.12	0.55	
基本生产——甲产品	对外分配耗用数量					4 800	
	分配金额					2 640	2 640
辅助生产车间	供电应分配金额	270					
	供水应分配金额		600				
基本生产车间	耗用数量				2 400	800	
	分配金额				2 688	440	3 128
行政管理部门	耗用数量				200	400	
	分配金额				224	220	444
销售机构	耗用数量				100	160	
	分配金额				118	66	184
合计					3 030	3 366	6 396

* 尾数差额计入销售部门

其中：

交互分配阶段：

供水车间交互分配率 = 2 700 ÷ 3 000 = 0.9

供电车间交互分配率 = 3 696 ÷ 7 360 = 0.5

供水车间应承担的电费 = 1 200 × 0.5 = 600（元）

供电车间应承担的水费 = 300 × 0.9 = 270（元）

供水车间交互分配后的实际费用 = 2 700 + 600 - 270 = 3 030（元）

供电车间交互分配后的实际费用 = 3 696 + 270 - 600 = 3 366（元）

对外分配阶段：

供水车间的分配率 = 3 030 ÷ 2 700 = 1.12

供电车间的分配率 = 3 366 ÷ 6 160 = 0.55

根据辅助生产费用分配表编制会计分录：

第一次：交互分配

借：辅助生产成本——供水车间	600	
贷：辅助生产成本——供电车间		600
借：辅助生产成本——供电车间	270	
贷：辅助生产成本——供水车间		270

第二次：对外分配

借：基本生产成本——甲产品	2 640	
制造费用——基本生产车间	3 128	
管理费用	444	
销售费用	184	
贷：辅助生产成本——供水车间		3 030
——供电车间		3 366

交互分配法的分配结果比较合理，符合实际情况，且比直接分配准确一些，但核算工作量稍大。

（三）计划成本分配法

计划成本分配法就是辅助生产车间为各受益单位提供的产品或劳务一律按其计划单位成本计价分配；辅助生产各车间实际发生的费用（包括辅助生产按计划成本交互分配转入的费用在内）与按计划成本分配费用之间的差额，即辅助生产产品或劳务成本的节约差异或超支差异，为了简化分配工作，全部调整计入管理费用，不再分配给辅助生产以外的各受益车间、部门。其计算公式如下：

各车间、部门应分配的辅助生产费用 = 该车间、部门的劳务耗用量 × 辅助生产车间提供劳务的计划单位成本

某辅助生产费用分配的差异额 =（该辅助生产车间直接发生的实际费用 + 分配转入费用）- 按计划成本的分配额

【例3-9】仍以例3-7资料为例，假设供水车间的计划单位成本为0.95元，锅炉车间的计划单位成本0.6元。采用计划成本分配法分配辅助生产费用，见表3-10：

表 3 - 10　　　　　　　　　　辅助生产费用分配表　　　　　　　　　　单位：元

项目		供水车间	供电车间	合计
待分配辅助生产费用		2 700	3 696	6 396
劳务量		3 000	7 360	
计划单位成本		0.95	0.6	
基本生产——甲产品	耗用数量		4 800	
	分配金额		2 880	2 880
基本生产车间	耗用数量	2 400	800	
	分配金额	2 280	480	2 760
供电车间	耗用数量	300		
	分配金额	285		285
供水车间	耗用数量		1 200	
	分配金额		720	720
行政管理部门	耗用数量	200	400	
	分配金额	190	240	430
销售机构	耗用数量	100	160	
	分配金额	95	96	191
按计划成本分配合计		2 850	4 416	7 266
辅助生产实际成本		3 420	3 981	7 401
辅助生产成本差异		570	-435	135

其中：

供水车间实际成本 = 2 700 + 720 = 3 420（元）

供电车间实际成本 = 3 696 + 285 = 3 981（元）

根据表 3 - 10 辅助生产费用分配表，编制会计分录如下：

借：基本生产成本——甲产品　　2 880
　　制造费用——基本生产车间　　2 760
　　辅助生产成本——供电车间　　285
　　辅助生产成本——供水车间　　720
　　管理费用　　430
　　销售费用　　191
　贷：辅助生产成本——供水车间　　2 850
　　　　　　　　　——供电车间　　4 416

借：管理费用　　135
　　辅助生产成本——供电车间　　435
　贷：辅助生产成本——供水车间　　570

采用按计划成本分配法，由于劳务的计划单位成本是早已确定的，不必单独计算费用分配率，因而简化了计算工作。通过辅助生产成本差异的计算，还能反映和考核辅助生产成本计划的执行情况，有利于分清企业内部各单位的经济责任。但是采用这种分配方法，辅助生产劳务的计划单位成本必须比较准确。

（四）顺序分配法

采用这一分配方法，各种辅助生产之间的费用分配应按照辅助生产车间受益多少的顺序排列，受益少的排列在前，先将费用分配出去，受益多的排列在后，后将费用分配出去。例如：在上例供电、供水两个辅助生产车间之间，供电车间耗用水比较少，供水车间耗用电比较多，这样，就可以按供电、供水的顺序进行排列，先分配电费，然后再分配水费。其计算公式为：

某辅助生产车间费用分配率 =（辅助生产车间直接发生的费用 + 分配转入的费用）÷ 该辅助生产车间对其他车间、部门提供的劳务量

各车间、部门应分配的辅助生产费用 = 该车间或部门耗用的劳务量 × 辅助生产费用分配率

注意：对于首先分配的辅助车间，不存在分配转入的费用，即不承担其他辅助车间对它的费用分配，而顺序在后的辅助车间则需要承担顺序在前的辅助车间分配转入的费用。

【例3－10】仍以例3－7资料为例，采用顺序分配法分配辅助生产费用，见表3－11：

表3－11　　**辅助生产费用分配表**　　单位：元

项目		供水车间	供电车间	合计
待分配辅助生产费用		2 700	3 696	6 396
劳务量		3 000	7 360	
分配电费		600		600
各车间费用小计		3 300	3 696	
基本生产——甲产品	耗用数量		4 800	
	分配金额		2 400	2 400
基本生产车间	耗用数量	2 400	800	
	分配金额	2 928	400	3 328
供电车间	耗用数量			
	分配金额			
供水车间	耗用数量		1 200	
	分配金额		600	600
行政管理部门	耗用数量	200	400	
	分配金额	244	200	444
销售机构	耗用数量	100	160	
	分配金额	128	96	224

*尾数差额计入销售部门

其中：

供电车间分配率 = 3 696 ÷ 7 360 = 0.5

由于供电车间排列在前，先将费用分配出去。分配时，既要分配给基本生产车间、管理部门、销售部门，还要分配给排列在后的供水车间。

供水车间应承担的电费 = 1 200 × 0.5 = 600（元）

供水车间分配率 = (2 700 + 600) ÷ (3 000 − 300) = 1.22

根据表 3－11 辅助生产费用分配表，编制会计分录如下：

借：辅助生产成本——供水车间	600	
基本生产成本——甲产品	2 400	
制造费用——基本生产车间	3 328	
管理费用	444	
销售费用	224	
贷：辅助生产成本——供电车间		3 696
——供水车间		3 300

采用这种分配方法，由于排列在前面的辅助生产车间不负担排列在后面的辅助生产车间的费用，因而分配结果的正确性受到一定的影响。这种分配方法，只适应在各辅助生产车间、部门之间相互受益程度有着明显顺序的企业中采用。

（五）代数分配法

采用这种分配方法，应先根据一元二次联立方程的原理，计算出各辅助生产劳务或产品的单位成本，然后根据各受益单位（包含辅助生产内部和外部各车间、部门）耗用的数量和单位成本分配辅助生产费用。其联立方程的建立方法如下：

某辅助生产车间提供的劳务量 × 该辅助车间提供的劳务单位成本 = 该辅助生产车间直接发生的费用 + 该辅助生产车间耗用其他辅助生产车间劳务的数量 × 其他辅助生产车间劳务的单位成本

【例 3－11】 仍以例 3－7 的资料为例，采用代数分配法分配辅助生产费用。假设：X 为每立方米水的成本，Y 为每度电的成本

设联立方程式如下：

$2\,700 + 1\,200Y = 3\,000X$ …………（1）

$3\,696 + 300X = 7\,360Y$ …………（2）

解方程得出：

$X = 1.12$

$Y = 0.55$

据以编制辅助生产费用分配表，见表 3－12：

表3－12　　　　　　　　辅助生产费用分配表　　　　　　　　单位：元

项目		供水车间	供电车间	合计
待分配辅助生产费用		2 700	3 696	6 396
劳务量		3 000	7 360	
基本生产——甲产品	耗用数量		4 800	
	分配金额		2 640	2 640
基本生产车间	耗用数量	2 400	800	
	分配金额	2 688	440	3 128
供电车间	耗用数量	300		
	分配金额	336		336
供水车间	耗用数量		1 200	
	分配金额		660	660
行政管理部门	耗用数量	200	400	
	分配金额	224	220	444
销售机构	耗用数量	100	160	
	分配金额	112	72	184
合计		3 360	4 032	7 392

*尾数差额计入销售部门

根据表3－12辅助生产费用分配表，编制会计分录如下：

借：辅助生产成本——供电车间　　　　336
　　　　　　　　——供水车间　　　　660
　　基本生产成本——甲产品　　　　2 640
　　制造费用——基本生产车间　　　3 128
　　管理费用　　　　　　　　　　　444
　　销售费用　　　　　　　　　　　184
　贷：辅助生产成本——供水车间　　　3 360
　　　　　　　　　——供电车间　　　4 032

采用代数分配法分配费用，分配结果最正确。但如果辅助生产车间、部门较多，则未知数较多，计算工作比较复杂，因而这种方法在计算工作已经实现电算化的企业中采用比较适宜。

第三节　制造费用的归集与分配

一、制造费用的归集

制造费用是指企业为生产产品和提供劳务而发生的各项间接费用，如车间管理人员薪酬、折旧费、车间水电费、机物料消耗等。为了准确核算制造费用，企业应设置“制造费用”科目，该科目应按车间、部门设置明细账，账内按费用项目设专栏，分别反映各项制造费用的发生情况。发生制造费用时，根据有关凭证和各项费用分配表，记入“制造费用”科目的借方，对应分别记入“原材料”、“应付职工薪酬”、“累计折旧”、“银行存款”等科目的贷方；期末按照一定的标准进行分配，从“制造费用”科目转入“基本生产成本”等科目。在辅助生产的制造费用不通过“制造费用”科目核算的情况下，不需要单独进行“制造费用”归集和分配的计算，而全部记入“辅助生产成本”科目。

【例3-12】根据各种费用分配表及付款凭证登记华康公司基本生产1车间2010年6月的制造费用明细账，见表3-13：

表3-13　　制造费用明细账

基本生产车间：1车间　　2010年6月　　单位：元

摘要	机物料消耗	职工薪酬	折旧费	运费	其他	合计	转出
付款凭证					12 863	12 863	
材料费用分配表	6 000					6 000	
工资费用分配表		30 000				30 000	
折旧费用分配表			8 500			8 500	
辅助生产费用分配表				4 780		4 780	62 143
合计	6 000	30 000	8 500	4 780	12 863	62 143	62 143

二、制造费用的分配

在生产一种产品的车间中，制造费用是直接计入费用，应直接计入该种产品的成本。在生产多种产品的车间，制造费用属于间接计入费用。应采用适当的分配方法分配计入各种产品的成本。如果企业有几个车间，则应该按照各车间分别进行分配。分配制造费用的方法很多，通常采用的有生产工时比例法、生产工资比例法、机器工时比例法和按年度计划分配率分配法等。

（一）生产工时比例分配法

生产工时比例分配法，就是按照各种产品所用生产工人实际工时的比例分配费用的方法。其计算公式如下：

制造费用分配率＝制造费用总额÷各产品生产工时总额

某种产品应分配的制造费用＝该种产品生产工时×制造费用分配率

按照生产工时比例分配制造费用，能将劳动生产率与产品负担的费用水平联系起来，使分配结果比较合理。

【例3-13】华康公司生产的甲、乙三种产品，按生产工时比例分配制造费用。2010年6月基本生产车间制造费用总额为360 000元，甲产品生产工时为50 000小时，乙产品生产工时为30 000小时。分配计算如下：

制造费用分配率 = 360 000 ÷（50 000 + 30 000）= 4.5

甲产品应负担的制造费用 = 50 000 × 4.5 = 225 000（元）

乙产品应负担的制造费用 = 30 000 × 4.5 = 135 000（元）

根据上列计算结果，应编制"制造费用分配表"，见表 3－14：

表 3－14　　制造费用分配表

车间：基本生产车间　　2010 年 6 月

分配对象		生产工时（小时）	分配率	分配金额
基本生产成本	甲产品	50 000	4.5	225 000
	乙产品	30 000	4.5	135 000
合计		80 000	4.5	360 000

根据制造费用分配表，应编制如下会计分录：

借：基本生产成本——甲产品　　225 000

　　　　　　　　——乙产品　　135 000

　贷：制造费用　　360 000

（二）生产工资比例分配法

生产工资比例分配法，就是按照计入各种产品成本的生产工人实际工资的比例分配制造费用的方法。由于工资费用分配表中有着现成的生产工人工资的资料，因而采用这一分配方法，核算工作很简便。但是采用这一方法，各种产品生产的机械化程度应该相差不多，否则机械化程度高的产品由于工资费用少，分配负担的制造费用也少，影响费用分配的合理性。其计算公式和按生产工时比例分配方法基本相同。

（三）机器工时比例分配法

机器工时比例分配法，就是按照各种生产所用机器设备运转时间的比例分配制造费用的方法。这种方法适用在产品生产的机械化程度较高的车间。因为在这种车间制造费用中，折旧费、维护费与机器设备使用程度、运转时间有着密切的联系。采用这种方法，必须具备各种产品所用机器工时的原始记录，以保证其正确性。其计算公式和按生产工时比例分配方法基本相同。

由于制造费用包括各种性质和用途的费用，为了提高分配结果的合理性，在增加核算工作量不多的情况下，也可以将制造费用加以分类。例如分为与机器设备使用有关的费用和由于管理、组织生产而发生的费用两类，分别采用适当的分配方法进行分配，前者可按机器工时比例分配，后者可按生产工时比例分配。

（四）按年度计划分配率分配法

按年度计划分配率分配法，就是按照年度开始前确定的全年适用的计划分配率分配费用的方法。一般以定额工时作为分配标准，其分配计算的公式为：

年度计划分配率 = 年度制造费用计划总额 ÷ 年度各种产品计划产量的定额工时总数

某月某种产品应负担的制造费用 = 该月该种产品实际产量的定额工时数 × 年度计划分配率

采用这种分配方法，不管各月实际发生的制造费用多少，每月各种产品中的制造费用都按年度计划分配率分配。因此，采用这种分配方法时，“制造费用”账户可能有月末余额，其余额可能在借方，也可能在贷方。借方余额表示年内累计实际发生的制造费用超过按计划分配率分配累计的转出额，贷方余额表示年度内按计划分配率分配累计的转出额大于累计的实际发生额。“制造费用”账户如果有年末余额，就是全年制造费用的实际发生额与计划分配额的差额，一般应在年末调整计入 12 月份的产品成本，若为借方余额，则借记“基本生产成本”账户，贷记“制造费用”账户；若为贷方余额，则借记“制造费用”，贷“基本生产成本”。除了采用年度计划分配率分配法的企业外，“制造费用”账户没有月末余额。

【例3－15】华康公司基本生产车间全年制造费用计划为976 000元，全年各种产品的计划产量：甲产品为44 000 件，乙产品 24 000 件，丙产品 31 000 件，单件产品工时定额：甲产品 5 小时，乙产品 6 小时，丙产品 4 小时。2010 年 6 月实际产量：甲产品 3 800 件，乙产品 2 200 件，丙产品 2 700 件。6 月实际发生的制造费用为 90 000 元。采用年度计划分配率分配法分配制造费用。分配过程如下：

制造费用年度计划分配率 = 976 000 ÷ (44 000 × 5 + 24 000 × 6 + 31 000 × 4) = 2

甲产品该月应负担的制造费用 = 3 800 × 5 × 2 = 38 000（元）

乙产品该月应负担的制造费用 = 2 200 × 6 × 2 = 26 400（元）

丙产品该月应负担的制造费用 = 2 700 × 4 × 2 = 21 600（元）

该车间 6 月按计划分配率分配转出的制造费用为 86 000 元。

这种分配方法的核算工作很简便，特别适用于季节性生产企业。因为在这种生产企业中，每月发生的制造费用相差不多，但生产淡月和旺月的产量却相差悬殊，如果按照实际费用分配，各月单位产品成本中的制造费用将随之忽高忽低，而这不是由于车间工作本身引起的，因而不便于成本分析工作的进行，采用此种方法，则避免了这种情况。但是，采用这种分配方法，必须有较高的计划工作的水平。否则年度制造费用的计划数脱离实际太大，就会影响成本计算的正确性。

不论采用哪一种分配方法，都应根据分配计算的结果，编制“制造费用分配表”，根据制造费用分配表进行制造费用的总分类核算和明细核算。

第四节　废品损失和停工损失的核算

企业生产过程中发生的各种损失，称为生产损失。产生生产损失的原因很多，如生产工艺水平、材质、工人的素质、企业管理水平等。生产损失一般包括废品损失和停工损失两类。为了控制生产损失发生的数额，使其不断降低，同时，也为了明确经济责任，提高企业的管理水平，保证企业生产的正常进行，就有必要进行生产损失的核算。

一、废品损失的核算

(一) 废品及废品损失概述

废品是指经检验在质量上不符合规定的技术标准，不能按原定用途使用，或需在生产中经过重新加工修理后才能使用的半成品和产成品。按照废品的废损程度和在经济上是否具有修复价值区分，可分为可修复废品和不可修复废品。所谓可修复废品是指该废品在技术上是可以修复的，而且在重新修理加工过程中所支付的费用在经济上是合算的。所谓不可修复废品是指该废品在技术上是不可修复的或者虽能修复，但在经济上是不合算的。

废品损失是指因产生废品而造成的损失。废品损失主要包括可修复废品的修复费用、不可修复废品的成本，减去废品残值和应收赔款后的损失。

在单独核算废品损失的企业里，为了核算生产过程中的废品损失，应设置“废品损失”科目。“废品损失”科目的借方登记发生的可修复废品的修复费用、不可修复废品的生产成本。贷方登记应收的保险公司及责任人赔偿、残料回收价值和结转的废品净损失。废品的净损失，应转入当月生产的同种产品中，由合格品负担。经过上述结转后，“废品损失”科目应无余额。

(二) 不可修复废品成本的计算

不可修复废品的生产成本扣除废品的残料价值和应收赔款后的数额就是不可修复废品的净损失。一般有两种核算方法：

1. 按废品所耗实际费用计算

按废品所耗实际费用计算废品成本，是指按成本项目将实际发生的生产费用在合格品和废品之间进行分配。计算公式如下：

$$材料费用分配率=\frac{材料费用总额}{合格品数量+废品数量}$$

废品的材料成本 = 废品数量 × 材料费用分配率

$$其他费用分配率=\frac{某项其他费用数额}{合格品工时+废品工时}$$

废品其他费用 = 废品工时 × 其他费用分配率

【例3-16】华康公司生产甲产品，合格品为190件，不可修复废品为10件，共发生工时20 000小时，其中废品工时1 500小时。共发生费用：直接材料80 000元，直接人工44 000元，制造费用76 000元，废品残值回收800元，原材料系在开始生产时一次投入。

根据上述资料，可编制“不可修复废品成本计算表”，见表3-15：

表 3－15　　不可修复废品成本计算表

2010 年 6 月　　单位：元

项目	产量	直接材料	生产工时	直接人工	制造费用	合 计
费用总额	200	80 000	20 000	44 000	76 000	200 000
费用分配率		400		2.20	3.80	
废品成本	10	4 000	1 500	3 300	5 700	13 000
废品残值		800				
废品净损失		3 200		3 300	5 700	12 200

根据不可修复废品成本计算表，编制如下分录：

借：废品损失——甲产品　　13 000

　贷：基本生产成本——甲产品（直接材料）　　4 000

　　　　　　　　——甲产品（直接人工）　　3 300

　　　　　　　　——甲产品（制造费用）　　5 700

借：原材料　　800

　贷：废品损失——甲产品　　800

借：基本生产成本——甲产品（废品损失）　　12 200

　贷：废品损失——甲产品　　12 200

2. 按废品所耗定额成本计算

按定额成本计算废品成本是指根据废品的数量、各项消耗定额及计划单价计算不可修复废品成本的方法。它一般适用于定额资料比较完整、准确的情况。

【例 3－17】华康公司生产甲产品，有关定额及废品的资料如下：废品资料（见表 3－16），部分零部件消耗定额资料（见表 3－17），按上述资料编制的“废品定额消耗量计算表”（见表 3－18）。

（1）根据上述资料编制“不可修复废品成本计算表”（见表 3－19）：

表 3－16　　废品资料

2010 年 6 月

名称	单位	料废		工废		致废分析	致废工序
		数量	原因	数量	原因		
A	件	15				不可修复	车工
B	件	4				不可修复	钻工
C	件	8				不可修复	磨工

表 3-17　　零部件消耗定额资料

2010 年 6 月

零件名称	计量单位	原材料消耗定额		工时消耗定额（小时）
		材料名称	消耗量（千克）	
A	件	乙材料	20	3
B	件	乙材料	10	5
C	件	丁材料	15	5

表 3-18　　废品定额消耗量计算表

2010 年 6 月

名称	计量单位	原材料消耗定额		工时定额耗用量（小时）
		乙材料	丁材料	
A	15	300		45
B	4	40		20
C	8		120	40

表 3-19　　不可修复废品成本计算表

2010 年 6 月

项　目	直接材料		直接人工	制造费用	合　计
	乙材料	丁材料			
计划单价	0.90	2.50	0.25	1.55	
定额耗用量	340	120	105	105	
定额成本	306	300	26.25	162.75	795

（2）账务处理。账务处理过程基本与按实际费用计算的方法一致，这里不再详述。

（二）可修复废品损失的核算

可修复废品损失是指废品在修复过程中所发生的各项修复费用，包括修复废品的材料费用、职工薪酬、制造费用等。可修复废品返修以前发生的生产费用，不是废品损失，不必计算其生产成本，而应留在“基本生产成本”账户和所属有关产品成本明细账中，不必转出。返修发生的各种费用，应根据前述各种分配表，记入“废品损失”账户的借方。其回收的残料价值和应收的赔款，应从“废品损失”账户的贷方，转入“原材料”和“其他应收款”账户的借方。废品修复费用减去残值和应收赔款后的废品净损失，也应从“废品损失”账户的贷方转入“基本生产成本”账户的借方，记入“废品损失”成本项目。

在不单独核算废品损失的企业中，不设立“废品损失”会计科目和成本项目，只在回收废品残料和应收赔款时，借记“原材料”、“其他应收款”账户，贷记“基本生产成本”账户。“基本生产成本”账户和所属有关产品成本明细账归集的完工产品总成本，除以扣除废品数量以后的合格品数量，就是合格品的单位成本，核算比较简便，但由于合格产品的各成本项目中都包括不可修复废品的生产成本和可修复废品的修复费用，没有对废品损失进行单独的反映，因而会对废品损失的分析和控制产生不利的影响。以上所述废品损失均指基本生产的废品损失。辅助生产的规模一般不大，为了简化核算工作，都不单独核算废品损失。

二、停工损失的核算

停工损失是指企业的生产车间在停工期间所发生的各项费用。企业发生停工的原因很多，例如产品滞销、计划减产、停电、材料供应不足、机器设备出现故障、对设备进行修理等。另外，有些企业的生产带有明显的季节性，这样也会引起季节性停工。停工时间有长有短，范围有大有小。停工损失主要包括停工期间应付给职工薪酬、应分配的制造费用等。

企业应设置“停工损失”总账科目进行核算。该科目借方登记发生的停工损失；贷方登记应收的保险公司或责任人赔偿、转入营业外支出的自然灾害损失及由本月产品成本负担的停工损失；月末无余额。“停工损失”科目应按车间设置明细账进行核算；在“停工损失明细账”中，应按成本项目设置专栏，归集停工损失。

对于季节性、修理期间发生的停工损失，应列入制造费用；非季节性和非修理期间的停工损失，应计入营业外支出；可向责任人或保险公司取得的赔款，应计入“其他应收款”科目。

第五节　生产费用在完工产品与在产品之间的分配与归集

企业在生产过程中发生的各项生产费用，经过在各种产品之间的分配后，应计入本月各种产品成本的生产费用，都已集中反映在“基本生产成本”账户及其所属产品成本明细账中了。月末，如果产品已经全部完工，产品成本明细账中归集的生产费用（如果有月初在产品，还包括月初在产品成本）之和，就是该种完工产品的成本；如果产品全部未完工，产品成本明细账中归集的生产费用之和就是未完工产品的成本；如果既有完工产品又有月末在产品，产品成本明细账中归集的生产费用之和，还应在完工产品与月末在产品之间，采用适当的分配方法进行分配，以计算完工产品成本和月末在产品成本。

本月生产费用、本月完工产品成本和月初、月末在产品成本四者之间的关系，可用下列公式表明：

月初在产品成本 + 本月生产费用 = 本月完工产品成本 + 月末在产品成本

公式的左边为已知数，在完工产品和月末在产品之间分配费用的思路通常有两种：一种是先确定月末在产品成本，再计算完工产品成本；另一种是将月初和本月生产费用之和在完工产品和在产品之间按照一定的分配比例进行分配，同时算出完工产品成本和月末在产品成本。但是无论采用哪一类方法，都必须先取得在产品数量的正确资料。

一、在产品数量的核算

（一）在产品的概念

企业的在产品是指没有完成全部生产过程、不能作为商品销售的产品。在产品有狭义和广义之分，狭义的在产品是指某一车间或某一生产步骤正在加工阶段中的产品；而广义在产品则是从整个企业范围来说，包括正在车间加工中的产品和已经完成一个或几个生产步骤，但还需继续加工的半成品以及未验收入库的产品和等待返修的废品。

（二）在产品收发结存的数量核算

在产品收发结存数量的核算，应同时具备账面核算资料和实际盘点资料。企业一方面要做好在产品收发结存的日常核算工作；另一方面要做好在产品的盘点清查工作，这样才能做到账实相符，而且对掌握生产进度、加强生产管理也有重要意义。

在产品收发结存的日常核算，通常是通过在产品收发结存账进行的，也称为台账。该结存账应分别按照车间产品的品种和在产品的名称（如零部件的名称）设立，以便用来反映车间各种在产品的转入、转出和结存的数量。其基本格式见表3－20：

表3－20　在产品收发结存账

车间名称：第二车间　　2010年6月

日期	摘要	收入		转出		结存	
		凭证号	数量	凭证号	数量	完工	未完工
6－1	结存					3	2
6－4			7		2		7
……							

为了核实在产品的数量，保护在产品的安全完整，在产品应定期或不定期地进行清查。清查后，应根据盘点结果编制在产品盘存表，填明在产品的账面数、实存数和盘存盈亏数等，并分析原因、提出处理意见、根据审批意见及时进行账务处理。

在产品发生盘盈时，应按盘盈在产品的成本，借记“基本生产成本”账户，贷记“待处理财产损溢——待处理流动资产损溢”账户。经过批准进行处理时，则应借记“待处理财产损溢——待处理流动资产损溢”账户，贷记“管理费用”账户。

在产品发生盘亏和毁损时，应借记“待处理财产损溢——待处理流动资产损溢”账户，贷记“基本生产成本”账户，经过审批进行处理时，应根据不同情况将损失从“待处理财产损溢——待处理流动资产损溢”账户的贷方转入各有关账户的借方：应由过失人或保险公司赔偿的损失，转入“其他应收款”；由于意外、自然灾害造成的非常损失，转入“营业外支出”；残料转入“原材料”账户。

二、生产费用在完工产品和在产品之间的分配方法

生产费用在完工产品和在产品之间的分配必须结合企业生产产品的具体情况，即根据在产品数量的多少、各月在产品数量变化的大小、各项费用比重的大小以及定额管理基础的好坏等具体条件，采用适当的分配方法，做到合理又简便地在完工产品和月末在产品之间分配费用。通常采用的分配方法有：在产品不计算成本法、在产品按年初固定成本计价法、在产品按所耗原材料费用计价法、在产品按定额成本计价法、在产品按完工产品计算法、约当产量比例法、定额比例法。

（一）在产品不计算成本法

采用这种分配方法时，虽然有月末在产品，但不计算其成本。这种方法适用于各月月末在产品数量很小的产品。由于各月月末在产品数量很小，算不算在产品成本对于完工产品成本的影响很小。因此，为了简化产品成本计算工作，可以不计算在产品成本，也就是某种产品本月发生的生产费用，全部由该种完工产品成本负担。

（二）在产品按年初固定成本计价法

采用这种分配方法时，各月末在产品的成本固定不变。这种方法适用于各月末在产品数量较小，或者在产品数量虽大，但各月之间变化不大的产品。由于月末在产品数量较小，月初和月末在产品成本较小，月初月末在产品成本差额也很小，算不算各月在产品成本的差额对于完工产品成本的影响不大。因此，为简化产品成本计算工作，产品的每月在产品成本都按年初数固定计算。采用这种分配方法的产品，每月发生的生产费用之和仍然就是每月完工产品的成本。但在年末，应该根据实际盘点的在产品数量，重新计算在产品成本，调整年初数，以免在产品成本与实际出入过大，影响产品成本计算的正确性。

（三）在产品按所耗原材料费用计价法

采用这种分配方法时，月末在产品只计算其所耗用的原材料费用，不计算直接人工、制造费用等加工费用，就是说，产品的加工费用全部由完工产品成本负担。这种分配方法适用于各月末在产品数量较大，各月在产品数量变化也较大，但原材料费用在成本中所占比重较大的产品。由于这类产品的原材料费用比重较大，因而加工费用比重较小，因此，为简化计算工作，在产品可以不计算加工费用。这时，这种产品的全部生产费用，减去按所耗原材料费用计算的在产品成本，就是该种完工产品的成本。

【例3－18】某产品的原材料费用比较大，在产品只计算原材料费用。该种产品月初在产品原材料费用4 500元，本月原材料费用87 060元，直接人工2 340元，制造费用2 160元。完工产品2 000件，月末在产品180件。原材料是在生产开始时一次投入的，因而每件完工产品和在产品所耗原材料的数量相等，原材料费用可以按完工产品和在产品的数量分配。分配计算如下：

原材料费用分配率＝(4 500＋87 060)÷(2 000＋180)＝42

月末在产品原材料费用（月末在产品成本）＝180×42＝7 560（元）

本月完工产品成本 =4 500 + （87 060 +2 340 +2 160） -7 560 =88 500（元）

（四）在产品按定额成本计价法

采用这种分配方法时，月末在产品成本按定额成本计算，该种产品的全部生产费用，减去按定额成本计算的月末在产品成本，余额作为完工产品成本；每月生产费用脱离定额的节约差异或超支差异全部由当月完工产品成本负担。这种方法适用于各项消耗定额或费用定额比较准确、稳定，而且各月末在产品数量变化不大的产品。

【例3 -19】甲产品月末在产品20 件，单件产品材料费用定额为150 元，材料费用在生产开始时一次投入。单件定额工时为10 小时，每小时生产工人工资8 元，制造费用为3 元。月初在产品定额成本为6 400 元，其中：原材料5 000 元，直接人工800 元，制造费用600 元，本月生产费用8 180 元，其中原材料6 000 元，直接人工1 000 元，制造费用1 180 元。根据上述资料，分配结果如表3 -21 所示：

表3 -21　　月末在产品定额成本计算表

产品名称	在产品数量	直接材料	定额工时	直接人工	制造费用	合计
甲产品	20	3 000	10	1 600	600	5 200

完工产品成本 =6 400 +8 180 -5 200 =9 380（元）

（五）在产品按完工产品计算法

采用这种分配方法时，在产品视同完工产品分配费用。这种方法适用于月末在产品已经接近完工或者已经完工、只是尚未包装或尚未验收入库的产品。由于在产品成本已经接近完工产品成本，为了简化产品成本计算工作，在产品可以视同完工产品，按两者的数量比例分配原材料费用和各项加工费用。

（六）约当产量比例法

这种分配方法是指将月末在产品数量按照完工程度折算为相当于完工产品的产量，即约当产量，然后将归集的生产费用按照完工产品产量与月末在产品约当产量的比例分配，计算完工产品成本和月末在产品成本。这种分配方法适用于月末在产品数量较大，各月末在产品数量变化也较大，产品成本中原材料费用和加工费用的比重相差不多的产品。其计算公式如下：

在产品的约当产量 = 在产品数量 × 完工程度

费用分配率 =（月初在产品成本 + 本月生产费用）÷（本月完工产品数量 + 月末在产品约当产量）

完工产品成本 = 本月完工产品数量 × 费用分配率

月末在产品成本 = 月末在产品约当产量 × 费用分配率

为了提高产品成本计算的正确性，要按成本项目分别计算分配完工产品和在产品之间的成本。需要针对不同的成本项目来确定其完工程度和约当产量。一般说来，加工费用一般按生产工时的投入情况来确定加工进度，进而计算约当产量，分配各项加工费用。直接材料的投入方式可以有多种，应根据具体情况来确定材料的投料率，进而计算约当产量，分配直接材料费用。

1. 直接材料费用的分配

（1）原材料是在生产开始时一次投入，由于每件完工产品和不同完工程度的在产品所耗用原材料数量相等，因而原材料费用可以按完工产品和月末在产品的数量比例分配；而对于加工费用而言，由于单件完工产品与不同完工程度的在产品发生的加工费用不相等，因而完工产品和月末在产品的各项加工费用应按约当产量比例分配。

【例3－20】某产品本月完工800件，月末在产品200件，原材料在生产开始时一次投入，期初在产品成本为57 930元，其中原材料37 700元，直接人工9 250元，制造费用10 980元，本月生产费用为400 000元，其中原材料272 000元，直接人工56 000元，制造费用72 000元，在产品完工程度估计为50%。根据上述资料，计算结果如下：

在产品约当产量＝200×50%＝100（件）

原材料费用分配率＝（37 700＋272 000）÷（800＋200）＝309.7

完工产品应负担的材料费用＝800×309.7＝247 760（元）

在产品应负担的材料费用＝200×309.7＝61 940（元）

直接人工费用分配率＝（9 250＋56 000）÷（800＋100）＝72.5

完工产品应负担的人工费用＝800×72.5＝58 000（元）

在产品应负担的人工费用＝100×72.5＝7 250（元）

制造费用分配率＝（10 980＋72 000）÷（800＋100）＝92.2

完工产品应负担的制造费用＝800×92.2＝73 760（元）

在产品应负担的制造费用＝100×92.2＝9 220（元）

完工产品成本＝247 760＋58 000＋73 760＝379 520（元）

在产品成本＝61 940＋7 250＋9 220＝78 410（元）

（2）直接材料随生产过程陆续投入时，在产品投料程度的计算方法与加工进度的计算方法相同（参考加工进度的计算）。此时，分配直接材料费用的在产品约当产量按完工程度折算。

（3）直接材料是分工序投入，且在每道工序开始一次投入时，月末在产品投料程度可按下列公式计算：

工序投料程度＝到本工序为止的累计材料消耗定额÷完工产品材料消耗定额×100%

【例3－21】假设某产品经二道工序加工而成，其原材料分二道工序并在每道工序开始时一次投入，第一道工序在产品为100件，第二道工序在产品为150件。完工产品200件。月初及本月发生的直接材料费用合计7 960元。其有关数据及在产品投料程度和约当产量的计算，如表3－22所示：

表 3－22　　产品有关数据及在产品投料程度的约当产量

工序	本工序直接材料消耗定额(千克)	投料程度	在产品约当产量	完工产品	合计
1	24	24 ÷ 50 × 100% ＝48%	100 × 48% ＝48 件		
2	26	(24 ＋26) ÷ 50 × 100% ＝100%	150 × 100% ＝150 件		
合计	50		198 件	200 件	398 件

直接材料费用分配率＝7 960÷（198＋200）＝20

完工产品分配直接材料费用＝200×20＝4 000（元）

在产品分配直接材料费用＝198×20＝3 960（元）

（4）直接材料是分工序陆续投入，且在每道工序也是陆续投入时，月末在产品投料程度可按下列公式计算：

某道工序在产品投料程度＝（到上道工序为止累计的单位产品材料定额＋本工序材料定额×50%）÷单位产品原材料定额

【例 3－22】 假设假设某产品经二道工序加工而成，其原材料分二道工序并在每道工序陆续投入，其他资料沿用例 3－21，如表 3－23 所示：

表 3－23　　产品直接材料消耗定额及在产品投料程度和约当产量

工序	本工序直接材料消耗定额(千克)	投料程度	在产品约当产量	完工产品	合计
1	24	24 ×50% ÷50 ×100% ＝24%	100 ×24% ＝24 件		
2	26	(24 ＋26 ×50%) ÷50 ×100% ＝74%	150 ×74% ＝111 件		
合计	50		135 件	200 件	335 件

直接材料费用分配率＝7 960÷（135＋200）＝23.76

完工产品分配直接材料费用＝200×23.76＝4 752（元）

在产品分配直接材料费用＝7 960－4 752＝3 208（元）

2．加工费用的分配

（1）在连续生产的情况下，如果生产进度比较均衡，各道工序的在产品数量和加工量相差不大，则全部在产品可按 50% 的完工程度平均计算约当产量。

（2）如果生产进度不均衡，为了核算准确，各工序在产品的完工程度就要按工序分别测定，以确定在产品的约当产量。计算公式如下：

某道工序在产品完工率＝（到上道工序为止累计的单位工时定额＋本工序单位工时定额×50%）÷单位产品工时定额

【例 3－23】 某产品本月完工 200 件，期初在产品成本为 15 450 元，其中原材料 10 000 元，直接人工 2 370 元，制造费用 3 080 元，本月生产费用为 393 630 元，其中原材料 254 600 元，直接人工 60 350 元，制造费用 78 680 元，该产品生产要经三道工序，各道工序的月末在产品数量：第一工序 15 件，第二道工序 20 件，第三道工序 10 件。该产品单位工时定额为 20 小时，各工序工时定额分别为 8 小时、8 小时、4 小时。根据上述资料，计算结果如下：

（1）计算各工序完工率

第一道工序完工率 =8 ×50% ÷20 ×100% =20%

第二道工序完工率 =（8 +8 ×50%）÷20 ×100% =60%

第三道工序完工率 =（16 +4 ×50%）÷20 ×100% =90%

（2）计算各工序在产品约当量

该产品在产品约当产量 =15 ×20% +20 ×60% +10 ×90% =24（件）

（3）计算分配率，分配生产费用

直接人工分配率 =（2 370 +60 350）÷（200 +24）=280

完工产品应负担人工费用 =200 ×280 =56 000（元）

在产品应负担人工费用 =24 ×280 =6 720（元）

制造费用分配率 =（3 080 +78 680）÷（200 +24）=365

完工产品应负担制造费用 =200 ×365 =73 000（元）

在产品应负担制造费用 =24 ×365 =8 760（元）

（七）定额比例法

采用这种分配方法时，其生产费用按照完工产品和月末在产品定额消耗量或定额费用的比例进行分配。其中原材料费用，按原材料的定额消耗量或定额费用比例分配；直接人工、制造费用等加工费用，按定额工时比例分配。这种分配方法适用于定额管理基础较好，各项消耗定额或费用定额比较准确、稳定，但各月末在产品数量变动较大的产品。其计算公式如下：

费用分配率 =（月初在产品成本 + 本月生产费用）÷（完工产品定额原材料费用或定额工时 + 月末在产品定额原材料费用或定额工时）

完工产品应负担的原材料或加工费用 = 完工产品定额原材料费用或定额工时 × 费用分配率

月末在产品应负担原材料或加工费用 = 月末在产品定额原材料费用或定额工时 × 费用分配率

【例 3 -24】华康公司基本生产车间所产甲产品，采用定额比例法分配生产费用，甲产品完工 580 件，月末在产品 100 件，完工产品单件原材料费用定额 50 元，在产品单件原材料定额费用 30 元，完工产品单件工时定额 10 小时，在产品单件定额工时 6 小时。月初及本月生产费用合计：直接材料 64 000 元，直接人工 16 000 元，制造费用 12 800 元。计算结果如下：

直接材料分配率 =64 000 ÷（580 ×50 +100 ×30）=2

直接人工分配率 =16 000 ÷（580 ×10 +100 ×6）=2.5

制造费用分配率 = 12 800 ÷ （580 × 10 + 100 × 6） = 2

完工产品应分配的材料费 = 580 × 50 × 2 = 58 000（元）

在产品应分配的材料费 = 100 × 30 × 2 = 6 000（元）

完工产品应分配的人工费 = 580 × 10 × 2.5 = 14 500（元）

在产品应分配的人工费 = 100 × 6 × 2.5 = 1 500（元）

完工产品应分配的制造费用 = 580 × 10 × 2 = 11 600（元）

在产品应分批的制造费用 = 100 × 6 × 2 = 1 200（元）

通过以上所述，生产费用在各种产品之间以及在完工产品与月末在产品之间，进行分配和归集以后，就可以计算出各种完工产品的实际成本，据以考核和分析各种产品成本计划的执行情况。

三、完工产品成本的结转

工业企业的完工产品，包括产成品以及自制的材料、工具和模具等。在生产过程中的各项生产费用已经在各种产品之间进行了分配，并进行了月末在产品和完工产品之间的分配，计算出了完工产品成本，它的成本应从“基本生产成本”账户和各种产品成本明细账的贷方转入各有关账户的借方：其中完工入库产成品的成本，应转入“库存商品”账户的借方；完工自制材料、工具、模具等的成本，应分别转入“原材料”和“低值易耗品”等账户的借方。“基本生产成本”账户的月末余额，就是基本生产在产品的成本。完工产品的结转应编制“完工产品成本汇总表”，基本格式见下表（见表3－24）：

表3－24　　　　完工产品成本汇总表　　　　单位：元

产品名称	直接材料	直接燃料和动力	直接人工	制造费用	合计
甲产品	85 000	8 000	51 000	35 000	179 000
乙产品	25 000	6 000	45 000	28 000	104 000
合计	110 000	14 000	96 000	63 000	283 000

根据上列完工产品成本汇总表，应编制下列会计分录：

借：库存商品——甲产品　　179 000

　　　　　　——乙产品　　104 000

　贷：基本生产成本——甲产品　　179 000

　　　　　　　　　——乙产品　　104 000

第四章 生产成本计算的主要方法

【内容提要】

前面章节我们学习了企业生产成本核算的主要经济事项与一般过程，但不同的企业，或由于产品本身的特点，或由于管理方面的要求，会在成本计算对象、成本计算期和在产品成本核算等方面有不同的选择，这些不同选择的组合构成了不同的成本计算方法。本章将详细地讨论三种主要的成本计算方法——品种法、分批法和分步法，以及它们各自的特点、适用范围、计算程序与实际应用。本章是成本会计核心章节之一。

第一节 品种法

一、品种法的基本内容

（一）品种法的含义及适用范围

品种法是以产品的品种为成本计算对象，归集费用，计算产品成本的一种方法。品种法一般适用于大量大批单步骤生产类型的企业，例如发电、采掘和供水等企业。在这种类型的企业中，由于产品生产的工艺过程不能间断，没有必要也不可能按照生产步骤计算产品成本，只能以产品品种作为成本计算对象。

品种法主要适用于：①大量大批单步骤生产的企业，如发电、供水、采掘等企业；②在大量大批多步骤生产的企业中，如果企业成本管理不要求提供各步骤的成本资料时，也可以采用品种法计算产品成本；③企业的辅助生产（如供水、供电、供气等）车间也可以采用品种法计算其劳务成本。

（二）品种法的特点

按照产品的生产类型和成本计算的繁简程度，可将品种法分为简单品种法和典型品种法。其特点如下：

（1）以产品品种作为成本计算对象，设置产品成本明细账或成本计算单，归集生产费用。品种法的成本计算对象是每种产品，因此在进行成本计算时，需要为每一种产品设置一张产品成本计算单。①如果企业只生产一种产品，成本计算对象就是该种产品，只需为该种产品设置一张成本计算单，并按成本项目设置专栏，所发生的生产费用都是直接费用，可以直接根据有关凭证和费用分配表，区分成本项目全部列入该种产品的成本计算单。②如果企业生产多种产品，成本计算对象则是每种产品，需要按每种产品分别设置产品成本计算单，所发生的生产费用，要区分为直接费用和间接费用，凡能分清应由某种产品负担的直接费用，应直接计入该种产品的成本计算单中；对于几种产品共同耗用而又分不清应由哪种产品负担多少数额的间接费用，应采用适当的分配方法在各种产品之间，或者直接进行分配，或者另行归集汇总为制造费用后，再分配计入各品种成本计算单的相关成本项目中。

（2）成本计算定期按月进行。由于大量大批的生产是不间断地连续生产，无法按照产品的生产周期来归集生产费用，计算产品成本，因而只能定期按月计算产品成本，从而将本月的销售收入与产品生产成本配比，计算本月损益。因此，产品成本是定期按月计算的，与会计报告期一致，与产品生产周期不一致。

（3）月末在产品成本的处理。如果是大量大批的简单生产采用品种法计算产品成本，由于简单生产是一个生产步骤就完成了整个生产过程，所以月末（或者任何时点）一般没有在产品，因此，计算产品成本时不需要将生产费用在完工产品和在产品之间进行分配；如果是管理上不要求分步骤计算产品成本的大量大批的复杂生产采用品种法计算产品成本，由于复杂生产是需要经过多个生产步骤的生产，所以月末（或者任何时点）一般生产线上都会有在产品，因此，计算产品成本时就需要将生产费用在完工产品和在产品之间进行分配。

（三）品种法的成本计算程序

采用品种法计算产品成本，可按以下几个步骤进行：

1. 开设成本明细账（成本计算单）

按产品品种开设产品成本明细账或成本计算单，并按成本项目设置专栏。同时，还应开设“辅助生产成本明细账”和“制造费用明细账”，账内按成本项目或费用项目设置专栏。

2. 分配各种要素费用

（1）根据货币资金支出业务，按用途分类汇总各种付款凭证，登记各项费用；

（2）根据材料领用凭证和退料凭证及有关分配标准，编制原材料、包装物、低耗品、五金设备等费用分配表，分配材料费用，并登记有关明细账；

（3）根据各车间、部门工资结算凭证及福利费、教育经费等人工费用的计提办法，编制人工费用（应付职工薪酬）分配表，分配人工费用，并登记有关明细账；

（4）根据各车间、部门计提固定资产折旧的方法，编制折旧费用分配表，分配折旧费用，并登记有关明细账。

3. 分配辅助生产费用

根据各种费用分配表和其他有关资料登记的“辅助生产成本明细账”中归集的生产费用，采用适当的方法（直接分配法、交互分配法、代数分配法、顺序分配法、计划成本分配法），编制辅助生产费用分配表，分配辅助生产费用。

4. 分配基本车间制造费用

根据各种费用分配表和其他有关资料登记的基本生产车间“制造费用明细账”中归集的生产费用，采用一定的方法（生产工人工时比例分配法、生产工人工资比例分配法、机器工时比例分配法、按年度计划分配率分配法等）在各种产品之间进行分配，编制制造费用分配表，并将分配结果登记在“基本生产成本明细账”和各种产品“成本计算单”中。

5. 计算各种完工产品成本和在产品成本

根据各种费用分配表和其他有关资料登记的“基本生产成本明细账”和“成本计算单”中归集的生产费用，月末应采用适当的方法（不计在产品成本法、在产品按年初数固定计算法、在产品按所耗原材料费用计价法、约当产量比例法、在产品按完工产品成本计算法、在产品按定额成本计价法和定额比例法等）分配计算各种完工产品成本和在产品成本。如果月末没有在产品，则本月发生的生产费用就全部是完工产品成本。

6. 结转产成品成本

根据“基本生产成本明细账”和“成本计算单”计算的各种产品完工产品成本，编制“完工产品成本汇总表”，计算完工产品和在产品的总成本和单位成本，据以结转产成品生产成本。

二、成本计算品种法举例

（一）简单品种法举例

【例4-1】广东某发电厂属于单步骤的大量生产企业，只生产电力一种产品。工厂设有燃料车间、锅炉车间、汽机车间和电机车间四个基本生产车间，另外还设有一个修理辅助生产车间和若干个管理科室。由于整个工艺过程不能间断，又只生产电力一种产品，所以选择简单品种法计算电力产品成本，生产中发生的一切生产费用都是直接费用，可以直接计入电力产品成本，因此，成本项目可以按照生产费用的经济性质和经济用途相结合的原则进行设置。

该厂为进行成本核算，设置了“基本生产成本”总账科目，并以成本项目为专栏设置了“基本生产成本明细账”和“电力产品成本计算单”。具体成本项目包括“燃料费”、“生产用水费”、“材料费”、“工资及福利费”、“折旧费”、“修理费”、“其他费用”等。由于电力产品不能储存，不存在未完工的在产品，因而无须将生产费用在完工产品和在产品之间进行分配。该厂所产电力，除少量自用外，全部对外供应，因此当月发生的全部生产费用，即为当月电力产品的总成本，除以对外供应的电力产量，即为电力产品的单位成本。

成本计算程序及相应的账务处理如下：

该发电厂2010年10月份发生下列经济业务：

据燃料车间提供的燃料耗用统计表编制“燃料费用分配表”（见表4-1）：

表4-1　燃料费用分配表

2010年10月

燃料名称	数量（吨）	单价（元/吨）	金额
山西原煤	8 000	300	2 400 000
济南原煤	5 000	280	1 400 000
合计	13 000		3 800 000

根据“燃料费用分配表”，编制会计分录如下：

借：基本生产成本——燃料费　　3 800 000

　贷：原材料　　3 800 000

据不同生产车间各种用途的领料凭证，编制“材料费用分配表”（见表4-2）：

表4-2　材料费用分配表

2010年10月

车间	材料名称	数量（公斤）	单价（元/公斤）	金额
燃料车间	1#材料	3 000	60	180 000
锅炉车间	2#材料	1 000	30	30 000
汽机车间	3#材料	2 200	50	110 000
电机车间	4#材料	800	35	28 000
修理车间	5#材料	2 700	20	54 000
合计				402 000

根据“材料费用分配表”，编制会计分录如下：

借：基本生产成本——材料费　　402 000

　贷：原材料　　402 000

据各生产车间工资结算凭证汇总表，编制“工资及福利费分配表”（见表4-3）：

表4-3　工资及福利费分配表　　单位：元

2010年10月

车间	工资	福利费	合计
燃料车间	200 000	28 000	228 000
锅炉车间	150 000	21 000	171 000
汽机车间	180 000	25 200	205 200
电机车间	100 000	14 000	114 000
修理车间	80 000	11 200	91 200
合计	710 000	99 400	809 400

根据“工资及福利费分配表”，编制会计分录如下：

借：基本生产成本——工资及福利费　　809 400

　贷：应付职工薪酬——工资　　710 000

应付职工薪酬——福利费 99 400

本月应付水费286 000元，其中生产用水费270 000元，各车间公共用水费16 000元。根据有关凭证编制会计分录如下：

借：基本生产成本——生产用水费 270 000

基本生产成本——其他费用（水费） 16 000

贷：应付账款 286 000

根据“固定资产折旧计算表”（略），各车间本月计提折旧费530 000元，编制会计分录如下：

借：基本生产成本——折旧费 530 000

贷：累计折旧 530 000

本月发生修理费用350 000元，用银行存款支付，编制会计分录如下：

借：基本生产成本——修理费 350 000

贷：银行存款 350 000

结转应由本月生产负担的低值易耗品摊销额22 000元（低值易耗品采用分期摊销法），编制会计分录如下：

借：基本生产成本——其他费用（低值易耗品摊销） 22 000

贷：低值易耗品——摊销 22 000

结转应由本月生产负担的车间财产保险费用31 000元，编制会计分录如下：

借：基本生产成本——其他费用（保险费） 31 000

贷：其他应付款 31 000

根据上述会计处理登记按成本项目设置专栏的基本生产成本明细账（见表4-4）：

表4-4 **基本生产成本明细账**

2010年10月 单位：元

摘要	燃料费	生产用水费	材料费	工资及福利费	折旧费	修理费	其他费用	合计
分配燃料费	3 800 000							3 800 000
分配材料费			402 000					402 000
分配人工费				809 400				809 400
分配水费		270 000					16 000	286 000
分配折旧费					530 000			530 000
分配修理费						350 000		350 000
分配易耗品							22 000	22 000
分配保险费							31 000	31 000
本月合计	3 800 000	270 000	402 000	809 400	530 000	350 000	69 000	6 230 400
本月转出	3 800 000	270 000	402 000	809 400	530 000	350 000	69 000	6 230 400

成本计算单中，生产量扣除厂用电量即为厂供电量；电力成本除以厂供电量，即为电力单位成本。由于燃料成本占电力成本的比重较大，从重要性原则考虑还要突出

反映电力的燃料单位成本，以便加强对燃料成本的分析和考核。

根据基本生产成本明细账和产量统计资料，编制“电力产品成本计算单”（见表4-5）：

表4-5　　电力产品成本计算单

2010年10月　　单位：元

成本项目	生产量(千度)	总成本	单位成本
燃料费		3 800 000	107.04
生产用水费		270 000	
材料费		402 000	
工资及福利费		809 400	
折旧费		530 000	
修理费		350 000	
其他费用		69 000	
合计	—	6 230 400	—
生产量	39 000		
其中：厂用电量	3 500		
厂供电量	35 500		
产品单位成本	—	—	175.50

根据基本生产成本明细账结转本月电力成本，编制会计分录如下：

借：主营业务成本　　6 230 400

　贷：基本生产成本　　6 230 400

(二) 典型品种法举例

【例4-2】南方公司2010年8月生产甲、乙两种产品，本月有关成本计算资料如下：

1. 月初在产品成本。甲、乙两种产品的月初在产品成本见表4-6：

表4-6　　甲、乙产品月初在产品成本资料表

2010年8月　　单位：元

摘　要	直接材料	直接人工	制造费用	合计
甲产品月初在产品成本	164 000	32 470	3 675	200 145
乙产品月初在产品成本	123 740	16 400	3 350	143 490

2. 本月生产数量

甲产品本月完工500件，月末在产品100件，实际生产工时100 000小时；乙产品本月完工200件，月末在产品40件，实际生产工时50 000小时。甲、乙两种产品的原材料都在生产开始时一次投入，加工费用发生比较均衡，月末在产品完工程度均为50%。

3. 本月发生生产费用如下：

（1）本月发出材料汇总表，见表4－7：

表4－7

发出材料汇总表

2010年8月

单位：元

领料部门和用途	材料类别			合　计
	原材料	包装物	低值易耗品	
基本生产车间耗用				
甲产品耗用	800 000	10 000		810 000
乙产品耗用	600 000	4 000		604 000
甲、乙产品共同耗用	28 000			28 000
车间一般耗用	2 000		100	2 100
辅助生产车间耗用				
供电车间耗用	1 000			1 000
机修车间耗用	1 200			1 200
厂部管理部门耗用	1 200		400	1 600
合　　计	1 433 400	14 000	500	1 447 900

备注：生产甲、乙两种产品共同耗用的材料，按甲、乙两种产品直接耗用原材料的比例进行分配。

（2）本月工资结算汇总表及职工福利费用计算表（简化格式），见表4－8：

表4－8

工资及福利费汇总表

2010年8月

单位：元

人员类别	应付工资总额	应计提福利费	合计
基本生产车间			
产品生产工人	420 000	58 800	478 800
车间管理人员	20 000	2 800	22 800
辅助生产车间			
供电车间	8 000	1 120	9 120
机修车间	7 000	980	7 980
厂部管理人员	40 000	5 600	45 600
合计	495 000	69 300	564 300

（3）本月以现金支付的费用为2 500元，其中基本生产车间负担的办公费250元，市内交通费65元；供电车间负担的市内交通费145元；机修车间负担的外部加工费480元；厂部管理部门负担的办公费1 360元，材料市内运输费200元。

（4）本月以银行存款支付的费用为14 700元，其中基本生产车间负担的办公费1 000元，水费2 000元，差旅费1 400元，设计制图费2 600元；供电车间负担的水费500元，外部修理费1 800元；机修车间负担的办公费400元；厂部管理部门负担的办公费3 000元，水费1 200元，招待费200元，市话费600元。

（5）本月应计提固定资产折旧费22 000元，其中：基本生产车间折旧10 000元，供电车间折旧2 000元，机修车间折旧4 000元，厂部管理部门折旧6 000元。

（6）根据“待摊费用”账户记录，本月应分摊财产保险费3 195元，其中供电车间负担800元，机修车间负担600元，基本生产车间负担1 195元，厂部管理部门负担600元。

其成本计算程序如下：

1. 设置有关成本费用明细账和成本计算单

按品种设置基本生产成本明细账（见表4－15、表4－16）和成本计算单（见表4－26、表4－27），按车间设置辅助生产成本明细账（见表4－17、表4－18）和制造费用明细账（见表4－19），其他与成本计算无关的费用明细账，如管理费用明细账等，此略。

2. 要素费用的分配

根据各项生产费用发生的原始凭证和其他有关资料，编制各项要素费用分配表，分配各项要素费用。

（1）分配材料费用。其中：生产甲、乙两种产品共同耗用材料按甲、乙两种产品直接耗用原材料的比例分配。分配结果见表4－9和表4－10：

表4－9　　**甲、乙产品共同耗用材料分配表**

2010年8月　　单位：元

产品名称	直接耗用原材料	分配率	分配共耗材料
甲产品	800 000		16 000
乙产品	600 000		12 000
合计	1 400 000	0.02	28 000

表4－10　　**材料费用分配表**

2010年8月　　单位：元

会计科目	明细科目	原材料	包装物	低值易耗品	合计
基本生产成本	甲产品	816 000	10 000		826 000
	乙产品	612 000	4 000		616 000
	小计	1 428 000	14 000		1 442 000
辅助生产成本	供电车间	1 000			1 000
	机修车间	1 200			1 200
	小计	2 200			2 200
制造费用	基本生产车间	2 000		100	2 100
管理费用	修理费	1 200		400	1 600
合　　计		1 433 400	14 000	500	1 447 900

根据材料费用汇总表，编制发出材料的会计分录如下：

借：基本生产成本——甲产品　　826 000

　　　　　　　——乙产品　　616 000

　　辅助生产成本——供电车间　　1 000

　　　　　　　——机修车间　　1 200

　　制造费用——基本生产车间　　2 100

　　管理费用——修理费　　1 600

　贷：原材料　　1 433 400

　　　包装物　　14 000

　　　低值易耗品　　500

（2）分配工资及福利费用。其中：甲、乙两种产品应分配的工资及福利费按甲、乙两种产品的实际生产工时比例分配。分配结果见表4－11：

表4－11　　工资及福利费用分配表

2010年8月　　单位：元

分配对象		工资			福利费	
会计科目	明细科目	分配标准	分配率	分配额	分配率	分配额
基本生产成本	甲产品	100 000		280 000		39 200
	乙产品	50 000		140 000		19 600
	小计	150 000	2.80	420 000	0.392	58 800
辅助生产成本	供电车间			8 000		1 120
	机修车间			7 000		980
	小计			15 000		2 100
制造费用	基本生产车间			20 000		2 800
管理费用	工资、福利费			40 000		5 600
合　计				495 000		69 300

根据工资及福利费分配表，编制工资及福利费分配业务的会计分录如下：

借：基本生产成本——甲产品　　280 000

　　　　　　　——乙产品　　140 000

　　辅助生产成本——供电车间　　8 000

　　　　　　　——机修车间　　7 000

　　制造费用——基本生产车间　　20 000

　　管理费用——工资　　40 000

　贷：应付职工薪酬——工资　　495 000

借：基本生产成本——甲产品　　39 200

　　　　　　　——乙产品　　19 600

　　辅助生产成本——供电车间　　1 120

　　　　　　　——机修车间　　980

制造费用——基本生产车间　　2 800

管理费用——工资　　5 600

贷：应付职工薪酬——福利费　　69 300

（3）计提固定资产折旧费用及摊销待摊费用。分配结果见表4－12和表4－13：

表4－12　**折旧费用计算表**

2010年8月　　单位：元

会计科目	明细科目	费用项目	分配金额
制造费用	基本生产车间	折旧费	10 000
辅助生产成本	供电车间	折旧费	2 000
	机修车间	折旧费	4 000
管理费用		折旧费	6 000
合　　计			22 000

根据折旧计算表，编制计提折旧的会计分录如下

借：制造费用——基本生产车间　　10 000

辅助生产成本——供电车间　　2 000

——机修车间　　4 000

管理费用——折旧费　　6 000

贷：累计折旧　　22 000

表4－13　**待摊费用（财产保险费）分配表**

2010年8月　　单位：元

会计科目	明细科目	费用项目	分配金额
制造费用	基本生产车间	保险费	1 195
辅助生产成本	供电车间	保险费	800
	机修车间	保险费	600
管理费用		保险费	600
合　计			3 195

根据待摊费用分配表，编制摊销财产保险费的会计分录如下：

借：制造费用——基本生产车间　　1 195

辅助生产成本——供电车间　　800

——机修车间　　600

管理费用——财产保险费　　600

贷：待摊费用——财产保险费　　3 195

（4）分配本月现金和银行存款支付费用。分配结果见表4－14：

表4－14　　其他费用分配表

2010年8月　　单位：元

会计科目	明细科目	现金支付	银行存款支付	合　计
制造费用	基本生产车间	315	7 000	7 315
辅助生产成本	供电车间	145	2 300	2 445
	机修车间	480	400	880
管理费用		1 560	5 000	6 560
合计		2 500	14 700	17 200

根据其他费用分配表，编制会计分录如下：

借：制造费用——基本生产车间　　7 315

　　辅助生产成本——供电车间　　2 445

　　　　　　　　——机修车间　　880

　　管理费用——财产保险费　　6 560

　贷：库存现金　　2 500

　　　银行存款　　14 700

（5）根据各项要素费用分配表及编制的会计分录，登记有关基本生产成本明细账（表4－15和表4－16）、辅助生产成本明细账（表4－17和表4－18）和制造费用明细账（表4－19）。

表4－15　　基本生产成本明细账

产品名称：甲产品　　单位：元

10年		凭证字号	摘　要	直接材料	直接人工	制造费用	合计
月	日						
7	31		月末在产品成本	164 000	32 470	3 675	200 145
8	31	略	材料费用分配表	826 000			826 000
	31		工资福利费分配表		319 200		319 200
	31		生产用电分配表	6 120			6 120
	31		制造费用分配表			37 300	37 300
	31		本月生产费用合计	832 120	319 200	37 300	1 188 620
	31		本月累计	996 120	351 670	40 975	1 388 765
	31		结转完工入库产品成本	830 100	319 700	37 250	1 187 050
	31		月末在产品成本	166 020	31 970	3 725	201 715

表 4－16　　基本生产成本明细账

产品名称：乙产品　　单位：元

10年 月	日	凭证字号	摘　要	直接材料	直接人工	制造费用	合计
7	31		月末在产品成本	123 740	16 400	3 350	143 490
8	31	略	材料费用分配表	616 000			616 000
	31		工资福利费分配表		159 600		159 600
	31		生产用电分配表	3 060			3 060
	31		制造费用分配表			18 650	18 650
	31		本月生产费用合计	619 060	159 600	18 650	797 310
	31		本月累计	742 800	176 000	22 000	940 800
	31		结转完工入库产品成本	619 000	160 000	20 000	799 000
	31		月末在产品成本	123 800	16 000	2 000	141 800

表 4－17　　辅助生产成本明细账

车间名称：供电车间　　单位：元

10年 月	日	凭证字号	摘　要	直接材料	直接人工	制造费用	合计
8	1	略	材料费用分配表	1 000			1 000
	31		工资福利费分配表		9 120		9 120
	31		计提折旧费			2 000	2 000
	31		分摊财产保险费			800	800
	31		其他费用			2 445	2 445
	31		本月合计	1 000	9 120	5 245	15 365
	31		结转各受益部门	1 000	9 120	5 245	15 365

表 4－18　　辅助生产成本明细账

车间名称：机修车间　　单位：元

10年 月	日	凭证字号	摘　要	直接材料	直接人工	制造费用	合计
8	31	略	材料费用分配表	1 200			1 200
	31		工资及福利费分配表		7 980		7 980
	31		计提折旧费			4 000	4 000
	31		分摊财产保险费			600	600
	31		其他费用			880	880
	31		本月合计	1 200	7 980	5 480	14 660
	31		结转各受益部门	1 200	7 980	5 480	14 660

表 4－19　制造费用明细账

车间名称：基本生产车间　　单位：元

10年		凭证号	摘　要	材料费	人工费	折旧费	修理费	水电费	保险费	其他	合计
月	日										
8	31	略	材料费用分配表	2 100							2 100
	31		工资及福利费分配表		22 800						22 800
	31		折旧费用计算表			10 000					10 000
	31		待摊费用分配表						1 195		1 195
	31		其他费用分配表							7 315	7 315
	31		辅助生产分配表				10 500	2 040			12 540
	31		本月合计	2 100	22 800	10 000	10 500	2 040	1 195	7 315	55 950
	31		结转制造费用	2 100	22 800	10 000	10 500	2 040	1 195	7 315	55 950

3．辅助生产费用的分配

（1）根据各辅助生产车间制造费用明细账汇集的制造费用总额，分别转入该车间辅助生产成本明细账。本例题供电和机修车间提供单一产品或服务，未单独设置制造费用明细账，车间发生的间接费用直接记入各车间辅助生产成本明细账。

（2）根据辅助生产成本明细账（表 4－17、表 4－18）归集的待分配辅助生产费用和辅助生产车间本月劳务供应量，采用计划成本分配法分配辅助生产费用（表 4－21），并据以登记有关生产成本明细账或成本计算单和有关费用明细账。

本月供电和机修车间提供的劳务量见表 4－20。

每度电的计划成本为 0.34 元，每小时机修费的计划成本为 3.50 元；成本差异全部由管理费用负担。按车间生产甲、乙两种产品的生产工时比例分配，其中：甲产品的生产工时为 100 000 小时；乙产品的生产工时为 50 000 小时。分配记入产品成本计算单中“直接材料”成本项目，分配结果见表 4－22。

表 4－20　供电和机修车间提供的劳务量表

受益部门	供电车间（度）	机修车间（小时）
供电车间		400
机修车间	3 000	
基本生产车间	33 000	3 000
其中：产品生产	27 000	
一般耗费	6 000	3 000
厂部管理部门	10 000	1 100
合　计	46 000	4 500

表 4－21　　辅助生产费用分配表

2010 年 8 月　　单位：元

受益部门	供电（单位成本 0.34 元）		机修（单位成本 3.50 元）	
	用电度数	计划成本	机修工时	计划成本
供电车间			400	1 400
机修车间	3 000	1 020		
基本生产车间	33 000	11 220	3 000	10 500
其中：产品生产	27 000	9 180		
一般耗费	6 000	2 040	3 000	10 500
厂部管理部门	10 000	3 400	1 100	3 850
合　计	46 000	15 640	4 500	15 750
实际成本		16 765		15 680
成本差异		1 125		－70

备注：供电车间实际成本＝15 365＋1 400＝16 765（元）；机修车间实际成本＝14 660＋1 020＝15 680（元）

表 4－22　　产品生产用电分配表

2010 年 8 月　　单位：元

产　品	生产工时（小时）	分配率	分配金额
甲产品	100 000		6 120
乙产品	50 000		3 060
合计	150 000	0.061 2	9 180

根据辅助生产费用分配表，编制会计分录如下：

（1）结转辅助生产计划成本

借：辅助生产成本——供电车间　　1 400
　　　　　　　　——机修车间　　1 020
　　基本生产成本——甲产品　　6 120
　　　　　　　　——乙产品　　3 060
　　制造费用——基本生产车间　　12 540
　　管理费用　　7 250
　贷：辅助生产成本——供电车间　　15 640
　　　　　　　　　——机修车间　　15 750

（2）结转辅助生产成本差异，为了简化成本计算工作，成本差异全部计入管理费用

借：管理费用　　1 055
　贷：辅助生产成本——供电车间　　1 125
　　　　　　　　　——机修车间　　70

4．制造费用的分配

根据基本生产车间制造费用明细账（表 4－19）归集的制造费用总额，编制制造费

用分配表，并登记基本生产成本明细账和有关成本计算单。

本例题按甲、乙两种产品的生产工时比例分配制造费用，分配结果见表4－23：

表4－23　　制造费用分配表

车间名称：基本生产车间　　单位：元

产　品	生产工时	分配率	分配金额
甲产品	100 000		37 300
乙产品	50 000		18 650
合　计	150 000	0.373	55 950

根据制造费用分配表，编制会计分录如下：

借：基本生产成本——甲产品　　37 300

　　　　　　　　——乙产品　　18 650

　贷：制造费用——基本生产车间　　55 950

5．在完工产品与在产品之间分配生产费用

根据各产品成本计算单归集的生产费用合计数和有关生产数量记录，在完工产品和月末在产品之间分配生产费用。

该企业本月甲产品完工入库500件，月末在产品100件；乙产品完工入库200件，月末在产品40件。按约当产量法分别计算甲、乙两种产品的完工产品成本和月末在产品成本。月末在产品约当产量计算情况见表4－24和表4－25：

表4－24　　在产品约当产量计算表

产品名称：甲产品　　单位：件

成本项目	在产品数量	投料程度（加工程度）	约当产量
直接材料	100	100%	100
直接人工	100	50%	50
制造费用	100	50%	50

表4－25　　在产品约当产量计算表

产品名称：乙产品　　单位：件

成本项目	在产品数量	投料程度（加工程度）	约当产量
直接材料	40	100%	40
直接人工	40	50%	20
制造费用	40	50%	20

根据甲、乙两种产品的月末在产品约当产量，采用约当产量法在甲乙两种产品的完工产品与月末在产品之间分配生产费用。编制成本计算单见表4－26和表4－27：

表4－26　　　　产品成本计算单　　　　单位：元

产品名称：甲产品　　　　产成品：500件　　　　在产品：100件

摘　要	直接材料	直接人工	制造费用	合计
月初在产品成本	164 000	32 470	3 675	200 145
本月发生生产费用	832 120	319 200	37 300	1 188 620
生产费用合计	996 120	351 670	40 975	1 388 765
完工产品数量	500	500	500	
在产品约当量	100	50	50	
总约当产量	600	550	550	
分配率（单位成本）	1 660.20	639.40	74.50	2 374.10
完工产品总成本	830 100	319 700	37 250	1 187 050
月末在产品成本	166 020	31 970	3 725	201 715

表4－27　　　　产品成本计算单　　　　单位：元

产品名称：乙产品　　　　产成品：200件　　　　在产品：40件

摘　要	直接材料	直接人工	制造费用	合计
月初在产品成本	123 740	16 400	3 350	143 490
本月发生生产费用	619 060	159 600	18 650	797 310
生产费用合计	742 800	176 000	22 000	940 800
完工产品数量	200	200	200	
在产品约当量	40	20	20	
总约当产量	240	220	220	
分配率（单位成本）	3 095	800	100	3 995
完工产品总成本	619 000	160 000	20 000	799 000
月末在产品成本	123 800	16 000	2 000	141 800

6. 编制完工产品成本汇总表

根据表4－26、表4－27中的分配结果，编制完工产品成本汇总表（表4－28），并据以结转完工产品成本。

表4－28　　　　完工产品成本汇总表

2010年8月　　　　单位：元

成本项目	甲产品（500件）		乙产品（200件）	
	总成本	单位成本	总成本	单位成本
直接材料	830 100	1 660.20	619 000	3 095
直接人工	319 700	639.40	160 000	800
制造费用	37 250	74.50	20 000	100
合计	1 187 050	2 374.10	799 000	3 995

根据完工产品成本汇总表或成本计算单及成品入库单，结转完工入库产品的生产成本。编制会计分录如下：

借：库存商品——甲产品　　1 187 050

　　　　　　——乙产品　　799 000

　贷：基本生产成本——甲产品　　1 187 050

　　　　　　　　——乙产品　　799 000

第二节　分批法

一、分批法的基本内容

（一）分批法的含义和适用范围

分批法是以产品的批别（或订单）为计算对象归集费用、计算产品成本的一种方法。在小批单件生产的企业中，企业的生产活动基本上是根据订货单位的订单签发工作号来组织生产的，按产品批别计算产品成本，往往与按订单计算产品成本相一致，因而分批法也叫订单法。

分批法主要适用于：①单件、小批生产类型的企业，如重型机械、船舶、精密工具、仪器等制造企业；②不断更新产品种类的企业，如时装等制造企业；③新产品的试制、机器设备的修理作业以及辅助生产的工具、器具、模具的制造等，也可采用分批法计算成本。

（二）分批法的特点

（1）以产品的批别（或订单）作为成本计算对象。但严格说来，按批别组织生产，并不一定就是按订单组织生产，还要结合企业自身的生产负荷能力合理组织安排产品生产的批量与批次。比如说：①如果一张订单中要求生产好几种产品，为了便于考核分析各种产品的成本计划执行情况，加强生产管理，就要将该订单按照产品的品种划分成几个批别组织生产；②如果一张订单中只要求生产一种产品，但数量极大，超过企业的生产负荷能力，或者购货单位要求分批交货的，也可将该订单分为几个批别组织生产；③如果一张订单中只要求生产一种产品，但该产品属于价值高、生产周期长的大型复杂产品（如万吨轮），也可将该订单按产品的零部件分为几个批别组织生产；④如果在同一时期接到的几张订单要求生产的都是同一种产品，为了更经济合理地组织生产，也可将这几张订单合为一批组织生产。因此，在某种意义上，分批法的批别或批次应是指内部订单，而与外部订单不是严格一致。

（2）间接费用在各批次或各订单之间分配可选择采用“当月分配法”或“累计分配法”。①“当月分配法”的特点是分配间接费用（主要为制造费用）时，不论各批次或各订单产品是否完工，都要按当月分配率分配其应负担的间接费用。采用“当月分配法”，各月份月末间接费用明细账没有余额，未完工批次或订单也要按月结转间接费用，如果企业在投产批次比较多而多数为未完工批次或订单时，按月结转未完工批次产品的间接费用意义不大，而且手续繁琐，在这种情况下，就应考虑采用“累计分配法”分配间接费用。②“累计分配法”的特点是分配间接费用时，只对当月完工的批次或订单按累计分配率进行分配，将未完工批次或订单的间接费用总额保留在间接费用明细账中不进行分配，但在各批产品成本计算单中要按月登记发生的工时，以便计算各月的累计分配率和在某批次产品完工时，按其累计工时汇总结转应负担的间接费用总额。采用“累计分配法”，间接费用明细账月末留有余额，完工批次或订单一次负担其间接费用，因此可以简化成本核算工作。但是，如果各月份的间接费用水平相差悬殊，采用这种方法会影响各月成本计算的准确性。

（3）成本计算期与会计报告期不一致，与生产周期一致。采用分批法计算产品成本的企业，各批产品成本计算单虽然按月归集费用，但只有在该批次或订单产品全部完工时，才能计算其实际成本。当某一批次产品完工后，各基本生产车间应及时进行清理盘点，盘点出来的该批次的在产品及剩余材料应办理退库手续并相应冲减该批次产品成本，如果某批次产品尚未完工，则不计算其成本。因此，分批法的产品成本计算是不定期的，成本计算期与某批次或订单产品的生产周期一致。

（4）在完工产品与月末在产品之间分配生产费用。在单件或小批生产，购货单位要求一次交货的情况下，每批产品要求同时完工，这样该批产品完工前的成本明细账上所归集的生产费用，即为在产品成本；完工后的成本明细账上所归集的生产费用，即为完工产品成本，因此在通常情况下，生产费用不需要在完工产品和在产品之间分配。但是如果产品批量较大、购货单位要求分次交货时，就会出现批内产品跨月陆续完工的情况，这时应采用适当的方法将生产费用在完工产品和月末在产品之间分配，采用的分配方法视批内产品跨月陆续完工的数量占批量的比重大小而定。

（三）分批法的成本计算程序

（1）按产品批别设置产品基本生产成本明细账、辅助生产成本明细账，账内按成本项目设置专栏，按车间设置制造费用明细账。

（2）根据各生产费用的原始凭证或原始凭证汇总表和其他有关资料，编制各种要素费用分配表，分配各要素费用并登账。对于直接计入费用，应按产品批别列示并直接计入各个批别的产品成本明细账；对于辅助生产车间发生的直接费用，直接记入辅助生产成本明细账；对于间接计入费用，应按生产地点归集，并按适当的方法分配计入各个批别的产品成本明细账。

（3）期末，将辅助生产车间归集的制造费用分配转入辅助生产成本明细账，再汇集辅助生产车间发生的费用，按其提供的劳务数量，在各批别或订单产品、制造费用以及其他受益对象之间进行分配。对于辅助生产车间生产的产品，应计算其完工产品成本，从辅助生产成本明细账中转出。

（4）将基本生产车间“制造费用明细账”中归集的制造费用进行汇总，根据投产的批别或订单的完成情况，选择采用“当月分配法”或“累计分配法”分配制造费用。对于投产批别多数完工的情况，或各月费用发生不均衡的情况，应采用“当月分配法”。相反，则应选择“累计分配法”。

（5）月末根据完工批别产品的完工通知单，将计入已完工的该批产品的成本明细账所归集的生产费用，按成本项目加以汇总，计算出该批完工产品的总成本和单位成本，并转账。如果出现批内产品跨月陆续完工并已销售或提货的情况，这时应采用适当的方法将生产费用在完工产品和月末在产品之间分配，计算出该批已完工产品的总成本和单位成本。

二、间接费用的“当月分配法”案例

【例4-3】某单件小批生产企业设有两个基本生产车间和一个辅助生产车间；成本核算采用一级核算体制；由于产品生产是按“生产任务通知单”分批投产，而且投产批次不是很多，所以成本计算采用分批法，制造费用分配采用“当月分配法”。企业各批次产品的生产，都是在工序加工过程中陆续投料，在产品完工程度为50%。完工产品和在产品之间的费用分配采用约当产量法。辅助生产车间的间接费用通过“制造费用”进行归集，基本生产成本明细账设置“直接材料”、“直接人工”和“制造费用”三个成本项目。

企业5月份产品的生产情况：

（1）307批次甲产品，3月份投产10台，5月份完工，由第一基本生产车间负责生产；

（2）406批次乙产品，4月份投产100台，5月份完工40台，在产品60台，由第二基本生产车间负责生产；

（3）408批次丙产品，4月份投产60台，5月份尚无一台完工，由第一基本生产车间负责生产；

（4）501批次丁产品，5月份投产50台，当月全部完工，由第二基本生产车间负责生产。

成本计算程序如下：

（1）确立成本核算的账簿体系，即成本计算对象。按批别设置成本计算单（4个），设置辅助生产成本明细账（1个），设置制造费用明细账（3个）。

（2）根据费用发生的原始凭证，编制要素费用分配表，并作相应的账务处理（本例略），据以登记有关明细账和成本计算单。登记方法为各车间、各批次的直接费用直接记入，发生的间接费用按其地点归集记入制造费用明细账中。

（3）归集和分配辅助生产费用。月末，先汇总修理车间的“制造费用明细账”（见表4-35），将发生的费用86 200元转入修理车间的“辅助生产成本明细账”中的“制造费用”专栏（见表4-32）。然后，再对“辅助生产成本明细账”中归集的费用，按各受益对象耗用的修理工时进行分配。修理车间提供的修理工时资料，直接列示于编制的“辅助生产成本分配明细表”（见表4-40）。根据辅助生产成本的分配情况作相应的账务处理，据以登记到基本生产车间的“制造费用明细账”的“修理费”专栏（见表4-33和表4-34）及“管理费用明细账”（略）中。

（4）归集和分配基本生产车间“制造费用明细账”。将一车间、二车间发生的制造费用汇总，分别按照各车间生产各批产品的本月实际工时比例进行分配，编制一车间、二车间“制造费用分配明细表”（见表4－41和表4－42），据以分别转入各批次“产品成本计算单”的“制造费用”专栏中。

（5）计算、结转车间完工产品成本。307批次甲产品1台和501批次丁产品50台本月完工，将其产品成本计算单中登记的费用进行汇总，即可求得307批和501批产品的完工总成本；408批次丙产品由于全部为在产品，所以成本计算单汇集的费用即为月末在产品成本，无需作完工产品和在产品成本的分配计算；只有406批次乙产品本月存在批内陆续完工情况，应采用约当产量法计算40台完工产品和60台在产品成本，计算结果直接填列在其产品成本计算单中。

（6）汇总一车间和二车间的“完工产品车间成本汇总表”，编制“产品成本汇总计算表”（见表4－29），据以作产成品验收入库的账务处理。

表4－29　　产品成本汇总计算表

200×年5月　　单位：元

项目产品批次		产量(台)	直接材料	直接工资	制造费用	合计
307批甲产品	总成本	10	835 000	471 000	497 600	1 803 600
	单位成本		835 000	471 000	497 600	1 803 600
406批乙产品	总成本	40	563 200	384 000	214 280	1 161 480
	单位成本		140 800	96 000	53 570	290 370
501批丁产品	总成本	50	286 000	225 000	33 300	544 300
	单位成本		57 200	45 000	6 660	108 860
总成本合计			1 684 200	1 080 000	745 180	3 509 380

表4－30　　完工产品车间成本汇总表（一车间）

200×年5月　　单位：元

产品批次	产量(台)	直接材料	生产工时	直接工资	制造费用	费用合计
307批甲产品	10	835 000	96 000	471 000	497 600	1 803 600
合计	－	835 000	96 000	471 000	497 600	1 803 600

表4－31　　完工产品车间成本汇总表（二车间）

200×年5月　　单位：元

产品批次	产量(台)	直接材料	生产工时	直接工资	制造费用	费用合计
406批乙产品	40	563 200	30 000	384 000	214 280	1 161 480
501批丁产品	50	286 000	9 600	225 000	33 300	544 300
合计		849 200	39 600	609 000	247 580	1 705 780

表 4－32　　修理车间辅助生产成本明细账

200×年5月　　单位：元

摘要	直接材料	直接工资	制造费用	合计
分配材料费	44 300			44 300
分配工资及福利费		37 500		37 500
分配制造费用			86 200	86 200
合计	44 300	37 500	86 200	168 000
转出	44 300	37 500	86 200	168 000

表 4－33　　制造费用明细账（第一基本生产车间）

200×年5月　　单位：元

摘要	工资及福利费	办公费	折旧费	劳动保护费	机物料	修理费	其他	合计
合计	42 840	29 800	36 000	38 200	26 600	105 000	39 000	317 440
转出	42 840	29 800	36 000	38 200	26 600	105 000	39 000	317 440

表 4－34　　制造费用明细账（第二基本生产车间）

200×年5月　　单位：元

摘要	工资及福利费	办公费	折旧费	劳动保护费	机物料	修理费	其他	合计
合计	21 000	19 300	18 000	7 500	12 270	32 620	7 600	118 290
转出	21 000	19 300	18 000	7 500	12 270	32 620	7 600	118 290

表 4－35　　制造费用明细账（修理车间）

200×年5月　　单位：元

摘要	办公费	折旧费	劳动保护费	其他	合计
合计	17 500	42 000	16 000	10 700	86 200
转出	17 500	42 000	16 000	10 700	86 200

表 4－36　　产品成本计算单（307 批甲产品）

200×年5月　　单位：元

车间：一车间　　批量：10 台　　完工：10 台

摘要	直接材料	生产工时	直接工资	制造费用	费用合计
月初在产品成本	560 000	62 000	320 000	280 000	1 160 000
分配材料费	275 000	—	—	—	275 000
分配工资及福利费	—	34 000	151 000	—	151 000
分配制造费用	—	—	—	217 600	217 600
合计	835 000	96 000	471 000	497 600	1 803 600
转出完工产品成本	835 000	96 000	471 000	497 600	1 803 600

表 4－37　　产品成本计算单（408 批丙产品）

200×年 5 月　　单位：元

车间：一车间　　批量：60 台　　完工：0 台

摘要	直接材料	生产工时	直接工资	制造费用	费用合计
月初在产品成本	155 000	18 000	91 000	675 000	921 000
分配材料费	121 000				121 000
分配工资及福利费		15 600	87 000		87 000
分配制造费用				99 840	99 840
合计	276 000	33 600	178 000	774 840	1 228 840
月末在产品成本	276 000	33 600	178 000	774 840	1 228 840

表 4－38　　产品成本计算单（406 批乙产品）

200×年 5 月　　单位：元

车间：二车间　　批量：100 台　　完工：40 台

摘要	直接材料	生产工时	直接工资	制造费用	费用合计
月初在产品成本	580 000	28 000	360 000	290 000	1 230 000
分配材料费	405 600				405 600
分配工资及福利费		24 500	312 000		312 000
分配制造费用				84 990	84 990
合计	985 600	52 500	672 000	374 990	2 032 590
约当产量	70	70	70	70	70
单位成本	140 800	7 500	96 000	53 570	290 370
转出完工产品成本	563 200	30 000	384 000	214 280	1 161 480
月末在产品成本	422 400	22 500	288 000	160 710	871 110

表 4－39　　产品成本计算单（501 批丁产品）

200×年 5 月　　单位：元

车间：二车间　　批量：50 台　　完工：50 台

摘要	直接材料	生产工时	直接工资	制造费用	费用合计
分配材料费	286 000				286 000
分配工资及福利费		9 600	225 000		225 000
分配制造费用				33 300	33 300
合计	286 000	9 600	225 000	33 300	544 300
转出完工产品成本	286 000	9 600	225 000	33 300	544 300

表 4 -40　　辅助生产成本分配明细表（修理车间）

200×年5月

分配对象		实际工时(小时)	分配率	分配金额（元）
基本生产	一车间	37 500		105 000
	二车间	11 650		32 620
行政管理部门		10 850		30 380
合计		60 000	2.8	168 000

表 4 -41　　制造费用分配明细表（第一基本生产车间）

200×年5月

分配对象	实际工时（小时）	分配率	分配金额（元）
307 批甲产品	34 000		217 600
408 批丙产品	15 600		99 840
合计	49 600	6.4	317 440

表 4 -42　　制造费用分配明细表（第二基本生产车间）

200×年5月

分配对象	实际工时（小时）	分配率	分配金额（元）
406 批乙产品	24 500		84 990
501 批丁产品	9 600		33 300
合计	34 100	3.469	118 290

三、间接费用"累计分配法"案例

【例4 -4】某单件小批生产企业实行一级成本核算组织方式，由于投产产品批次较多，但完工批次较少，所以成本计算采用"分批法"，制造费用采用"累计分配法"。该企业2010 年5 月份从事8 批产品的生产加工，分别是301#、302#、303#、401#、402#、403#、501#和502#。成本项目包括"直接材料"、"直接人工"和"制造费用"三项。本月只有301#和302#产品完工，其他6 批产品均未完工。

成本计算程序如下：

（1）设置产品成本计算单及有关账簿体系。

本例应按8 批产品设8 张产品成本计算单，此题只列示了301#、302#、303#和401#产品成本计算单，分别见表4 -43、表4 -44、表4 -45 和4 -46。另外还设置了"基本生产成本明细账"（见表4 -47）和"制造费用明细账"（见表4 -48）。为简化举例，其他账表略。

表 4－43　　产品成本计算单（301#）

2010 年 5 月　　单位：元

批量：100 台　　完工：100 台

摘要	工时（时）	直接材料	直接人工	制造费用	合计
月初在产品成本	69 700	658 000	446 000		1 104 000
本月发生费用	28 500	195 000	151 000	785 600	1 131 600
合计	98 200	853 000	597 000	785 600	2 235 600
转出完工产品成本	98 200	853 000	597 000	785 600	2 235 600
单位成本	9 820	85 300	59 700	78 560	223 560

表 4－44　　产品成本计算单（302#）

2010 年 5 月　　单位：元

批量：50 台　　完工：50 台

摘要	工时（时）	直接材料	直接人工	制造费用	合计
月初在产品成本	38 000	293 000	284 000	–	577 000
本月发生费用	15 100	169 000	113 000	424 800	706 800
合计	53 100	462 000	397 000	424 800	1 283 800
转出完工产品成本	53 100	462 000	397 000	424 800	1 283 800
单位成本	10 620	92 400	79 400	84 960	256 760

表 4－45　　产品成本计算单（303#）

2010 年 5 月　　单位：元

批量：120 台　　完工：0 台

摘要	工时（时）	直接材料	直接人工	制造费用	合计
月初在产品成本	78 500	678 000	456 000		1 134 000
本月发生费用	30 200	256 000	207 000		463 000
合计	108 700	934 000	663 000		1 597 000

表 4－46　　产品成本计算单（401#）

2010 年 5 月　　单位：元

批量：30 台　　完工：0 台

摘要	工时（时）	直接材料	直接人工	制造费用	合计
月初在产品成本	15 600	273 000	181 000		454 000
本月发生费用	16 400	283 000	161 000		444 000
合计	32 000	556 000	342 000		898 000

表 4－47　　基本生产成本明细账

2010 年 5 月　　单位：元

摘要	工时（时）	直接材料	直接人工	制造费用	合计
月初在产品成本	583 000	5 910 000	4 690 000		10 600 000
本月发生费用	177 000	1 730 000	1 960 000	1 210 400	4 900 400
合计	760 000	7 640 000	6 650 000	1 210 400	15 500 400
转出完工产品成本	151 300	1 315 000	994 000	1 210 400	3 519 400
月末在产品成本	608 700	6 325 000	5 656 000		11 981 000

表 4－48　　制造费用明细账

2010 年 5 月　　单位：元

摘要	工资及福利费	办公费	折旧费	修理费	机物料	水电费	其他	合计
月初余额								3 250 000
本月发生额	560 000	313 000	890 000	625 000	220 000	105 000	117 000	2 830 000
本月转出								1 210 400
月末余额								4 869 600

（2）根据各项费用发生的原始凭证，编制要素费用分配表，据以登记有关明细账和成本计算单。“直接材料”、“直接人工”费用直接计入成本计算单的相应项目中；间接费用先归集到“制造费用明细账”中，同时还要按不同批别产品登记其生产工时情况。

（3）将“制造费用明细账”登记的费用汇总，编制“制造费用分配表”（见表 4－49），计算累计分配率，对完工各批产品分配制造费用，并计入完工批次产品成本计算单中。未完工各批产品本月不分配制造费用，未完工批次产品发生的制造费用汇总保留在“制造费用明细账”或“基本生产成本明细账”中。

表 4－49　　制造费用分配表

2010 年 5 月　　单位：元

分配对象	累计工时	累计分配率	累计制造费用
301#产品	98 200		785 600
302#产品	53 100		424 800
小计	151 300		1 210 400
未完工产品	608 700		4 869 600
合计	760 000	8	6 080 000

（4）汇总完工各批产品的成本，编制“完工产品成本汇总计算表”（见表 4－50），据以登记“基本生产成本明细账”（见表 4－47），并办理完工产品的入库手续。

表 4－50　　完工产品成本汇总表

2010 年 5 月　　单位：元

产品批次	产量(台)	生产工时	直接材料	直接人工	制造费用	费用合计
301#产品	100	98 200	853 000	597 000	785 600	2 235 600
302#产品	50	53 100	462 000	397 000	424 800	1 283 800
合计		151 300	1 315 000	994 000	1 210 400	3 519 400

第三节　分步法

一、分步法的基本内容

（一）分步法的含义及适用范围

分步法是以产品生产步骤和产品品种为成本计算对象来归集和分配生产费用、计算产品成本的一种方法，主要适用于连续、大量、多步骤生产的工业企业，如冶金、水泥、纺织、酿酒、砖瓦等企业。这些企业，从原材料投入到产品完工，要经过若干连续的生产步骤，除最后一个步骤生产的是产成品外，其他步骤生产的都是完工程度不同的半成品，这些半成品，除少数可能出售外，都是下一步骤加工的对象，因此，应按步骤、按产品品种设置产品成本明细账，分别成本项目归集生产费用。

（二）分步法的特点

（1）分步法是以产品的生产步骤和产品品种作为成本计算对象，成本明细账按每个加工步骤的各种或各类产品设置。如果只生产一种产品，成本计算对象就是该种产成品及其所经过的各个生产步骤，产品成本明细账应该按照产品的生产步骤设置；如果生产多种产品，成本计算对象则应是各种产品及其所经过的各个生产步骤。在实际工作中，产品成本计算的分步与产品实际的生产步骤的划分并不是严格一致，计算产品成本时，可以只对管理上有必要分步计算成本的生产步骤单独设立产品成本明细账，单独计算成本；管理上不要求单独计算成本的生产步骤，则可以与其他生产步骤合并设立产品成本明细账，合并计算成本。

（2）计算产品成本一般是按月定期进行。在大量大批生产的企业里，原材料连续投入，产品连续不断地转移到下一生产步骤，生产过程中始终有一定数量的在产品，成本计算一般在月末进行。所以，成本计算是定期的，成本计算期与产品的生产周期不一致，但与会计报告期一致。

（3）生产费用需要在完工产品与在产品之间分配。在大量、大批的多步骤生产中，由于生产过程较长，而且往往都是跨月陆续完工，因此，在月终计算成本时各步骤都有在产品，故要将生产费用采用适当的方法，在完工产品与在产品之间进行分配。

（4）各步骤之间的成本需要结转。由于产品生产分步进行，上一步骤生产的半成品是下一步的加工对象，因此，为了计算各种产品的产成品成本，还需要按照产品的品种，结转各步骤成本。也就是说，与其他成本计算方法不同之处，在采用分步法计算产品成本时，在各个步骤之间还有个成本结转问题。这是分步法的一个重要特点。

（三）分步法的分类

在分步法下，连续加工式的生产，生产过程较长，各步骤的半成品及其成本连续不断地向下一步骤移动，各步骤成本的结转可采用逐步结转和平行结转两种方法，因此，分步法可分为逐步结转分步法和平行结转分步法。逐步结转分步法还可分为逐步综合结转分步法和逐步分项结转分步法，逐步综合结转分步法可能需要进行成本还原，逐步分项结转分步法则不必进行成本还原。平行结转法对上一步骤的半成品成本不进行结转，只计算每一步骤中应由最终完工产品成本负担的那部分份额，然后平行相加即可求得最终完工产品的成本。平行结转法适用于不需要分步计算半成品成本的企业，在连续式复杂生产的企业中，半成品具有独立经济利益的情况下，成本计算不宜选择平行结转分步法，应采用逐步结转分步法。

二、逐步结转分步法

（一）逐步结转分步法概述

1. 逐步结转分步法含义

逐步结转分步法也称计算半成品成本分步法，它是按照产品加工步骤的顺序，逐步计算并结转半成品成本，直至最后步骤计算出产成品成本的一种方法。即从第一步骤开始，先计算该步骤完工半成品成本，并转入第二步骤，加上第二步骤的加工费用，算出第二步骤半成品成本，再转入第三步骤，依此类推，到最后步骤算出完工产品成本。逐步结转法下如果半成品完工后，不是立即转入下一步骤，而是通过中间成品库周转时，应设立“自制半成品”明细账，当完工半成品入库时，借记“自制半成品”科目，贷记“基本生产成本”科目。逐步结转分步法主要适用于成本管理中需要提供各个生产步骤半成品成本资料的企业。

2. 逐步结转分步法程序

（1）设置产品成本计算单

逐步结转分步法下产品成本计算对象是每种产品及其所经过生产步骤半成品成本，因此，应按每种产品及其所经过的生产步骤设置“产品成本计算单”，“产品成本计算单”内按规定的成本项目设置专栏。

（2）归集生产费用

逐步结转分步法下生产费用的归集是按产品和生产步骤进行的。当发生费用时，能直接确认为某种产成品或每步骤半成品的成本，应直接计入；不能直接计入的，则应采用适当的方法分配计入。对于除第一步骤以外的其他各生产步骤，还应登记转入该步骤的上步骤生产的半成品的成本。

（3）在产品成本的计算

期末时，应将归集在各步骤成本计算单上的生产费用合计，采用适当的方法，在完工半成品（最后步骤为完工产品）和狭义在产品之间进行分配。

（4）半成品成本的计算

当在产品成本计算出来之后，对于除最后步骤外的其余各步骤来说，将生产费用合计扣除狭义在产品的成本，其余额就是完工半成品的成本。半成品实物可一次全部转入下步骤，也可通过半成品库收发，随着半成品实物的转移，其成本也从本步骤成本明细账上转出，转入下一步骤成本计算单（或半成品明细账账）中。

（5）产成品成本的计算

逐步结转分步法下，产成品成本是在最后步骤生产出来的，因此，将最后步骤成本计算单上的生产费用扣除期末在产品的成本，其余额为完工产品成本。

这一核算的简明程序如图 4－1 所示：

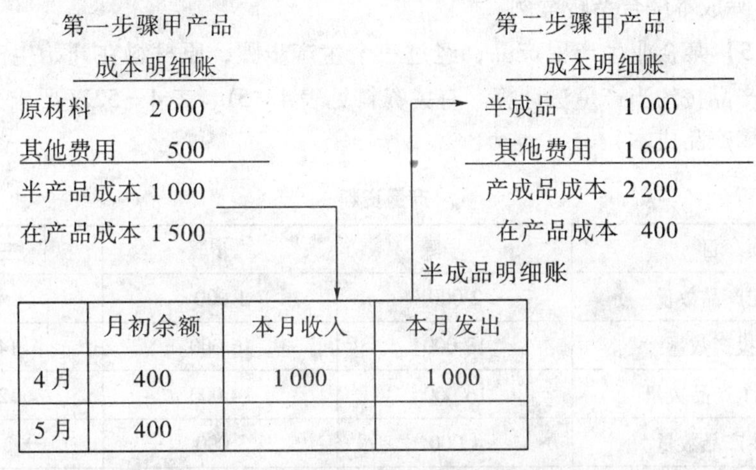

	月初余额	本月收入	本月发出
4月	400	1 000	1 000
5月	400		

图 4－1　逐步结转分步法简明程序图

根据图 4－1，第一步骤完工半成品在验收入库时，应根据完工转出的半成品成本编制借记“自制半成本”，贷记“基本生产成本”的会计分录；第二步骤领用时，再编制相反的会计分录。如果半成品完工后不通过半成品库收发，而直接转入下一步骤，半成品成本应在各步骤的产品成本明细账之间直接结转，不编上述分录。逐步结转分步法，实际上是品种法的多项连续使用，采用逐步结转分步法，按照结转的半成品成本在下一步骤产品成本明细账中的反映方法，分为综合结转和分项结转两种方法。

（二）综合结转分步法

综合结转分步法是指上一生产步骤的半成品成本转入下一生产步骤时，是以“半成品”或“直接材料”综合项目记入下一生产步骤成本计算单的方法。综合结转，可以按照半成品的实际成本结转，也可以按照半成品的计划成本（或定额成本）结转。①按实际成本综合结转：各步骤所耗上一步骤的半成品费用，应根据所耗半成品的实际数量乘以半成品的实际单位成本计算。由于各月所产半成品的实际单位成本不同，因而所耗半成品实际单位成本的计算，可根据企业的实际情况，选择使用先进先出法、加权平均法及后进先出法等方法。②按计划成本综合结转：半成品日常收发的明细核算均按计划成本计价；在半成品实际成本计算出来后，再计算半成品差异额和差异率，调整领用半成品计划成本，而半成品收发的总分类核算则按实际成本计价。

1. 综合结转分步法的成本计算程序

采用综合结转分步法计算产品成本的程序如下：

（1）根据确定的成本计算对象，设置“产品成本计算单”；

（2）第一步骤根据本步骤发生的各种生产费用，计算该步骤完工半成品成本，直接转入下一步骤或半成品仓库；

（3）第二步骤以后的各生产步骤，将从上一步骤或半成品库转入的半成品成本，以“半成品”或“直接材料”综合项目计入本步骤成本计算单中，再加上本步骤发生的费用，计算出本步骤完工的半成品成本，再以综合项目转入下一步骤成本计算单中；

（4）最后步骤计算出完工产成品的成本。

2. 按实际成本综合结转案例

【例4-5】某企业生产甲产品，经过三个生产步骤，原材料在开始生产时一次投入。月末在产品按约当产量法计算。有关资料见表4-51、表4-52（要求采用综合结转分步法计算产品成本）：

表4-51　**产量资料**　单位：件

项　目	一步骤	二步骤	三步骤
月初在产品数量	2 000	1 000	800
本月投产数量	18 000	16 000	14 000
本月完工产品数量	16 000	14 000	12 000
月末在产品数量	4 000	3 000	2 800
在产品完工程度	50%	50%	50%

表4-52　**生产费用资料**　单位：元

成本项目	月初在产品成本			本月发生费用		
	一步骤	二步骤	三步骤	一步骤	二步骤	三步骤
直接材料	4 050 000	1 380 000	140 000	18 500 000		
燃料及动力	300 000	530 000	374 000	15 000 000	19 000 000	14 500 000
直接工资	1 040 000	2 115 000	984 000	22 000 000	65 000 000	36 000 000
制造费用	1 760 000	2 330 000	1 814 000	31 000 000	42 000 000	68 000 000
合 计	7 150 000	6 355 000	3 312 000	86 500 000	126 000 000	118 500 000

成本结转与账务处理：

（1）第一步骤产品成本的计算：

直接材料费用分配率 =（4 050 000 + 18 500 000）÷（16 000 + 4 000）= 1 127.5（元）

完工半成品应分配的直接材料费用 = 16 000 × 1 127.5 = 18 040 000（元）

在产品应分配的直接材料费用 = 4 000 × 1 127.5 = 4 510 000（元）

燃料及动力费用分配率 =（300 000 + 15 000 000）÷（16 000 + 4 000 × 50%）= 850（元）

完工半成品应分配的燃料及动力费 = 16 000 × 850 = 13 600 000（元）

在产品应分配的燃料及动力费 = 4 000 × 50% × 850 = 1 700 000（元）

其他费用计算方法同上。据此可编制如下“第一步骤产品成本计算单”（见表 4 - 53）：

表 4 - 53　　第一步骤产品成本计算单　　单位：元

项　　目		直接材料	燃料及动力	直接工资	制造费用	合计
月初在产品成本		4 050 000	300 000	1 040 000	1 760 000	7 150 000
本月发生费用		18 500 000	15 000 000	22 000 000	31 000 000	86 500 000
合　　计		22 550 000	15 300 000	23 040 000	32 760 000	93 650 000
产品产量	完工产品产量	16 000	16 000	16 000	16 000	
	在产品约当产量	4 000	2 000	2 000	2 000	
	合计	22 000	18 000	18 000	18 000	
单位成本		1 127. 5	850	1 280	1 820	5 077. 5
转出半成品成本		18 040 000	136 000 000	20 480 000	29 120 000	81 240 000
在产品成本		4 510 000	17 000 000	2 560 000	3 640 000	12 410 000

将第一步骤产品成本计算单中完工的半成品成本 81 240 000 元，计入“第二步骤产品成本计算单”中的“半成品”成本项目中。

（2）第二步骤产品成本的计算：

第二步骤半成品成本合计 = 1 380 000 + 8 1 240 000（第一步骤转入）= 82 620 000（元）

半成品成本分配率（单位成本）=（1 380 000 + 81 240 000）÷（14 000 + 3 000）= 4 860（元）

完工产品应分配的半成品成本 = 14 000 × 4 860 = 68 040 000（元）

在产品应分配的半成品成本 = 3 000 × 4 860 = 14 580 000（元）

燃料及动力费用分配率（单位成本）

=（530 000 + 19 000 000）÷（14 000 + 3 000 × 50%）= 1 260（元）

完工半成品应分配的燃料和动力费用 = 1 260 × 14 000 = 17 640 000（元）

在产品应分配的燃料及动力费用 = 1 500 × 1 260 = 1 890 000（元）

其他费用计算方法同上，据此可编制“第二步骤产品成本计算单”（见表 4 - 54）：

表 4 - 54　　第二步骤甲产品成本计算单　　单位：元

项目	半成品	燃料及动力	直接工资	制造费用	合计
月初在产品成本	1 380 000	530 000	2 115 000	2 330 000	6 355 000
本月发生费用	81 240 000	19 000 000	65 000 000	42 000 000	207 240 000
合计	82 620 000	19 530 000	67 115 000	44 330 000	213 595 000

表4－54（续）

项目		半成品	燃料及动力	直接工资	制造费用	合计
产品产量	完工产品产量	14 000	14 000	14 000	14 000	–
	在产品约当产量	3 000	1 500	1 500	1 500	–
	合计	17 000	15 500	15 500	15 500	–
单位成本		4 860	1 260	4 330	2 860	13 310
转出半成品成本		680 400 000	176 400 000	60 620 000	40 040 000	186 340 000
月末在产品成本		145 800 000	18 900 000	6 495 000	4 290 000	27 255 000

将第二步骤完工的半成品 186 340 000 元以"半成品"综合成本项目转入第三步骤产品成本计算单中。

（3）第三步骤产品成本的计算：

第三步骤半成品成本合计＝140 000＋186 340 000（第二步骤转入）＝186 480 000（元）

半成品成本分配率（单位成本）＝（140 000＋186 340 000）÷（12 000＋2 800）＝12 600（元）

完工产品应分配的半成品成本＝12 000×12 600＝151 200 000（元）

在产品应分配的半成品成本＝2 800×12 600＝35 280 000（元）

燃料及动力费用分配率（单位成本）

＝（374 000＋1 4 500 000）÷（12 000＋2 800×50%）＝1 110（元）

完工产品应分配的燃料及动力费用＝12 000×1 110＝13 320 000（元）

在产品应分配的燃料及动力费用＝1 400×1 110＝1 554 000（元）

其他费用计算方法同上。据此可编制如下"第三步骤产品成本计算单"（见表4－55）：

表4－55　　**第三步骤甲产品成本计算单**　　单位：元

项目		半成品	燃料及动力	直接工资	制造费用	合计
月初在产品成本		140 000	374 000	984 000	1 814 000	3 312 000
本月发生费用		186 340 000	14 500 000	36 000 000	68 000 000	304 840 000
合计		186 480 000	14 874 000	36 984 000	69 814 000	308 152 000
产品产量	完工产品产量	12 000	12 000	12 000	12 000	
	在产品约当产量	2 800	1 400	1 400	1 400	
	合计	14 800	13 400	13 400	13 400	
单位成本		12 600	1 110	2 760	5 210	21 680
完工产品成本		151 200 000	13 320 000	33 120 000	62 520 000	260 160 000
月末在产品成本		35 280 000	1 554 000	3 864 000	7 294 000	47 992 000

3. 按计划成本综合结转案例

在逐步结转分步法下，如采用实际成本结转，只有在上步骤成本计算完成后，才能进行下一步骤的成本计算，这对于实行多步骤生产的企业来说，势必影响成本计算的及时性。为了解决这一问题，可采用按计划成本综合结转的方式。

采用按计划成本综合结转时，后步骤耗用上步骤自制半成品时，先按计划成本计价，其他各成本项目的计算方法与按实际成本综合结转法相同，这样计算出来的各步骤的半成品成本称为计划价格成本。最后，在各步骤计划价格成本的基础上，计算各步骤完工半成品的成本差异，分配给消耗这些半成品的产品负担，将转入各步骤成本计算单中的半成品计划成本调整为实际成本。

按计划成本综合结转的公式为：

某步骤耗用半成品计划成本 = 半成品计划单位成本 × 耗用数量

半成品成本差异率 = （月初结存半成品成本差异额 + 本月收入半成品成本差异额 + 上步骤转入的半成品成本差异） ÷ （月初结存半成品计划成本 + 本月收入半成品计划成本） ×100%

本月产成品应负担的半成品成本差异 = $\sum$（某步骤耗用半成品计划成本 × 该半成品成本差异率）

【例4－6】某企业生产甲产品，经过三个基本生产车间，采用逐步结转分步法（按计划成本综合结转法）进行成本计算，原材料在开始生产时一次投入，在产品成本按约当产量法计算，各步骤在产品完工程度按50%计算，半成品经过半成品库收发，有关产量资料见表4－56：

表4－56　　产量资料

项　目	一车间	二车间	三车间
月初在产品数量	300	900	1 600
本月投入数量	5 100	5 500	6 200
本月完工数量	5 000	6 000	7 000
月末在产品数量	400	400	800

账务处理：一车间月初在产品成本、本月发生的生产费用以及完工半成品成本和月末在产品成本的计算结果见表4－57：

表4－57　　一车间产品成本计算单

计划单位成本：986元

项目	直接材料	燃料及动力	直接工资	制造费用	合计
月初在产品成本	100 000	80 000	50 000	40 000	270 000
本月发生费用	1 682 000	1 272 000	1 120 000	922 000	4 996 000
生产费用合计	1 782 000	1 352 000	1 170 000	962 000	5 266 000

表4－57（续）

项目	直接材料	燃料及动力	直接工资	制造费用	合计
完工半成品产量	5 000	5 000	5 000	5 000	
在产品约当产量	400	200	200	200	
产量合计	5 400	5 200	5 200	5 200	
单位成本	330	260	225	185	1 000
转出半成品成本	1 650 000	1 300 000	1 125 000	925 000	5 000 000
月末在产品成本	132 000	52 000	45 000	37 000	266 000

根据“一车间产品成本计算单”的计算结果，一车间半成品单位计划价格成本为10 000元，二车间领用的数量为5 500件。半成品成本差异率的计算如下：

一车间半成品成本差异分配率＝（－3 600＋70 000）÷（591 600＋4 930 000）×100%＝1.2%

发出半成品的计划成本＝5 500×9 860＝54 230 000（元）

发出半成品应负担的成本差异＝5 423 000×1.2%＝65 076（元）

根据上述计算结果，编制的“一车间自制半成品成本明细账”见表4－58：

表4－58　　一车间自制半成品成本明细账

计划单位成本：986元

月初（月末）			本月收入					本月发出		
数量	计划成本	差异	数量	计划价格成本	计划成本	差异	差异率	数量	计划成本	差异
600	591 600	－3 600	5 000	5 000 000	4 930 000	70 000	1.2%	5 500	5 423 000	65 076
100	9 8 600	1 324								

二车间月初在产品成本、本月发生的生产费用以及完工半成品成本和月末在产品成本的计算结果见表4－59：

表4－59　　二车间产品成本计算单

计划单位成本：1 800元

项目	自制半成品	燃料及动力	直接工资	制造费用	合计
月初在产品成本	887 400	140 000	130 000	150 000	1 307 400
本月发生费用	5 423 000	1 100 000	1 730 000	1 920 800	10 173 800
生产费用合计	6 310 400	1 240 000	1 860 000	2 070 800	11 481 200
完工半成品产量	6 000	6 000	6 000	6 000	
在产品约当产量	400	200	200	200	
产量合计	6 400	6 200	6 200	6 200	

表4－59(续)

项目	自制半成品	燃料及动力	直接工资	制造费用	合计
单位成本	986	200	300	334	1 820
转出半成品成本	5 916 000	1 200 000	1 800 000	2 004 000	10 920 000
月末在产品成本	394 400	40 000	60 000	66 800	561 200

根据“二车间产品成本计算单”的计算结果，二车间半成品单位计划价格成本为1 800元，三车间领用的数量为620件。半成品成本差异率的计算如下：

二车间半成品成本差异分配率＝(－8 680＋65 076＋120 000)÷(800 000＋10 800 000)×100%＝1.4%

发出半成品的计划成本＝6 200×18 000＝111 600 000（元）

发出半成品应负担的成本差异＝11 160 000×1.4%＝156 240（元）

根据上述计算结果，编制的“二车间自制半成品成本明细账”见表4－60。

表4－60　　二车间自制半成品成本明细账

计划单位成本：1 800元

月初（月末）			本月收入						本月减少		
数量	计划成本	差异	数量	实际成本	计划成本	本步差异	上步转入差异	差异率	数量	计划成本	差异
1 000	1 800 000	－8 680	6 000	10 920 000	10 800 000	120 000	65 076	－1.4%	6 200	11 160 000	156 240
800	1 440 000	20 160									

三车间月初在产品成本、本月发生的生产费用以及完工半成品成本和月末在产品成本的计算结果见表4－61：

表4－61　　三车间产品成本计算单

计划单位成本：2 450元

项目	自制半成品	燃料及动力	直接工资	制造费用	合计
月初在产品成本	2 880 000	171 800	219 000	201 200	3 472 000
本月发生费用	11 160 000	1 308 200	1 705 000	1 574 800	15 748 000
生产费用合计	14 040 000	1 480 000	1 924 000	1 776 000	19 220 000
完工产成品产量	7 000	7 000	7 000	7 000	－
在产品约当产量	800	400	400	400	－
产量合计	7 800	7 400	7 400	7 400	－
单位成本	1 800	200	260	240	2 500

表4－61(续)

项目	自制半成品	燃料及动力	直接工资	制造费用	合计
转出产成品成本	12 600 000	1 400 000	1 820 000	1 680 000	17 500 000
月末在产品成本	1 440 000	80 000	104 000	96 000	1 720 000

三车间本月完工产成品数量为70 000件，单位计划价格成本为25 000元，应负担的半成品成本差异为156 240元，根据上述资料编制的“商品产品成本计算表”见表4－62：

表4－62　　**商品产品成本计算表**

产品名称	产量	计划价格成本	半成品成本差异	实际总成本	实际单位成本
甲产品	7 000	17 500 000	156 240	17 656 240	2 522.32

4．成本还原

采用综合逐步结转分步法计算产品成本时，如果企业管理工作中需要按原始成本项目考核产品成本的构成，此时则需进行成本还原。所谓成本还原，就是将产成品耗用各步骤半成品的综合成本，逐步分解还原为原始的成本项目。成本还原的方法是从最后步骤开始，将其耗用上步骤半成品的综合成本逐步分解，还原为原始成本项目。成本还原的方法有如下两种：

(1) 项目结构率法

项目结构率法是指按半成品各成本项目占全部成本的比重还原。计算步骤如下：

①计算半成品各成本项目占全部成本的比重。其计算公式如下：

各成本项目占全部成本的比重＝上步骤完工半成品各成本项目的金额÷上步骤完工半成品成本合计×100%

②将半成品的综合成本进行分解。分解的方法是用产成品成本中半成品的综合成本乘以上一步骤生产的该种半成品的各成本项目的比重。其计算公式如下：

半成品成本还原＝本月产成品耗用上步骤半成品的成本×各成本项目占全部成本的比重

③计算还原后成本。还原后成本是根据还原前成本加上半成品成本还原计算的，其计算公式如下：

还原后产品成本＝还原前产品成本＋半成品成本还原

④如果成本计算有两个以上的步骤，第一次成本还原后，还有未还原的半成品成本。这时，还应将未还原的半成品成本进行还原，即用未还原的半成品成本，乘以前一步骤该种半成品的各个成本项目的比重。后面的还原步骤和方法同上，直至还原到第一步骤为止，才能将半成品成本还原为原来的成本项目。

【例4－7】现以例4－5的成本计算结果的资料为基础，进行成本还原的计算，并将计算结果填入表4－63中。

表 4－63　　　　　　　　　产品成本还原计算表

产量：12 000　　　　　　　　　　　　　　　　　　　　　　单位：元

项目	成本项目	还原前产品成本	本月生产半成品成本	还原分配率	半成品成本还原	还原后总成本	还原后单位成本
	(1)	(2)	(3)	(4)＝(3)栏各项÷(3)栏合计	(5)＝(4)×(2)栏半成品项目	(6)＝(2)＋(5)	(7)＝(6)÷完工产品产量
按第二步骤半成品成本结构进行还原	直接材料						
	半成品	151 200 000	68 040 000	0.37	55 944 000	55 944 000	4 662
	燃料及动力	13 320 000	17 640 000	0.09	13 608 000	26 928 000	2 244
	直接工资	33 120 000	60 620 000	0.33	49 896 000	83 016 000	6 918
	制造费用	62 520 000	40 040 000	0.21	31 752 000	94 272 000	7 856
	合计	260 160 000	186 340 000		151 200 000	260 160 000	21 680
按第一步骤半成品成本结构进行还原	直接材料		18 040 000	0.22	12 307 680	12 307 680	1 025.64
	半成品	55 944 000					
	燃料及动力	26 928 000	13 600 000	0.17	9 510 480	36 438 480	3 036.54
	直接工资	83 016 000	20 480 000	0.25	13 986 000	97 002 000	8 083.50
	制造费用	94 272 000	29 120 000	0.36	20 139 840	114 411 840	9 534.32
	合计	260 160 000	81 240 000		55 944 000	260 160 000	21 680

（2）还原分配率法

还原分配率方法是指按各步骤耗用半成品的总成本占上一步骤完工半成品总成本的比重还原。计算步骤如下：

①计算成本还原分配率，它是指产成品成本中半成品成本占上一步骤所产该种半成品总成本的比重，其计算公式如下：

成本还原分配率

＝本月产成品耗用上步骤半成品成本合计÷本月生产该种半成品成本合计×100%

②计算半成品成本还原，它是用成本还原分配率乘以本月生产该种半成品各成本项目的金额，其计算公式如下：

半成品成本还原＝成本还原分配率×本月生产该种半成品各成本项目金额

③计算还原后产品成本，它是用还原前产品成本加上半成品成本还原计算的，其计算公式如下：

还原后产品成本 ＝ 还原前产品成本＋半成品成本还原

④如果成本计算需经两个以上的步骤，则需重复①～③步骤进行再次还原，直至还原到第一步骤为止。

【例 4－8】 仍以例 4－5 的计算的结果资料为基础，进行成本还原的计算，并将计算结果列入表 4－64：

表4－64　　产品成本还原计算表

产量：12 000　　单位：元

	成本项目	还原前产品成本	本月生产半成品成本	还原分配率	半成品成本还原	还原后总成本	还原后单位成本
		(1)	(2)	(3)	(4)＝(3)×(2)	(5)＝(1)＋(4)	(6)＝(5)÷产量
按第二步骤半成品成本结构进行还原	直接材料			151 200 000÷186 340 000＝0.811 4			
	半成品	151 200 000	68 040 000		55 207 656	55 207 656	4 600.64
	燃料及动力	13 320 000	17 640 000		14 313 096	27 633 096	2 302.76
	直接工资	33 120 000	60 620 000		49 187 068	82 307 068	6 858.92
	制造费用	62 520 000	40 040 000		32 492 180	95 012 180	7 917.68
	合计	260 160 000	186 340 000		151 200 000	260 160 000	21 680
按第一步骤半成品成本结构进行还原	直接材料		18 040 000	55 207 660÷81 240 000＝0.67 956	12 259 262	12 259 262	1 021.61
	半成品	55 207 660					
	燃料及动力	27 633 100	13 600 000		9 242 016	36 875 116	3 072.93
	直接工资	82 307 070	20 480 000		13 917 389	96 224 459	8 018.71
	制造费用	95 012 170	29 120 000		19 788 993	114 801 163	9 566.75
	合计	260 160 000	81 240 000		55 207 660	260 160 000	21 680

（三）分项结转分步法

分项结转分步法是指上一步骤转入下一步骤的半成品成本，不是以“半成品”或“直接材料”成本项目进行反映的，而是分别成本项目记入下一步骤成本计算单的有关成本项目中。如果半成品通过半成品库收发，那么，在自制半成品明细账中登记半成品成本时，也要按照成本项目分别登记。采用分项结转法，能提供按原始成本项目反映的产品成本结构，不需要进行成本还原，一般适用于在管理上不要求计算各步骤完工产品所耗半成品费用和本步骤加工费用，而要求按原始成本项目计算产品成本的企业。

【例4－9】某企业生产甲产品，由两个车间进行，采用分项结转分步法计算产品成本，在产品按定额成本计算，原材料系在开始生产时一次投入。产量资料、定额及生产费用资料见表4－65、表4－66：

表4－65　　产量资料

项　目	一车间	二车间
月初在产品	1 000	800
本月投产	2 000	2 500
本月完工	2 500	3 000
月末在产品	500	300

表 4 - 66　　定额及生产费用资料　　单位：元

项目	单件定额成本		月初在产品成本（定额成本）		本月发生生产费用	
	一车间	二车间	一车间	二车间	一车间	二车间
直接材料	200	200	200 000	160 000	410 000	
燃料及动力	50	60	25 000	24 000	120 000	160 000
直接工资	30	20	15 000	8 000	61 000	48 000
制造费用	40	10	20 000	4 000	65 000	22 000
合计	320	290	260 000	196 000	656 000	230 000

账务处理：根据上述资料，可编成"一车间产品成本计算单"（见表 4 - 67）：

表 4 - 67　　一车间产品成本计算　　单位：元

项　目	直接材料	燃料及动力	直接工资	制造费用	合计
月初在产品成本（定额成本）	200 000	25 000	15 000	20 000	260 000
本月发生费用	410 000	120 000	61 000	65 000	656 000
合计	610 000	145 000	76 000	85 000	916 000
完工半成品成本	510 000	132 500	68 500	75 000	786 000
月末在产品成本（定额成本）	100 000	12 500	7 500	10 000	130 000

根据一车间转出完工半成品成本，分别成本项目转入二车间成本计算单中相同成本项目中，即可编制成"二车间产品成本计算单"（见表 4 - 68）：

表 4 - 68　　二车间产品成本计算　　单位：元

项目	直接材料	燃料及动力	直接工资	制造费用	合计
月初在产品成本（定额成本）	160 000	24 000	8 000	4 000	196 000
本月发生费用		160 000	48 000	22 000	230 000
上车间车转入	510 000	132 500	68 500	75 000	786 000
合计	670 000	316 500	124 500	101 000	1 212 000
完工产品成本	610 000	307 500	121 500	99 500	1 138 500
月末在产品成本（定额成本）	60 000	9 000	3 000	1 500	73 500

（四）逐步结转分步法的优缺点

优点：①能够提供各个生产步骤的半成品成本资料。②成本核算时实物流与成本流一致，因此能为在产品的实物管理和生产资金管理提供资料。③采用综合结转分步法结转半成品，能全面反映各步骤完工产品中所耗上一步骤半成品费用水平和本步骤加工费用水平，有利于各步骤的成本管理；采用分项结转法结转半成品成本时，可以直接提供按原始成本项目反映的产品成本资料，满足企业分析和考核产品构成和水平的需要，而不必进行成本还原。

缺点：①核算工作比较复杂，核算工作的及时性也较差。②如果采用综合结转法，需要进行成本还原；如果采用分项结转法，结转的核算工作量较大，两者都增大了核算工作量。

在实务中采用逐步结转分步法时，应根据本单位的特点，选择适合企业的成本计算模式。

三、平行结转分步法

（一）平行结转分步法概述

平行结转分步法又称为不计算半成品成本分步法，是指半成品成本并不随半成品实物的转移而结转，而是在哪一步骤发生就留在该步骤的成本明细账内，直到最后加工成产成品，才将其成本从各步骤的成本明细账转出的方法。各生产步骤只归集计算本步骤直接发生的生产费用，不计算结转本步骤所耗用上一步骤的半成品成本；各生产步骤分别与完工产品直接联系，本步骤只提供在产品成本和加入最终产品成本的份额，平行独立、互不影响地进行成本计算，平行地把份额计入完工产品成本。

平行结转分步法适用于多步骤复杂生产，总的来说，只要不要求提供各步骤半成品成本，采用逐步结转分步法计算成本的企业都可采用平行结转分步法。但企业内部的业绩计量与评价在很大程度上依赖于各车间的成本指标考核，这必然要求各车间要计算半成品成本，所以，平行结转分步法的应用范围将大大缩小，更多的企业将采用逐步结转分步法。

平行结转分步法具体适用于下列企业：①半成品无独立经济意义或虽有半成品但不要求单独计算半成品成本的企业，如砖瓦厂、瓷厂等。②一般不计算零配件成本的装配式复杂生产企业，如大批量生产的机械制造企业。

（二）平行结转分步法的成本计算程序

（1）按每种产品的品种及其所经过的生产步骤设置产品成本计算单归集生产费用。

（2）按每种产品和它所经过的生产步骤归集生产费用，计算出每一步骤所发生的生产费用总额。

（3）采用一定的方法计算每一生产步骤应计入产成品成本中的份额。在计算各步骤应计入产成品成本的份额时，需将各步骤成本计算单上的生产费用，采用一定的方法，在完工产品和广义在产品之间进行分配。

（4）将各生产步骤中应计入产成品成本中的份额平行地加以汇总，就可计算出每种产成品的总成本和单位成本。

（5）将各步骤产品成本计算单上归集的生产费用，扣除应计入产成品成本中的份额，其余额就是广义在产品成本。

平行结转分步的核算程序可用图 4－2 表示：

<table>
<tr><td colspan="2">第一生产步骤
甲产品成本明细账</td><td></td><td colspan="2">第二生产步骤
甲产品成本明细账</td><td></td><td colspan="2">第三(最后)生产步骤
甲产品成本明细账</td></tr>
<tr><td colspan="2">原材料费用 5 200
第一步其他费用 2 600</td><td></td><td colspan="2">第二步费用 5 600</td><td></td><td colspan="2">第三步费用 3 400</td></tr>
<tr><td>应计入产成品成本的份额4 300</td><td>在产品成本3 500</td><td></td><td>应计入产成品成本的份额3 700</td><td>在产品成本1 900</td><td></td><td>应计入产成品成本的份额2 700</td><td>在产品成本700</td></tr>
</table>

第一步份额 4 300	第二步份额 3 700	第三步份额 2 700
产成品成本 10 700		
产成品成本计算表		

图4-2 平行结转分步法成本计算程序图

(三) 平行结转分步法下应计入产成品成本中的份额及约当产量的计算

在采用平行结转分步法计算产品成本时，若在产品成本按约当产量法计算，则各步骤应计入产成品成本中的份额按下式计算：

某步骤应计入产成品成本中的份额＝产成品数量×该步骤半成品单位成本

某步骤半成品单位成本＝（该步骤月初广义在产品成本＋该步骤本月发生的生产费用）÷该步骤完工产品数量（约当产量）

上式中各步骤完工产品数量（约当产量）是由三部分组成的，即本月完工产成品数量、各步骤月末尚未完工的在产品数量以及本步骤已经加工完成转到半成品库和以后各步骤尚未制成为产成品的半成品数量，其计算公式如下：

某步骤完工产品数量（约当产量）＝本月完工产成品数量＋该步骤月末在产品约当产量＋该步骤已完工留存在半成库和以后各步骤月末半成品数量

(四) 平行结转分步法案例

【例4-10】某企业生产甲产品，经过三个步骤，材料在开始生产时一次投入，月末在产品按约当产量法计算，各步骤在产品完工程度均为50%。有关产量记录和生产费用记录资料见表4-69、表4-70：

表4-69 产量记录

项目	一步骤	二步骤	三步骤
月初在产品	1 000	2 000	800
本月投产	20 000	15 000	17 000
本月完工	15 000	17 000	16 000
月末在产品	6 000		1 800

表4－70　　生产费用资料　　单位：元

成本项目	月初在产品成本				本月发生费用			
	一步骤	二步骤	三步骤	合计	一步骤	二步骤	三步骤	合计
直接材料	20 000			20 000	432 200			432 200
燃料及动力	8 000	4 000	3 000	15 000	324 800	67 200	132 200	524 200
直接工资	6 000	5 000	7 000	18 000	243 600	84 000	297 200	624 800
制造费用	3 000	2 000	2 400	7 400	121 800	33 600	115 900	271 300
合计	37 000	11 000	12 400	60 400	1 122 400	184 800	545 300	1 852 500

账务处理如下：

（1）第一步骤产品成本计算的结果如下：

在产品数量（计算直接材料费用使用）＝16 000＋1 800＋6 000＝23 800（件）

在产品数量（计算加工费用使用）＝16 000＋1 800＋6 000×50%＝20 800（件）

单位成本（直接材料）＝452 200÷23 800＝19（元）

单位成本（燃料及动力）＝332 800÷20 800＝16（元）

应计入产成品成本中的份额（直接材料）＝16 000×19＝304 000（元）

计入产成品成本的份额（燃料及动力）＝16 000×16＝256 000（元）

其余指标计算方法同上，据此可编制成“第一步骤产品成本计算表”，见表4－71：

表4－71　　第一步骤产品成本计算　　单位：元

行　次	项　目		直接材料	燃料及动力	直接工资	制造费用	合计
（1）	月初在产品成本		20 000	8 000	6 000	3 000	37 000
（2）	本月发生费用		432 200	324 800	243 600	121 800	1 122 400
（3）＝（1）＋（2）	合　计		452 200	332 800	249 600	124 800	1 159 400
（4）	产量	完工产品产量	16 000	16 000	16 000	16 000	－
（5）		广义在产品数量	7 800	4 800	4 800	4 800	－
（6）＝（4）＋（5）		合　计	23 800	20 800	20 800	20 800	－
（7）＝（3）÷（6）	单位成本		19	16	12	6	53
（8）＝（4）×（7）	应计入产成品成本中份额		304 000	256 000	192 000	96 000	848 000
（9）＝（3）－（8）	月末在产品成本		148 200	76 800	57 600	28 800	311 400

（2）第二步骤产品成本计算的结果如下：

单位成本（燃料及动力）＝71 200÷17 800＝4（元）

应计入产成品成本中的份额（燃料及动力）＝16 000×4＝64 000（元）

其余指标的计算方法同上。据此可编制“第二步骤产品成本计算单”，见表4－72：

表 4－72　　　　第二步骤产品成本计算单　　　　单位：元

行　次	项　目		直接材料	燃料及动力	直接工资	制造费用	合计
(1)	月初在产品成本			4 000	5 000	2 000	11 000
(2)	本月发生费用			67 200	84 000	33 600	184 800
(3)＝(1)＋(2)	合　计			71 200	89 000	35 600	195 800
(4)	产量	完工产品产量		16 000	16 000	16 000	-
(5)		广义在产品数量		1 800	1 800	1 800	-
(6)＝(4)＋(5)		合　计		17 800	17 800	17 800	-
(7)＝(3)÷(6)	单位成本			4	5	2	11
(8)＝(4)×(7)	应计入产成品成本份额			64 000	80 000	32 000	176 000
(9)＝(3)－(8)	月末在产品成本			7 200	9 000	3 600	19 800

（3）第三步骤成本计算的结果如下：

单位成本（燃料及动力）＝135 200÷16 900＝ 8（元）

应计入产成品成本中的份额（燃料及动力）＝16 000×8＝1 280 000（元）

其余指标计算方法同上。据此可编制“第三步骤产品成本计算单”，见表 4－73：

表 4－73　　　　第三步骤产品成本计算单　　　　单位：元

行　次	项　目		直接材料	燃料及动力	直接工资	制造费用	合计
(1)	月初在产品成本			3 000	7 000	2 400	12 400
(2)	本月发生费用			132 200	297 200	115 900	545 300
(3)＝(1)＋(2)	合计			135 200	304 200	118 300	557 700
(4)	产量	完工产品产量		16 000	16 000	16 000	-
(5)		广义在产品数量		900	900	900	-
(6)＝(4)＋(5)		合　计		16 900	16 900	16 900	-
(7)＝(3)÷(6)	单位成本			8	18	7	33
(8)＝(4)×(7)	应计入产成品成本份额			128 000	288 000	112 000	528 000
(9)＝(3)－(8)	月末在产品成本			7 200	16 200	6 300	29 700

根据上述计算，将各步骤成本计算单中“应计入产成品成本中的份额”平行进行汇总，即可编成“完工产品成本汇总计算单”，见表 4－74：

表 4－74　　完工产品成本汇总计算单　　单位：元

项目	直接材料	燃料及动力	直接工资	制造费用	合计
第一步骤	304 000	256 000	192 000	96 000	848 000
第二步骤	–	64 000	80 000	32 000	176 000
第三步骤	–	128 000	288 000	112 000	528 000
成本合计	304 000	448 000	560 000	240 000	1 552 000
单位成本	19	28	35	15	97

（五）平行结转分步法的优缺点

（1）各生产步骤月末可以同时进行成本计算，不必等待上一步骤半成品成本的结转，从而加快了成本计算工作的速度，缩短了成本计算的时间；

（2）能直接提供按原始成本项目反映的产品成本的构成，有利于进行成本分析和成本考核；

（3）半成品成本的结转同其实物结转相脱节，各步骤成本计算单上的月末在产品成本与实际结存在该步骤的在产品成本不一致，不利于对生产资金的管理。

（六）平行结转分步法与逐步结转分步法的比较

（1）根本区别：逐步结转分步法要求各步骤计算出半成品成本，由最后一步计算出完工产品成本，所以又称为“半成品成本法”。平行结转分步法各步骤只计算本步骤生产费用应记入产成品成本的“份额”，最后将各步骤应记入产成品成本的“份额”平行汇总，计算出最终完工产品的成本，因此，又称为“不计算半成品成本法”。

（2）在产品概念不同：逐步结转分步法所指的在产品是指本步骤尚未完工，仍需要在本步骤继续加工的在产品，是狭义的在产品。平行结转分步法所指的在产品，是指本步骤尚未完工以及后面各步骤仍在加工，尚未最终完工的在产品，因此，是广义的在产品。

（3）完工产品的概念不同：逐步结转分步法所指的完工产品，是指各步骤的完工产品，通常是半成品，只有最后步骤的完工产品才是产成品，因此，是广义的完工产品，由于半成品成本随实物的转移而转移，所以最后步骤完工产品成本就是产成品成本。平行结转分步法所指的完工产品，是指最后步骤的完工产品，因此，是狭义的完工产品。

（4）成本费用的结转和计算方法不同：逐步结转分步法的成本费用，随半成品实物的转移而结转到下一步骤的生产成本费用中去，即成本费用随实物的转移而转移，因此，各步骤生产的成本费用既包括本步骤发生的费用，还包括上一步骤转来的费用。产品在最后步骤完工时计算出来的成本，就是完工产品成本。平行结转分步法的生产费用，并不随半成品的转移而转入下一步骤，因此，各步骤生产的成本费用仅是本步骤发生的成本费用。产品最终完工时，各步骤将产成品在本步骤应承担的成本费用“份额”转出，并由此汇总出完工产品成本。

（5）提供的成本资料不同：逐步结转分步法下能提供各步骤所占用的生产资金数额，但在综合结转分步法下不能提供按原始成本项目反映的成本结构，有时需要进行复杂的成本还原；平行结转分步法下不能提供各步骤所占用的生产资金数额，但是它能直接提供按原始成本项目反映的产品成本构成，不需进行成本还原。

（6）成本计算的及时性不同：逐步结转分步法除第一步骤外，其余步骤均需在上一步骤成本计算后才能进行，影响了成本计算的及时性。而平行结转分步法各步骤可以同时进行计算，加快了成本计算的速度。

（7）适用性不同：逐步结转分步法一般适用于半成品种类不多，逐步结转半成品成本的工作量不大，管理上要求提供各生产步骤半成品成本资料的生产企业；平行结转分步法一般适用于半成品种类较多，逐步结转半成品成本的工作量较大，管理上不要求提供各步骤半成品成本资料的生产企业。

第五章　商业成本核算

【内容提要】

本章主要阐述商业成本核算的内容和成本核算的特点，重点介绍批发商品的数量成本金额核算法、零售商品的售价金额核算法和鲜活商品的成本金额核算法下商品购进成本和销售成本的计算与核算。

商业企业即商品流通企业，是指以从事商品流通为主营业务的独立核算的经济单位，是商品流通中交换关系的主体。这些企业主要通过低价格购进商品、高价格出售商品的方式实现商品进销差价，以进销差价弥补企业的各项费用和税金，从而获得利润。商业企业经营活动的特点，决定了其成本计算方法与制造企业有根本的不同。制造企业因为生产产品，所以需要归集产品生产耗费，计算产品生产成本；而商业企业没有产品生产成本过程，不存在产品生产成本的归集与计算问题，其成本计算主要解决商品购进成本的确定和已销商品成本的计算与结转。从范围上讲，商业企业不仅包括商品流通过程的批发企业、零售企业，也包括物资供应和国际贸易企业。本章主要阐述商品批发企业和零售企业成本核算。

第一节　商业成本核算概述

一、商业企业成本核算的内容

（一）商品采购成本

商品采购成本是因购进商品而发生的有关支出。采购成本包括购买价款、相关税费、运输费、装卸费、保险费以及其他可归属于商品采购成本的费用。商业企业在采购商品过程中发生的运输费、装卸费、保险费、包装费、购进过程中的合理损耗以及其他可归属于商品采购成本的费用等进货费用，应当计入商品采购成本，也可以先进行归集，期末根据所购商品的存销情况进行分摊，对于已售商品的进货费用，计入当期损益；对于未售商品的进货费用，计入期末存货成本。企业采购商品的进货费用金额较小的，也可以在发生时直接计入当期损益。购进用于出口的商品到达交货地车站、码头以前所支付的各项费用则应作为当期损益列入销售费用。

企业进口商品，其采购成本是指商品在到达目的港以前发生的各种支出，主要包括：商品购买价款、进口税金及代理进口费用。其中商品购买价款是指进口商品按对外承付货款日国家外汇牌价结算的到岸价（CIF）。如果对外合同是以离岸价（FOB）成交的，在商品到达目的港以前，由企业以外汇支付的运费、保险费、佣金等应计入商品采购成本内。进口税金是指商品报关检验时应缴纳的税金，包括进口关税、消费税以及按规定应计入商品采购成本的增值税。代理进口费是指企业委托其他单位代理进口支付给受托单位的代理费用。

此外，企业购进商品发生的采购折扣、购货退回以及经确认的索赔收入、能直接认定的进口佣金都应冲减商品采购成本。

（二）商品销售成本

商品的销售成本包括已销商品的采购成本和存货跌价准备两部分。对于商业企业来说，已销商品的采购成本可根据企业所采用的存货计价方法确定。存货跌价准备是按期末库存商品的一定比例计提的，它是商品销售成本的又一组成部分。企业出口商品退回的税金可抵扣当期出口商品的销售成本。

（三）商品流通费用

商品流通费用是指商品流通过程中发生的不能计入商品采购成本的间接费用。主要包括销售费用、管理费用和财务费用。

1. 销售费用

销售费用是指商业企业在组织购、销、存等经济活动的过程中所发生的各项费用。主要包括广告费、展览费、检验费、商品损耗、进出口商品累计佣金、经营人员的工资及福利费等。

2. 管理费用

管理费用是指商业企业行政管理部门为组织和管理企业经营活动发生的各项费用。主要包括管理人员工资及福利费、业务招待费、技术开发费、劳动保险费、折旧费、修理费、商标注册费、审计费、坏账损失、房产税、土地使用税、印花税、车船使用税、咨询费、诉讼费、职工教育经费、工会会费、董事会会费等。

3. 财务费用

财务费用是指商业企业为筹集业务经营所需资金等发生的费用，包括利息支出（减利息收入）、支付给金融机构的手续费以及汇兑损益等。

以上所述的销售费用、管理费用和财务费用，不计入商业企业的经营成本，而是在其发生的会计期间，全部作为期间费用计入当期损益。

二、商业企业商品核算方法和销售成本计算

由于商品批发和零售企业在经营上有着不同的特点，其商品核算的方法也有不同。商品批发企业商品核算方法主要有数量成本金额核算法和数量售价金额核算法。商品零售企业的商品核算方法主要有成本金额核算法、售价金额核算法和数量售价金额核算法等。

商业企业已销商品销售成本的计算方法也因商品核算方法不同而不同。在采用数量成本金额核算法的企业，商品的销售成本可以采用个别计价法、先进先出法、月末

一次加权平均法、移动加权平均法，在商品品种、类别繁多的情况下，还可以采用毛利率法。采用成本金额核算法的企业，可以按实地盘存制计算销售成本。库存商品采用售价金额核算法或数量售价金额核算法的企业，在商品销售以后，可以先按售价金额结转销售成本，月末再将商品进销差价在已销商品和库存商品之间进行分摊，将已销商品的进销差价冲减和调整原按售价结转的销售成本。商业企业库存商品核算和销售成本计算比较如表5－1所示：

表5－1　商业企业库存商品核算和销售成本计算比较表

库存商品核算方法	数量成本金额核算法	数量售价金额核算法	成本金额核算法	售价金额核算法
成本计算对象	商品品种或类别	商品品种或类别	实物负责人或柜组	实物负责人或柜组
账户设置及运用	“库存商品”总账以成本金额核算，明细账按商品品种、类别并结合存放地点以数量及成本金额进行记录	“库存商品”总账以售价金额核算，明细账按商品品种、类别并结合存放地点以数量及售价金额进行记录。同时开设“商品进销差价”账户分类核算进销差价	“库存商品”总账以成本金额核算，明细账按商品品种、类别并结合存放地点按成本金额进行记录	“库存商品”总账以售价金额核算，明细账按商品品种、类别并结合存放地点以售价金额进行记录。同时开设“商品进销差价”账户分类核算进销差价
商品销售成本计算	分别采用个别计价法、先进先出法、月末一次加权平均法、移动加权平均法或毛利率法计算	商品销售时按商品售价结转销售成本，月末计算出已销商品进销差价调整已结转的销售成本。确定已销商品的进销差价的核算方法主要有两种：进销差价率法和实地盘存差价法	月末实地盘点确定库存商品的成本金额，按“以存计销”的方法倒挤销售成本	商品销售时按商品售价结转销售成本，月末计算出已销商品进销差价调整已结转的销售成本。确定已销商品的进销差价的核算方法主要有两种：进销差价率法和实地盘存差价法
适用范围	大中型批发企业和农副产品收购企业	批发企业和贵重的零售商品的核算	经营鲜活商品的零售企业	商品零售企业

三、商业企业成本的结转

商业企业应按适当的方法，对商品购销业务的成本进行结转。

企业在采购商品时，按照专用发票上列明的商品货款金额借记“在途物资”账户，按照专用发票上列明的增值税额借记“应交税费——应交增值税（进项税额）”账户，按照专用发票上列明的价税合计数贷记“银行存款”等账户。商品采购完毕，验收入库时，再借记“库存商品”账户，贷记“在途物资”账户。由于“库存商品”账户既可以按成本金额核算也可以按售价核算，所以在具体运用该账户时，如果企业采用的是成本金额核算法，则在该账户中应按商品的成本金额计价登记；如果企业采用的是售价金额核算法，则应按商品的售价金额计价登记。批发企业一般采用成本金额核算法，零售企业一般采用售价金额核算法。

企业在销售商品时，要填制增值税专用发票，分别列明商品的货款和增值税额，此时应根据所取得的价税合计数借记“银行存款”等账户，根据销售取得的货款额贷记“主营业务收入”账户，根据增值税额贷记“应交税费——应交增值税（销项税额)”账户。同时编制结转商品销售成本的会计分录。如果库存商品按成本核算，则结转销售成本时按实际金额，借记“主营业务成本”账户，贷记“库存商品”账户。如果库存商品按售价金额核算，则结转销售成本时按销售价格，借记“主营业务成本”账户，贷记“库存商品”账户。同时需结转已销商品的进销差价，借记“商品进销差价”账户，贷记“主营业务成本”账户。

期末计算损益时，将“主营业务收入”和“主营业务成本”账户的余额结转到“本年利润”账户。

商业企业发生的销售费用、管理费用和财务费用，在发生当期按照费用属性分别记入“销售费用”、“管理费用”和“财务费用”账户，期末将各账户的余额结转到“本年利润”账户。

第二节 商品批发成本核算

一、批发商品经营特点

批发企业是指从生产企业和其他企业购进商品，供应给零售企业和其他批发企业用于转卖，或供应给生产企业用于进一步加工的商业企业。批发企业是商品流通过程的起始阶段和中间环节，主要任务是组织工农业产品的收购，组织适销对路的商品，安排好市场供应，在商业企业中发挥蓄水池和调节器的作用。商品批发企业在业务经营上具有以下特点：

（1）批发企业一般经营大宗商品买卖，交易次数虽然不多，但商品购销量大，企业的规模也大，专业性较强；

（2）批发企业为了保证市场供应，一般有较大的商品储备，除自备仓库储存外，往往会委托外单位和租借外单位的仓库储存商品，因而对商品不仅要进行价值管理，还必须进行数量核算；

（3）批发企业的购销对象，一般是生产企业和商品零售企业，交易额大但交易次数不如零售企业频繁。

批发企业的业务特点，决定了商品批发成本核算的特点。批发企业一般按照购进商品的进货原价，实行数量成本金额核算法，对库存商品从数量和成本上进行控制，详细反映各种商品的增减变动情况。另外，对于一部分商品进销价格相对稳定的小型批发企业商品核算，也可以采用数量售价金额核算法。

二、商品批发企业成本的核算

商品批发企业成本的核算包括数量成本金额核算法和数量售价金额核算法。

数量成本金额核算法，是指按商品品名、规格同时用数量和成本金额反映其收、发及结存情况的一种商品核算方法。“库存商品”总账以商品成本金额核算商品的增减变动及结存情况。在该种核算法下，企业库存商品按实际成本金额确认。批发商品的销售成本，应根据经营商品的不同特点，分别采用个别计价法、先进先出法、月末一次加权平均法、移动加权平均法和毛利率法，定期计算和结转已销商品的成本。

数量售价金额核算法，是指同时以数量和售价金额核算库存商品增减变动及结存情况的核算方法，一般适用于会计部门、业务部门、仓库在同一办公地点，且商品进销价格相对稳定的小型批发企业商品核算，零售企业的贵重商品也可采用数量售价金额核算。在该种方法下，“库存商品”总账以商品售价核算商品的增减变动及结存情况。为了将商品售价调整为商品成本，并核算商品售价和成本之间的差额，需要设置“商品进销差价”账户。采用数量售价金额核算法时，商品销售成本的计算与零售企业按售价金额核算方法基本相同，具体核算方法见第三节商品零售成本核算。

（一）商品批发数量成本金额核算法

1. 批发商品采购成本的核算

如前所述，批发企业商品购进成本，包括商品的实际买价，商品购进过程中发生的国内运输费、装卸费、保险费、包装费、购进过程中的合理损耗以及其他可归属于存货采购成本的费用。

2. 已销商品成本计算方法

商品批发企业已销商品成本的核算，一般采用数量成本金额核算法。按现行制度规定，采用数量成本金额核算法的企业，对销售成本的核算可采用个别计价法、先进先出法、月末一次加权平均法、移动加权平均法和毛利率法计算已销商品的销售成本。企业一经选定某种方法后，年度内一般不得变更。

（1）个别计价法。个别计价法是指对库存和发出的每一特定存货或每一批特定存货的个别成本或每批成本加以认定的一种方法。用个别计价法，在发出、销售商品时，按所发出、销售商品的实际成本确定销售成本。采用这种方法，要求对每批购进的商品分别存放，并为各批商品分别标明批次、数量及其成本；在商品发出、销售时，应在发货单中填明其进货的批次和成本，以便据以计算该批商品发出、销售的成本，登记库存商品明细账。采用这种方法不论是销售发出还是其他发出，都应按其实际成本计价。在计算已销商品的成本时，应按其销售数量乘以其成本单价。如果发出、销售的商品包括两批或两批以上的进货时，也应按两个或两个以上的单价分别计算，其计算公式为：

已销商品成本 = 商品销售数量 × 各批商品的实际成本单价

（2）先进先出法。先进先出法是假定“先入库的存货先发出”，并根据这种假定的成本流转次序确定发出存货成本的一种方法，即商品的销售成本应按结存商品中最先购进的那一批商品的成本计算。这就需要从数量金额或库存商品明细账中，查阅先购进商品的数量和单价，然后根据此单价确定销售商品成本。

先进先出法的优点是先购进商品最先发出，因而期末库存商品的成本接近实际。其缺点是在物价持续上涨的情况下，会使商品的当月销售成本偏低、库存商品的成本偏高，从而高估当期利润；在物价持续下降的情况下，会使商品的当月销售成本偏高、月末库存商品的成本偏低，从而低估当期利润。

采用先进先出法，确定商品销售成本或期末商品存货成本的先后次序不同，产生了两种不同核算方法。按商品购销业务的顺序逐批计算、逐笔结转已销商品成本，再确定期末存货成本，即为顺算成本法，其计算公式为：

商品销售成本 = 商品销售数量 × 商品单位成本

期末商品存货成本 = 期初商品存货成本 + 本期增加商品的成本 - 本期非销售付出的商品成本 - 商品销售成本

在月末先计算结存商品成本，然后根据月初结存、本月收入和月末结存商品成本，倒挤本月已销商品成本，即为倒算成本法，其计算公式为：

期末商品存货成本 = 期末商品存货数量 × 商品单位成本

商品销售成本 = 期初商品存货成本 + 本期增加商品的成本 - 本期非销售付出的商品成本 - 期末商品存货成本

倒算法可以简化核算工作，但不能逐批反映每批商品发出、销售的成本。

(3) 月末一次加权平均法。月末一次加权平均法是在存货按实际成本进行明细分类核算时，以本月各批进货数量和月初数量为权数计算存货的平均单位成本的一种方法。即以本月进货数量和月初数量之和，去除本月进货成本和月初成本之和，来确定加权平均单位成本，从而计算出本月发出存货及月末存货的成本。计算公式是：

$$\text{存货的加权平均单位成本}=\frac{\text{本月初库存存货的实际成本}+\left(\sum \text{本月各批进货的实际单位成本}\times\text{本月各批进货的量}\right)}{\text{月初库存存货数量}+\sum \text{本月各批进货数量}}$$

本月发出存货的成本 = 本月发出存货的数量 × 加权平均单位成本

本月月末库存存货的成本 = 月末库存存货的数量 × 加权平均单位成本

采用月末一次加权平均法，已销商品成本只在月末计算一次，销售商品时在库存商品明细账中只登记销售数量，可以大大简化核算工作。但平时不能计算、登记库存商品明细账的发出商品成本和结存成本，不利于库存商品资金的日常管理。

(4) 移动加权平均法。移动加权平均法是指在每次收货以后，立即根据库存存货数量和总成本，计算出新的平均单位成本的一种计算方法。计算公式是：

$$\text{存货的移动平均单位成本}=\frac{\text{本次进货之前库存存货的实际成本}+\text{本次进货的实际成本}}{\text{本次进货之前库存存货数量}+\text{本次进货的数量}}$$

发出存货的成本 = 本次发出存货的数量 × 移动平均单位成本

月末库存存货的成本 = 月末库存存货的数量 × 月末存货的移动平均单位成本

(5) 毛利率法。毛利率法是指月末以当月商品销售净额 ×（1 - 毛利率）估算销售成本的成本计算方法。它是以企业各期毛利率相对稳定或基本相同的假设为前提，根据上季度毛利率来计算本期销售商品成本和期末库存商品成本的方法。毛利率是指已销商品毛利额占商品销售净额的比率，已销商品毛利额是指商品销售净额大于其成本的差额。由于各月商品销售价格、采购成本和销售结构的变化，都会影响已销商品的毛利率，因此一般情况下企业为了简化成本的核算，在一个季度的前两个月可以按上季度的毛利率估算销售成本，同时为了保证销售成本计算的合理性，季末还必须按加权平均法或先进先出法等方法计算出期末库存商品成本和全季的商品销售成本，减去前两个月估算的销售成本，作为季度的第三个月的销售成本。采用毛利率法，为了更进一步地简化手续，一般按商品的类别计算已销商品的成本。因为同类商品的毛利率基本相同，但各类商品的毛利率往往有较大的差异，因此应注意商品的合理分类。其计算公式为：

销售净额 = 商品销售收入 - 销售退回与折让

当月销售成本 = 本月商品销售净额 ×（1 - 上季度毛利率）

期末存货成本 = 期初存货成本 + 本期购货成本 - 本期销售成本

季末调整当月销售成本 = 上月末存货成本 + 本月购入存货成本 - 季末存货成本

其中：季末存货成本是按加权平均法或先进先出法等方法计算得出。

上述各种计算已销商品成本的方法，各有其优缺点，企业应根据自身商品经营的情况和管理的要求选择采用。但是，为保证各期核算资料的可比性，所采用方法一经确定，不得随意变更。

（二）商品批发企业成本的核算方法举例

【例5-1】某批发企业库存商品采用数量成本金额核算法，201×年8月1日向外地某供货单位购进甲商品1 000件，单价120元，增值税20 400元，另支付运费8 500元（可按7%抵扣增值税），货款以银行存款支付。商品于8月10日到达。

（1）8月1日支付价税款时：

借：在途物资——甲商品　　127 905

　　应交税费——应交增值税（进项税额）　　20 995

　贷：银行存款　　148 900

（2）8月10日验收商品时：

借：库存商品——甲商品　　127 905

　贷：在途物资——甲商品　　127 905

【例5-2】某批发企业库存商品甲商品的明细账如表5-2。按照商品批发数量成本金额核算法，分别采用个别计价法、先进先出法、月末一次加权平均法和移动加权平均法计算商品销售成本。

表5-2　　库存商品明细账

商品类别：　　计量单位：件

商品编号：　　商品名称及规格：甲商品

月	日	凭证号码	摘要	收入			发出			结存		
				数量	单价	金额	数量	单价	金额	数量	单价	金额
9	1	0005	期初余额							400	4.00	1 600
9	5	0012	购进	1 000	3.80	3 800				1 400		
9	10	0025	销售				900			500		

表5－2(续)

月	日	凭证号码	摘要	收入			发出			结存		
				数量	单价	金额	数量	单价	金额	数量	单价	金额
9	14	0037	购进	800	4.00	3 200				1 300		
9	17	0046	销售				600			700		
9	21	0062	购进	900	4.20	3 780				1 600		
9	28	0097	销售				1 000			600		
			本月合计	2 700		10 780	2 500			600		

1．个别计价法

已知甲商品10日销售的900件中有300件为期初库存，另600件为5日购进的商品；17日销售的600件中有100件为期初库存，另500件为14日购进的商品；28日销售的1 000件商品有400件为5日购进的商品，另600件为21日购进的商品。

10日已销售商品成本＝300×4＋600×3.8＝3 480（元）

17日已销售商品成本＝100×4＋500×4＝2 400（元）

28日已销售商品成本＝400×3.8＋600×4.2＝4 040（元）

已销商品成本合计＝3 480＋2 400＋4 040＝9 920（元）

期末库存商品成本＝300×4＋300×4.2＝2 460（元）

采用个别计价法计算已销商品成本，一般情况下均应逐笔计算结转销售成本，并逐笔登记库存商品明细账，在各明细账上分散结转销售成本。明细账登记如表5－3：

表5－3　　**库存商品明细账（个别计价法）**

商品类别：　　　　计量单位：件

商品编号：　　　　商品名称及规格：甲商品

月	日	凭证号码	摘要	收入			发出			结存		
				数量	单价	金额	数量	单价	金额	数量	单价	金额
9	1	0005	期初余额							400	4.00	1 600
9	5	0012	购进	1 000	3.80	3 800				400 1 000	4.00 3.80	1 600 3 800
9	10	0025	销售				300 600	4.00 3.80	1 200 2 280	100 400	4.00 3.80	400 1 520
9	14	0037	购进	800	4.00	3 200				900 400	4.00 3.80	3 600 1 520
9	17	0046	销售				100 500	4.00 4.00	400 2 000	300 400	4.00 3.80	1 200 1 520
9	21	0062	购进	900	4.20	3 780				300 400 900	4.00 3.80 4.20	1 200 1 520 3 780
9	28	0097	销售				400 600	3.80 4.20	1 520 2 520	300 300	4.00 4.20	1 200 1 260
9	30		本月合计	2 700		10 780	2 500		9 920	600		2 460

2. 先进先出法

采用先进先出法计算已销商品成本，可以逐笔结转，也可以期末定期结转。

逐笔结转当月销售成本计算如下：

10 日已销售商品成本 =400 ×4 +500 ×3. 8 =3 500（元）

17 日已销售商品成本 =500 ×3. 8 +100 ×4 =2 300（元）

28 日已销售商品成本 =700 ×4 +300 ×4. 2 =4 060（元）

已销商品成本合计 =3 500 +2，300 +4 060 =9 860（元）

期末库存商品成本 =600 ×4. 2 =2 520（元）

逐笔结转已销商品成本并登记库存商品明细账如表 5 -4：

表 5 -4　　库存商品明细账（先进先出法）

商品类别：　　计量单位：件

商品编号：　　商品名称及规格：甲商品

月	日	凭证号码	摘要	收入			发出			结存		
				数量	单价	金额	数量	单价	金额	数量	单价	金额
9	1	0005	期初余额							400	4. 00	1 600
9	5	0012	购进	1 000	3. 80	3 800				400 1 000	4. 00 3. 80	1 600 3 800
9	10	0025	销售				400 500	4. 00 3. 80	1 600 1 900	500	3. 80	1 900
9	14	0037	购进	800	4. 00	3 200				500 800	3. 80 4. 00	1 900 3 200
9	17	0046	销售				500 100	3. 80 4. 00	1 900 400	700	4. 00	2 800
9	21	0062	购进	900	4. 20	3 780				700 900	4. 00 4. 20	2 800 3 780
9	28	0097	销售				700 300	4. 00 4. 20	2 800 1 260	600	4. 20	2 520
9	30		本月合计	2 700		10 780	2 500		9 860	600		2 520

先进先出法期末定期结转已销商品成本计算如下：

期末库存商品成本 =600 ×4. 2 =2 520（元）

已销商品成本 =1 600 +10 780 -2 520 =9 860（元）

定期结转已销商品成本并登记库存商品明细账如表 5 -5：

表 5－5　　　　　　　　　　库存商品明细账（先进先出法）

商品类别：　　　　　　　　　　　　　　　　　　　　　　　计量单位：件

商品编号：　　　　　　　　　　　　　　　　　　　　　　　商品名称及规格：甲商品

月	日	凭证号码	摘要	收入			发出			结存		
				数量	单价	金额	数量	单价	金额	数量	单价	金额
9	1	0005	期初余额							400	4.00	1 600
9	5	0012	购进	1 000	3.80	3 800				1 400		
9	10	0025	销售				900			500		
9	14	0037	购进	800	4.00	3 200				1 300		
9	17	0046	销售				600			700		
9	21	0062	购进	900	4.20	3 780				1 600		
9	28	0097	销售				1 000			600		
9	30		结转销售成本						9 860	600	4.20	2 520
			本月合计	2 700		10 780	2 500		9 860	600	4.20	2 520

上例可以看出，采用期末定期结转明细账的登记和销售成本计算较逐笔结转法简单，实际工作中被广泛采用。

3．月末一次加权平均法

月末一次加权平均法，是以月初结存商品的成本与全月采购收入商品的成本之和，除以月初结存商品的数量与全月采购收入商品的数量之和，算出以数量为权数的商品的平均单位成本，从而对发出商品进行成本计价的一种方法。同上例当月销售成本计算如下：

月末一次加权平均单位成本＝（1 600＋3 800＋3 200＋3 780）÷（400＋1 000＋800＋900）＝3.993 5（元/件）

本月累计销售成本＝2 500×3.993 5＝9 984（元）

期末库存商品成本＝600×3.993 5＝2 396（元）

或：先计算期末库存，再倒挤已销商品成本。

期末库存商品成本＝600×3.993 5＝2 396（元）

本月累计销售成本＝1 600＋10 780－2 396＝9 984（元）

采用月末一次加权平均法计算已销商品成本，应在月末定期结转商品销售成本，可以在各明细账上分散结转，也可以在商品类目账上集中结转。

月末一次加权平均法已销商品成本并登记库存商品明细账如表 5－6：

表 5－6　　库存商品明细账（月末一次加权平均法）

商品类别：　　　　计量单位：件

商品编号：　　　　商品名称及规格：甲商品

月	日	凭证号码	摘要	收入			发出			结存		
				数量	单价	金额	数量	单价	金额	数量	单价	金额
9	1	0005	期初余额							400	4.00	1 600
9	5	0012	购进	1 000	3.80	3 800				1 400		
9	10	0025	销售				900			500		
9	14	0037	购进	800	4.00	3 200				1 300		
9	17	0046	销售				600			700		
9	21	0062	购进	900	4.20	3 780				1 600		
9	28	0097	销售				1 000			600		
9	30		结转销售成本				2 500	3.993 5	9 984	600	3.993 5	2 396
			本月合计	2 700		10 780	2 500	3.993 5	9 984	600	3.993 5	2 396

4. 移动加权平均法

采用移动加权平均法逐笔计算结转已销商品成本，需在每次收货以后，立即根据库存存货数量和总成本，计算出新的平均单位成本。计算如下：

5 日结存商品单位成本 =（1 600 + 3 800）÷（400 + 1 000）= 3.857 1（元/件）

10 日销售成本 = 900 × 3.857 1 = 3 471（元）

14 日结存商品单位成本 =（1 929 + 3 200）÷（500 + 800）= 3.945 4（元/件）

17 日销售成本 = 600 × 3.945 4 = 2 367（元）

21 日结存商品单位成本 =（2 762 + 3 780）÷（700 + 900）= 4.088 8（元/件）

28 日销售成本 = 1 000 × 4.088 8 = 4 089（元）

28 日结存商品成本 = 600 × 4.088 8 = 2 453（元）

移动加权平均法已销商品成本并登记库存商品明细账如表 5－7：

表 5－7　　库存商品明细账（移动加权平均法）

商品类别：　　　　计量单位：件

商品编号：　　　　商品名称及规格：甲商品

月	日	凭证号码	摘要	收入			发出			结存		
				数量	单价	金额	数量	单价	金额	数量	单价	金额
9	1	0005	期初余额							400	4.00	1 600
9	5	0012	购进	1 000	3.80	3 800				1 400	3.857 1	5 400
9	10	0025	销售				900	3.857 1	3 471	500	3.857 1	1 929
9	14	0037	购进	800	4.00	3 200				1 300	3.945 4	5 129
9	17	0046	销售				600	3.945 4	2 367	700	3.945 4	2 762
9	21	0062	购进	900	4.20	3 780				1 600	4.088 8	6 542

表5－7(续)

月	日	凭证号码	摘要	收入			发出			结存		
				数量	单价	金额	数量	单价	金额	数量	单价	金额
9	28	0097	销售				1 000	4.088 8	4 089	600	4.088 8	2 453
			本月合计	2 700		10 780	2 500		9 927	600	4.088 8	2 453

5. 毛利率法

【例5－3】某商品批发公司按照商品批发数量成本金额核算法，采用毛利率法核算。201×年1月1日乙类商品库存200 000元，1月份购进商品400 000元，销售收入500 000元；2月份购进商品450 000元，销售收入550 000元；3月份购进商品500 000元，销售收入640 000元。3月末按先进先出法计算出月末库存商品190 000元。已知上年度第四季度该类商品的毛利率为20%，按毛利率法计算1月、2月份销售成本，第3个月对全季销售成本调整如下：

（1）计算1月份销售商品和月末结存商品的成本。

1月份已销商品销售成本＝500 000×（1－20%）＝400 000（元）

1月末库存商品成本＝200 000＋400 000－400 000＝200 000（元）

（2）计算2月份销售商品和月末结存商品的成本。

2月份已销商品销售成本＝550 000×（1－20%）＝440 000（元）

2月末库存商品成本＝200 000＋450 000－440 000＝210 000（元）

（3）计算3月份商品销售成本。

3月份已销商品销售成本＝210 000＋500 000－190 000＝520 000（元）

（4）计算一季度的毛利率作为下季度计算成本的基础。

一季度全部销售收入＝500 000＋550 000＋640 000＝1 690 000（元）

一季度已销商品成本＝400 000＋440 000＋520 000＝1 360 000（元）

一季度毛利＝1 690 000－1 360 000＝330 000（元）

一季度毛利率＝330 000÷1 690 000＝19.53%

商品流通企业按上述方法计算出已销商品成本金额后，应作商品销售成本结转的会计分录：

借：主营业务成本

　贷：库存商品

第三节 商品零售成本核算

一、零售商品经营特点

商品零售企业是指向生产企业或批发企业购进商品，销售给个人消费或销售给企事业单位用于继续加工生产或非生产消费的商品流通企业。与批发企业相比较，零售企业具有以下特点：

（1）零售企业网点设置比较分散，一般实行综合经营，品种规格繁多，进货次数频繁。

（2）销售对象主要是广大消费者，交易频繁，数量零星，多数商品采取“一手交钱，一手交货”的方式。

（3）在商业体制改革中，零售企业业务经营范围不断拓展，许多零售企业开展以一业为主，多种经营，有的兼营批发，有的建立自选市场，有的开展以卖带租的售后服务等业务活动。

二、商品零售企业成本的核算

根据商品零售企业购销活动的特点和经营管理的要求，可以分别采用售价金额核算法、数量售价金额核算法和成本金额核算法。除少数贵重物品及鲜活商品外，商品零售企业的库存商品一般采用售价金额核算法。

（一）售价金额核算法的特点和应设置的账户

售价金额核算法是指以商品的售价金额（增值税含税价格，下称“含税价格”）来反映库存商品的购进、销售和储存情况的核算方法。在这种方法下，库存商品账上反映的是商品的售价金额，商品售出以后，也以售价金额结转商品销售成本。因此零售企业商品销售成本的会计核算有别于其他企业，其基本内容包括：

（1）建立实物负责制。零售企业根据经营商品的特点和岗位责任制的要求，将经营的商品按其类别划分为若干营业柜组，每个柜组都确定实物负责人，对所经营的商品负责。

（2）售价记账，金额控制。零售企业对库存商品的进、销、存变化情况都按零售价格予以反映。库存商品总账按售价总金额登记，库存商品明细账按实物负责人（或柜组）设置明细账户，并以售价金额记账，不记数量。

（3）设置“商品进销差价”账户。零售商品按售价金额核算，商品销售价格与成本之间的差价，设置“商品进销差价”账户，月末再按一定方法将商品进销差价在本期已销商品与期末库存商品之间进行分摊，将商品销售成本调整为实际成本。“商品进销差价”账户与库存商品一样，按实物负责人（或柜组）进行明细核算。

（4）必须定期实行商品盘存制度。实行售价金额核算，平时只控制金额，不控制数量，因此月末必须对实物负责人所经营的商品进行一次全面盘点，及时查明实物数量，防止差错发生。

商品验收入库时，按含税价格借记“库存商品”科目，按不含税进价贷记“在途物资”账户等科目，按含税价格与不含税进价之间的差额贷记“商品进销差价”科目；商品销售后，借记“银行存款”等科目，贷记“主营业务收入”和“应交税费——应交增值税（销项税额）”科目，同时按含税价格结转商品销售成本，借记“主营业务成本”科目，贷记“库存商品”科目。按照这种方法处理，商品销售成本中包含了已实现的商品销售毛利，即商品进销差价，月末应将已实现的商品进销差价从销售成本中转出，以便使“主营业务成本”账上反映的是已销商品的实际成本。借记“商品进销差价”科目，贷记“主营业务成本”科目。商品零售企业成本核算的重点在于对已销商品进销差价的计算。

（二）售价金额核算销售成本的计算

零售企业确定已售商品的进销差价的核算方法主要有两种：进销差价率法和实地盘存差价法。

1．进销差价率法

进销差价率法是一种按商品的存销比例分摊商品进销差价的方法。其计算公式如下：

进销差价率＝差价分摊前“商品进销差价”账户余额÷（期末“库存商品”账户余额＋本期已销商品售价成本）×100%

本期已销商品应分摊的进销差价＝本期已销商品售价成本×进销差价率

本期销售商品的实际成本＝本期已销商品售价成本－本期已销商品应分摊的进销差价

由于计算进销差价的范围不同，进销差价率又可分为综合进销差价率和分类（或柜组）进销差价率。综合进销差价率按企业销售的全部商品计算，计算较为简便，但计算结果的准确性不高，适用于所经营商品的进销差价大致相同的企业。分类（或柜组）进销差价率按各类商品或柜组分别计算，由于计算的范围比较小，结果较为准确，但工作量较大，适用于经营的商品品种较少的企业。

（1）综合进销差价率计算法。综合进销差价率计算法是根据库存商品总账反映的全部商品的存销比例，计算本期销售商品应分摊进销差价的一种方法，其计算公式为：

综合进销差价率＝差价分摊前“商品进销差价”账户余额÷（期末“库存商品”账户余额＋本期已销商品售价成本）×100%

本期已销商品应分摊的进销差价＝本期已销商品售价成本×进销差价率

本期销售商品的实际成本＝本期已销商品售价成本－本期已销商品应分摊的进销差价

综合差价率计算法手续简单，但由于各类商品毛利率不同，而商品销售比例不同的情况下，计算结果准确性相对较差。

（2）分类（或柜组）进销差价率计算法。这种方法是根据库存商品明细分类账中所反映的各类（或柜组）商品的存销比例，分摊各类商品进销差价的方法。其计算公式为：

分类（或柜组）进销差价率 ＝差价分摊前某类商品“商品进销差价”账户余额÷（期末该类商品“库存商品”账户余额＋本期该类已销商品售价成本）×100%

本期已销商品应分摊的进销差价＝本期某类已销商品售价成本×该类（或柜组）进销差价率

本期销售商品的实际成本＝本期已销该类商品售价成本－本期已销商品应分摊的

进销差价

采用分类（或柜组）进销差价率计算法，要求库存商品的商品进销差价均按实物负责人进行明细核算，以便于计算分类（或柜组）进销差价率和分摊进销差价。

分类（或柜组）进销差价率计算法工作量较大，但计算结果相对准确。

2. 实地盘存差价法

实地盘存差价法是期末盘点库存商品的实际数，据此计算出结存商品应保留的进销差价，再倒推出已销商品进销差价的方法。其计算公式为：

期末结存商品进销差价 =（期末结存商品盘存数量×该种商品单位售价）-（期末结存商品盘存数量×该种商品单位成本）

本期已销商品应分摊的进销差价 = 期末分摊前“商品进销差价”账户金额 - 期末结存商品进销差价

这种方法的计算结果较进销差价率法准确，但由于要查找各种商品的原进价，并且要进行实地盘点，所以工作量较大，使得其在企业的实际使用中受到限制。一般只在进行年终决算对商品进行核实调整时采用，用以调整年度内用综合进销差价率计算法或分类（或柜组）进销差价率计算法结转已销商品进销差价的误差。有些小型零售商店，经营品种较少，也可以将这种方法用于平时进行已销商品进销差价的计算。

（三）零售商品售价金额核算方法举例

1. 售价金额核算法商品购进的核算

如前所述，采用售价金额核算法，采购商品验收入库时，库存商品应按售价金额登记入账，商品成本与售价之间的差异，设置“商品进销差价”账户核算。

【例5-4】某商场为增值税一般纳税人，库存商品按售价金额核算。本日购进下列商品有关情况如表5-8所示：

表5-8　　库存商品购进情况表

品名	购进数量	采购单价（不含税）	商品成本	销售单价（含税价）	销售金额（含税价）	进销差价	实物负责人
1	2	3 = 1 ×2	4	5 = 1 ×4	6 = 5 -3		
A	160	55	8 800	80	12 800	4 000	百货组
B	200	38	7 600	55	11 000	3 400	
小计			16 400		23 800	7 400	
F	100	2 600	260 000	3 500	350 000	90 000	家电组
H	240	520	124 800	700	168 000	43 200	
I	500	70	35 000	120	60 000	25 000	
小计			419 800		578 000	158 200	
合计			436 200		601 800	165 600	

上述商品增值税率均为17%，商品购进时支付了运费500元（可按7%抵扣增值税），全部款项以银行存款支付，商品交各实物负责人验收。

购进商品并交各实物负责人验收时作会计分录：

借：在途物资 436 200

应交税费——应交增值税（进项税额） 74 189

销售费用——运费 465

贷：银行存款 510 854

借：库存商品——百货组 23 800

——家电组 578 000

贷：在途物资 436 200

商品进销差价——百货组 7 400

——家电组 158 200

2. 售价金额核算法商品销售的核算

采用售价金额核算法，商品售出后，一方面按不含税价格确认商品销售收入，另一方面按含税价格注销库存存货，以减少实物负责人的实物保管责任，同时按含税价格结转商品销售成本。

【例5-5】某商场本日销售商品如表5-9：

表5-9 商品销售情况表

品名	销售数量	售价（含税价）	销售金额（含税价）	实物负责人
A	90	80	7 200	百货组
B	120	55	6 600	
小计			13 800	
F	8	3 500	28 000	家电组
H	13	700	9 100	
I	25	120	3 000	
小计			40 100	

计算各柜组不含税销售收入，作出销售商品时会计分录：

百货组销售收入 = 13 800 ÷（1 + 17%）= 11 795（元）

增值税销项税额 = 11 795 × 17% = 2 005（元）

家电组销售收入 = 40 100 ÷（1 + 17%）= 34 274（元）

增值税销项税额 = 34 274 × 17% = 5 826（元）

作会计分录：

借：银行存款 53 900

贷：主营业务收入——百货组 11 795

——家电组 34 274

应交税费——应交增值税（销项税额） 7 831

同时按含税收入结转销售成本

借：主营业务成本——百货组　　　　　　　　　　13 800
　　　　　　　　——家电组　　　　　　　　　　40 100
　贷：库存商品——百货组　　　　　　　　　　　　13 800
　　　　　　　——家电组　　　　　　　　　　　　40 100

3. 已销商品进销差价的计算与结转

为了反映销售商品和期末库存商品的实际成本，月末应将商品的进销差价在已销商品和期末库存商品之间按比例分摊，计算出已销商品进销差价后，将按原售价反映的销售成本，调整为实际的销售成本。

【例5-6】某商场月末有关商品进销差价计算资料如表5-10：

表5-10　　商品进销差价计算资料

柜组	月末分摊前“商品进销差价”账户余额	月末“库存商品”账户余额	本月“主营业务成本”账户借方发生额
百货组	250 000	120 000	520 000
家电组	480 000	220 000	960 000
其他	60 000	26 000	165 000
合计	790 000	366 000	1 645 000

（1）综合进销差价率计算法

综合进销差价率＝790 000÷（366 000＋1 645 000）＝39.28%

本期已销商品应分摊的进销差价＝1 645 000×39.28%＝646 156（元）

作会计分录如下：

借：商品进销差价　　　　　　　　　　646 156
　贷：主营业务成本　　　　　　　　　　　646 156

本期销售商品的实际成本＝1 645 000－646 156＝998 844（元）

期末库存商品实际成本＝366 000－（790 000－646 156）＝222 156（元）

（2）分类（或柜组）进销差价率计算法

分类（或柜组）进销差价率计算法是根据企业的各类（或柜组）商品存销比例，平均分摊进销差价的一种方法。计算原理与综合进销差价率基本相同。根据上例资料计算各类商品的进销差价与销售商品的实际成本如表5-11：

表5-11　　商品进销差价率和已销商品实际成本计算表

柜组	月末分摊前“商品进销差价”账户余额	月末“库存商品”账户余额	本月“主营业务成本”账户借方发生额	商品售价总额	分类差价率	已销商品应分摊的进销差价	本期销售商品的实际成本
1	2	3	4＝2＋3	5＝1÷4	6＝3×5	7＝3－6	
百货组	250 000	120 000	520 000	640 000	39.06%	203 112	316 888
家电组	480 000	220 000	960 000	1 180 000	40.68%	390 528	569 472

表5－11(续)

柜组	月末分摊前"商品进销差价"账户余额	月末"库存商品"账户余额	本月"主营业务成本"账户借方发生额	商品售价总额	分类差价率	已销商品应分摊的进销差价	本期销售商品的实际成本
其他	60 000	26 000	165 000	191 000	31.41%	51 827	113 173
合计	790 000	366 000	1 645 000	2 011 000		645 467	999 533

作会计分录如下：

借：商品进销差价——百货组　　203 112

——家电组　　390 528

——其他　　51 827

贷：主营业务成本——百货组　　203 112

——家电组　　390 528

——其他　　51 827

（3）实地盘存差价法

【例5－7】某商场库存商品实行售价金额核算，其服装柜12月末"库存商品"账户余额80 000元，调整分摊前商品销售成本发生额45 000元，"商品进销差价"明细账户余额41 600元，年末商品盘点表如表5－12：

表5－12　商品盘点表

实物负责人：服装柜　201×年12月　单位：元

商品编号	单位	盘存数量	零售价		实际成本		进销差价
			单价	金额	单价	金额	
0001	件	20	600	12 000	380	7 600	4 400
0002	件	40	550	22 000	260	10 400	11 600
0003	件	55	245	13 475	120	6 600	6 875
0004	件	70	149	10 430	90	6 300	4 130
0005	件	15	1 473	22 095	950	14 250	7 845
合计				80 000		45 150	34 850

根据上表计算已销商品进销差价：

期末结存商品进销差价＝80 000－45 150＝34 850（元）

本期已销商品应分摊的进销差价＝41 600－34 850＝6 750（元）

作已销商品成本调整分录：

借：商品进销差价——服装柜　　6 750

贷：主营业务成本——服装柜　　6 750

三、数量售价金额核算法

数量售价金额核算法，是指同时以数量和售价金额核算库存商品增减变动及结存情况的核算方法。零售企业的贵重商品一般采用数量售价金额核算法进行核算。

采用数量售价金额核算法时，商品销售成本的计算与售价金额核算方法下基本相同。月末可以采用进销差价率法和实地盘存差价法调整进销差价。在数量售价金额核算法下，因为库存商品明细账既登记金额又登记数量，所以也可以直接根据库存商品明细账的期末结存数量乘以该商品的实际成本，计算出结存每种商品的实际成本总额，再通过汇总计算全部库存商品的实际成本总额，然后以期末结存商品售价总额减去实际成本总额，即为全部结存商品的进销差价，最后从“商品进销差价”账户余额（调整分摊进销差价前）中减去结存商品进销差价，即为已销商品进销差价。计算公式如下：

期末结存商品进销差价 =（期末结存商品盘存数量 × 该种商品单位售价）-（期末结存商品盘存数量 × 该种商品单位成本）

本期已销商品应分摊的进销差价 = 期末分摊前“商品进销差价”账户金额 - 期末结存商品进销差价

本期销售商品的实际成本 = 本期已销商品售价成本 - 本期已销商品应分摊的进销差价

按上述方法计算出已销商品成本后，应作商品销售成本结转的会计分录：

借：商品进销差价

　贷：主营业务成本

四、鲜活商品的成本核算

成本金额核算法，又称“成本金额核算法，盘存计销”核算方法，该方法的特点是库存商品不核算数量，也不以售价控制，只按商品成本金额核算其增减变动及结存情况。这种方法适用于经营鱼、肉、瓜果、蔬菜等鲜活商品的零售企业的库存商品核算。

（一）鲜活商品经营特点

鲜活商品在经营上的主要特点有：

（1）鲜活商品质量变化大，变价次数多，蔬菜上市后随其鲜嫩程度不同，每日价格差异大；

（2）鲜活商品一般都需要清选整理，分等分级，按质论价，如猪肉要分部位不同销售，水果要分等级按不同价格销售；

（3）鲜活商品经营损耗较大，如蔬菜掉菜腐烂，水果干耗腐烂等，再加上交易零星，顾客挑选翻动，损耗较难掌握；

（4）鲜活商品上市季节性强，销售时间比较集中，如夏日西瓜上市。

（二）鲜活商品成本金额核算法

由于鲜活商品经营具有以上特点，因此不宜采用售价金额核算法，也不能按商品的数量组织核算，只能采用“成本金额核算法，盘存计销”核算方法对鲜活商品进行核算。

“成本金额核算法，盘存计销”核算方法的基本内容包括：

（1）“库存商品”的明细账按实物负责人（或柜组）设置；“库存商品”总账和明细账一律以商品成本登记。

（2）平时“库存商品”账户只登记商品的增加，不记录库存商品的减少，即平时不结转商品销售成本。

（3）在经营过程中除发生重大损失需要按规定进行相应的账务处理外，平时发生损溢、商品等级变化及售价变动等情况，一般不进行账务处理。

（4）月末或定期通过实地盘点，按盘点时最后进货的商品单价，计算结存商品的实际成本金额，再采用倒挤方法计算销售商品成本。

本期销售成本计算如下：

期末结存商品成本＝期末结存商品盘存数量×该种商品单位成本

商品销售成本＝期初商品存货成本＋本期增加商品的成本－期末结存商品成本

（三）鲜活商品成本金额核算法举例

【例5－8】某副食品商店为小规模纳税人，水果柜组10月初库存商品期初余额1 200元。本月以银行存款购进水果6 100元，支付购进费用400元，本月水果销售收入（含税）9 880元，月末以最后一次进货单价盘点计算月末结存商品成本为1 050元。该水果组10月份有关会计分录如下：

（1）商品购进时作会计分录：

借：库存商品——水果柜　　6 100
　　销售费用　　400
　贷：银行存款　　6 500

（2）销售商品时作会计分录：

商品销售收入＝9 880÷（1＋3%）＝9 592（元）

应交增值税＝9 592×3%＝288（元）

借：银行存款　　9 880
　贷：主营业务收入　　9 592
　　　应交税费——应交增值税　　288

（3）月末结转销售成本作会计分录：

本月销售成本＝1 200＋6 100－1 050＝6 250（元）

借：主营业务成本——水果柜　　6 250
　贷：库存商品——水果柜　　6 250

第六章　交通运输成本核算

【内容提要】

本章主要阐述交通运输企业成本核算的内容、成本核算的特点以及应设置的主要账户和成本核算程序，重点介绍公路运输成本核算、铁路运输成本核算、水路运输成本核算和航空运输成本核算。

交通运输企业包括公路运输、铁路运输、水路运输和航空运输等各类从事运输的企业。其生产经营活动是通过使用运输工具使旅客、货物发生空间位移。交通运输企业的成本计算对象不是产品，而是旅客和货物的周转量，成本构成中没有形成产品实体的原材料和主要材料，而与运输工具的使用相关的费用，如燃料、折旧、修理等费用的比重很大，因此在成本计算过程中仅仅计算营运过程中发生的营运成本和期间费用等各种劳动资料耗费及其他费用。

第一节　交通运输企业成本核算概述

一、交通运输企业成本核算的特点

交通运输企业运输生产的特点决定了其成本核算的特点，主要表现在以下几个方面：

（1）交通运输企业成本计算对象具有多样性。运输企业的成本计算对象是被运输的对象，具体说来可以是运输生产的各类业务和构成各类业务的具体业务项目，如运输业务、装卸业务、代理业务等，也可以是运输工具，如客车、货轮等，或者是运输工具的运行情况，如运输线路、运输航次等。

（2）由于交通运输企业不生产有形产品，而仅仅提供运输及其他相关的无形服务，所以，生产的产品不需要像工业企业那样消耗构成产品实体的各种材料，在运输过程中发生的各种消耗直接构成了运输产品的成本，如燃料、折旧、修理等费用。

（3）营运成本与应计入本期营运成本的费用具有一致性。运输企业的生产过程也就是它的销售过程，由于生产与销售同步进行，因此没有在产品，也不存在营运费用在不同时期分配的问题。

（4）营运成本采用制造成本法核算。先对直接成本费用按成本计算对象进行汇集计入有关成本项目。对于不能直接计入成本计算对象的间接费用，先进行汇集再按一定的标准分配到各成本计算对象中。例如交通运输生产过程中为了充分地利用运输工具的载重能力和空间，往往采用客货混载（如铁路客运）的运输方式，使运输成本具有联合成本的性质。分别计算旅客运输成本和货物运输成本时，要将这些共同发生的费用进行适当的分配。

（5）根据营运业务的特点确定营运成本的构成内容。由于交通运输企业的营运项目的特点不同，其有关费用的构成也不尽相同，所以应根据各类营运业务的特点分别确定构成营运成本的费用项目。

（6）交通运输企业的成本计算对象不是产品，而是旅客或货物的周转量，即按业务量及其相关指标计算的工作量，并采用复合计量单位。由于不同的运输企业使用的运输工具不同，因而不能简单采用相同的单位对成本进行计量，应综合考虑运输数量和运输距离等因素，采用复合计量单位计量成本，如吨公里（海里）、人公里（海里）等。

（7）交通运输企业的运输周期相对较短，一般按月计算运输成本，但远洋运输除外。海洋运输如果按航次作为成本计算对象，则应以“航次时间”计算成本，航次时间一般按单程航次的时间计算，单程空航时则以往返航次的时间计算。

二、交通运输企业营运成本的组成

财务制度规定，交通运输企业在营运生产过程中实际发生的与运输、装卸和其他业务等直接有关的各项支出均可计入营运成本。具体内容包括：

1. 直接材料费用

企业在营运生产过程中实际消耗的各种燃料、材料、油料、备用配件、航空高价周转件、垫隔材料、轮胎、专用工器具、动力照明、低值易耗品等物质性支出。

2. 直接人工费用

企业直接从事营运生产活动人员的工资、福利费、奖金、津贴、补贴等工资福利性支出。

3. 其他费用

企业在营运生产过程中实际发生的固定资产折旧费、修理费、租赁费（不包括融资租赁费）、取暖费、水电费、办公费、保险费、设计制图费、试验检验费、劳动保护费，季节性、修理期间的停工损失，事故净损失等支出。

4. 除前述费用外，各种不同类型的交通运输企业还分别包括下列费用：

（1）公路运输企业。公路运输企业的营运成本还应包括车辆牌照检验费、车辆清洗费、车辆冬季预热费、公路养路费、公路运输管理费、过路费、过桥费、过隧道费、过渡费、司机途中宿费、行车杂费等营运性支出。

（2）铁路运输企业。铁路运输企业的营运成本还应包括铁路线路灾害防治费、铁路线路绿化费、铁路路桥费、乘客紧急救护费等营运性支出。

（3）水路运输企业。水路运输企业的营运成本还应包括引水费、港务费、拖轮费、停泊费、代理费、开关舱费、扫舱费、洗舱费、烘舱费、回舱费等港口使用费，集装箱空箱保管费、清洁费、熏箱费等集装箱费用，水路运输过程中发生的倒载费、破冰费、旅客接送费、航道养护费、水路运输管理费、船舶检验费、灯塔费、速遣费以及航行国外及港澳地区船舶发生的吨税、国境税等营运性支出。

(4) 航空运输企业。航空运输企业的营运成本还应包括熟练飞行训练费、乘客紧急救护费等支出。

三、交通运输企业成本核算

按照规定，运输企业在营运生产过程中实际发生的与运输、装卸和其他业务有关的各项费用可计入营运成本，为了全面地反映和监督交通运输企业在经营过程中的资金耗费情况，应该设置下列科目进行成本核算：

(1)“运输支出”科目。本科目用于核算沿海、内河、远洋和汽车运输企业经营旅客、货物运输业务所发生的各项费用支出。本科目应按运输工具类型（如货轮、客货轮、油轮、拖轮、驳船、货车、客车）或单车、单船设立明细账，并按规定的成本项目进行明细核算。远洋运输企业计算航次成本时，还应按航次设立明细账。

(2)“装卸支出”科目。本科目用于核算海、河港口企业和汽车运输企业因经营装卸所发生的费用，可以按专业作业区或货种和规定的成本项目进行明细核算。

(3)“堆存支出”科目。本科目用于核算企业因经营仓库和堆场业务所发生的费用，可以按装卸作业区、仓库、堆场设备种类和规定的成本项目进行明细核算。

(4)“代理业务支出”科目。本科目用于核算企业各种代理业务所发生的各种费用，应按代理业务的种类和规定的成本项目进行明细核算。

(5)“港务管理支出”科目。本科目用于核算海河港口企业所发生的各项港务管理支出，应按规定的成本项目进行明细核算。

(6)“其他业务成本”科目。本科目用于核算企业除营运业务以外的其他业务所发生的各项支出，包括相关的成本、费用、营业税金及附加等。

(7)“辅助营运费用”科目。本科目用于核算运输、港口企业发生的辅助船舶费用（包括由轮驳公司等部门集中管理的拖轮、浮吊、供应船、交通船所发生的辅助船舶费用），以及企业辅助生产部门为生产产品和供应劳务（如制造工具备件、修理车船、装卸机械、供应水电气等）所发生的辅助生产费用。该科目应按单船（或船舶类型）和辅助生产部门及成本核算对象设置明细账。

(8)“营运间接费用”科目。本科目用于核算企业营运过程中所发生的不能直接计入成本核算对象的各种间接费用（不包括企业管理部门的管理费用）。

(9)“船舶固定费用”科目。本科目用于核算计算航次成本的海洋运输企业为保持船舶适航状态所发生的费用。

(10)“船舶维护费用”科目。本科目用于核算有封冰、枯水等非通航期的内河运输企业所发生的、应由通航成本负担的船舶维护费用。

(11)“集装箱固定费用”科目。本科目用于核算运输企业所发生的集装箱固定费用，包括集装箱的保管费、折旧费、修理费、保险费、租费以及其他费用。

集装箱货物费，如集装箱装卸、绑扎、拆箱、换装、整理等费用应直接计入“运输支出”。

以上成本、费用科目发生时应记入该账户的借方；结转时，记入该账户的贷方；期末结转后应无余额。

四、交通运输企业期间费用的组成

交通运输企业期间费用包括管理费用和财务费用。

（一）管理费用

管理费用是指企业行政管理部门为组织和管理营运生产而发生的各项支出，如管理人员工资、福利费、差旅费、办公费、累计折旧、修理费、物料消耗、低值易耗品摊销、工会经费、职工教育经费、劳动保护费、待业保险费、董事会费、咨询费、审计费、排污费、绿化费、税金、土地使用费、土地损失补偿费、技术转让费、技术开发费、无形资产摊销、开办费摊销、业务招待费、广告费、展览费、存货盘亏以及其他管理费用。

（二）财务费用

财务费用是企业在营运期间发生的利息支出（减利息收入）、汇兑损失、金融机构手续费以及因筹集资金发生的其他财务费用。

五、交通运输企业成本计算程序

1. 按各成本计算对象设置相关明细账户

不同类型的交通运输企业在营运业务过程中，按各类业务或业务项目设置相关成本计算对象，同时为计算各相关业务的营运成本应设置明细账户，如运输业务成本是在“运输支出”账户下设“客车运输支出”、“货车运输支出”明细账户，或者可以按车型设置明细账户。

2. 归集费用并计算各类业务成本

当期发生的各项与营运过程直接相关的费用直接计入“运输支出”、“装卸支出”、“堆存支出”、“代理业务支出”、“港务业务支出”账户及其各成本计算对象的明细账户；发生的各项营运间接费用、辅助营运费用则分别计入“营运间接费用”、“辅助营运费用”账户，期末再按照各营运业务的直接费用分配入相关的业务成本，如运输业务、装卸业务、堆存业务、代理业务及港务管理业务等。

3. 月末计算各类运输业务的总成本和单位成本

交通运输企业的各成本计算对象及明细账户记录的金额为各类运输业务的总成本，在此基础上结合运输周转量计算单位成本。同时，交通运输企业将各类业务的营运成本转入“本年利润”账户。

第二节　公路运输成本核算

一、公路运输企业成本核算的特点

（1）成本核算对象。公路运输的成本计算对象是客车和货车运输业务，即按客车运输业务、货车运输业务分别计算分类运输成本。客车兼营货运的，或货车兼营客运的，一般以主要运输业务作为成本计算对象。为了考核同类车型成本和大、中、小型车辆的经济效益，还可进一步计算主要车型成本。凡作为成本计算对象的车型，都要单独汇集成本。公路运输企业还可考核客货综合运输成本，即客货综合运输成本是客货分类运输成本额的汇总，不需要单独计算。

（2）成本核算单位。公路运输成本核算中，产量（周转量）的计量单位采用复合单位，即一般客车运输以载乘客为主，其周转量单位为“人公里”；货车运输周转量单位为“吨公里”；客货综合运输业务应换算为“人公里”或“吨公里”。

（3）成本核算期。公路运输企业的成本计算期一般按月、季、年计算。

二、公路运输企业成本计算及举例

（一）工资及福利费的归集与分配

每月发生的工资支出按人员类别分别计入有关成本对象中，工资分配时应编制职工薪酬分配表。

【例6－1】粤南汽车运输公司10月工资分配表如6－1所示：

表6－1　　　　工资分配表　　　　单位：元

项　目	工资总额
运输支出 1. 客运 2. 货运	 36 000 40 000
营运间接费用	12 560
辅助营运费用	13 440
管理费用	12 000
合 计	114 000

根据表6－1作如下会计分录：

借：运输支出——客运（工资）　　36 000
　　　　　　——货运（工资）　　40 000
　　营运间接费用　　12 560
　　辅助营运费用　　13 440

管理费用　　12 000

贷：应付职工薪酬　　114 000

(二) 燃料费用的归集和分配

燃料的实际耗用数的计算因企业车存燃料管理的方式不同而异。目前有两种管理方法：

1. 实行满油箱制车存燃料管理

在这种方法下，营运车辆在投入运输生产时，由车队根据油箱容积填制领油凭证到油库加满油箱，作为车存燃料。车存燃料只是燃料保管地的转移，仍属库存燃料的一部分，而不能作为燃料消耗计入成本科目。以后每次加油时加满油箱，车辆当月的加油数就是消耗数，计入成本科目。

2. 实行盘存制车存燃料管理

在这种方法下，车辆投入运输生产前，也需加满油箱，形成车存燃料，日常根据耗用量进行加油，月底对车存燃料进行盘点，按下列公式确定实际消耗数：

本月实际耗用数 = 月初车存燃料数 + 本月领用数 - 月末车存燃料盘存数

月末，企业根据燃料领用凭证编制“燃料消耗分配表”，按不同的用途分别记入各账户。

【例6-2】粤南汽车运输公司10月燃料消耗分配表如表6-2所示：

表6-2　　**燃料消耗分配表**　　单位：元

项　目	汽油		柴油		合计
	计划成本	材料成本差异	计划成本	材料成本差异	
运输支出					
1. 客运	110 200	2 204			112 404
2. 货运	98 300	1 966	73 200	2 196	175 662
营运间接费用	10 200	204			10 404
辅助营运费用	3 300	66	6 700	201	10 267
管理费用	5 600	112	3 100	93	8 905
合 计	227 600	4 552	83 000	2 490	317 642

根据表6-2作如下会计分录：

借：运输支出——客运（燃料）　　112 404

——货运（燃料）　　175 662

营运间接费用　　10 404

辅助营运费用　　10 267

管理费用　　8 905

贷：燃料——汽油　　227 600

——柴油　　83 000

材料成本差异——汽油　　4 552

——柴油　　2 490

（三）轮胎费用的归集和分配

轮胎是汽车运输企业消耗量最大的一种汽车部件。一般采用一次摊销法和按行驶胎公里预提法计入运输成本两种方法。

（1）采用一次摊销法时，领用轮胎时，其成本一次全部计入“运输支出”账户，贷记“轮胎”账户。

（2）按行驶胎公里提取。按营运车辆的行驶里程计提轮胎费用。其计算公式如下：

单位公里轮胎费用 = 轮胎原值 ÷ 预计行驶总公里里程

本月轮胎费用提取额 = 单位公里轮胎费用 × 实际行驶公里

【例6-3】 粤南汽车运输公司10月客运队领用轮胎计划成本为12 500元，货运队领用轮胎计划成本为11 300元，轮胎成本差异率为3%。采用一次摊销法，作如下会计分录：

借：运输支出——客运（轮胎）　　12 875

　　　　　　——货运（轮胎）　　11 639

　贷：轮胎　　23 800

　　　材料成本差异——轮胎　　714

（四）折旧费用的归集和分配

公路运输企业运输车辆按工作量计提折旧，即按营运车辆的行驶里程计提折旧。其计算公式如下：

单位公里折旧额 = 车辆原值 ×（1 - 净残值率）÷ 预计行驶总公里里程

本月折旧提取额 = 单位公里折旧额 × 实际行驶公里

【例6-4】 粤南汽车运输公司10月“固定资产折旧费用分配表”如表6-3所示：

表6-3　　折旧费用分配表　　单位：元

项目		本月计提折旧					合计
		客车	货车	非营运车	机器设备	房屋建筑物	
运输支出	客车	31 100					31 100
	货车		21 300				21 300
	小计	31 100	21 300				52 400
营运间接费用				7 650			7 650
辅助营运费用					6 960		6 960
管理费用				7 900		46 400	54 300
合计		31 100	21 300	15 550	6 960	46 400	121 310

根据表6-3作如下会计分录：

借：运输支出——客运（折旧）　　31 100

　　　　　　——货运（折旧）　　21 300

营运间接费用　　7 650
辅助营运费用　　6 960
管理费用　　54 300
贷：累计折旧　　121 310

（五）维修费用的归集和分配

汽车的维修由车队的维修班或者外包给修车行进行。修理领用的材料、低值易耗品可以根据“材料、低值易耗品发出汇总表”直接计入有关成本费用。

【例6-5】 粤南汽车运输公司10月以银行存款支付修理费34 600元，其中应由客运队负担20 500元，货运队负担14 100元。作如下会计分录：

借：运输支出——客运（修理费）　　20 500
——货运（修理费）　　14 100
贷：银行存款　　34 600

（六）养路费的归集和分配

汽车运输企业交纳的养路费是由企业按客货收入的一定比例计算的。月末编制“营运车辆养路费计算表”，并据以计入各有关成本费用科目。

【例6-6】 粤南汽车运输公司10月以银行存款缴纳养路费208 780元，其中客运车辆120 700元，货运车辆88 080元。作如下会计分录：

借：运输支出——客运（养路费）　　120 700
——货运（养路费）　　88 080
贷：银行存款　　208 780

（七）其他费用的归集和分配

其他费用如果是通过银行转账或现金支付的，则根据付款凭证直接计入有关的运输成本费用科目。如果是从企业仓库内领用的，则根据材料、配件、低值易耗品发出凭证汇总表中各有关成本计算对象领用的金额计入成本。

【例6-7】 粤南汽车运输公司10月客车队司机报销的汽车过路费、过桥费为20 500元，货车队司机报销的汽车过路费、过桥费为19 980元。作如下会计分录：

借：运输支出——客运（其他）　　20 500
——货运（其他）　　19 980
贷：其他应收款　　40 480

（八）辅助营运费用的归集和分配

公路运输企业的辅助营运费用，主要是指为本企业车辆、装卸机械进行维修作业而设置的维修场或提供维修备件、工具时所发生的辅助费用。

发生的辅助营运费用，按领料凭证、工资费用计算表等有关凭证，借记“辅助营运费用”账户，贷记“原材料”、“应付职工薪酬”等账户。月终按各受益部门的工作小时数将本月辅助营运费用分配至各有关成本计算对象。

【例6－8】粤南汽车运输公司10月归集的辅助营运费用为30 667元，发生修理工时共计1 900小时，其中客车1 150小时，货车750小时，则分配率如下：

分配率＝30 667÷1 900＝16（元/小时）

客车修理负担费用＝1 150×16＝18 400（元）

货车修理负担费用＝750×16＝12 267（元）

根据上述分配金额，作如下会计分录：

借：运输支出——客运（修理费）　　18 400
　　　　　　——货运（修理费）　　12 267
　贷：辅助营运费用　　30 667

（九）营运间接费用的归集和分配

公路运输企业根据各种费用分配表以及有关付款凭证，将发生的各种营运间接费用归集在“营运间接费用”账户，月终要按实际发生额，在各成本计算对象之间进行分配。分配方法一般按照营运车日比例进行。分配计算公式如下：

每车日间接费用分配额＝营运间接费用总额÷营运车日总数

客（货）运分配金额＝客（货）车日数×每车日间接费用分配额

【例6－9】粤南汽车运输公司10月归集的营运间接费用为30 614元，本月客车营运数为78辆，货车营运数为56辆。

客车营运车日数＝78×31＝2 418（车日）

货车营运车日数＝56×31＝1 736（车日）

每车日间接费用分配额＝30 614÷（2 418＋1 736）＝7.37（元/车日）

客车分配金额＝2 418×7.37＝17 821（元）

货车分配金额＝1 736×7.37＝12 793（元）

根据上述分配金额，作如下会计分录：

借：运输支出——客运（间接费用）　　17 821
　　　　　　——货运（间接费用）　　12 793
　贷：营运间接费用　　30 614

第三节　铁路运输成本核算

一、铁路运输企业成本核算的特点

铁路运输和其经营管理本身固有的特殊性，决定了在成本核算中具有以下特点：

（1）成本核算对象。成本核算分定期计算成本和非定期计算成本。定期计算成本一般主要是按客运支出和货运支出两部分核算的客运、货运成本；非定期计算成本如为软席、硬席核算成本，或者核算某车次成本、集装箱运输成本和具体作业成本等。

（2）成本核算单位。采用运输数量和运输距离的复合单位，即客运以人公里、货运以吨公里表示，或者按照一定的换算比例将客运、货运不同计量单位换算为以吨公里计算的成本。

（3）铁路固定资产比重大。有些设备由铁路系统统一管理使用，而有些则由某一铁路局管理使用，这些设备均为客、货运输共同所有。设备运行维修支出和折旧支出，在成本核算时采用适当方法进行分配。

（4）铁路运输生产费用按分级核算制要求，分散在基层运营站段、分局和路局进行核算。成本核算主要在路局和分局进行。

二、铁路运输企业成本核算

（一）铁路运输企业成本费用的内容

1. 营运成本

铁路运输企业的营运成本指铁路运输企业营运生产过程中实际发生的与运输、装卸和其他业务等营运生产直接有关的各项支出。其开支范围如下：

（1）铁路运输企业在营运生产过程中实际消耗的各种燃料、材料、备品配件、专用工具器具、动力照明、低值易耗品等支出。

（2）铁路运输企业直接从事营运生产活动人员的薪酬，包括工资、奖金、津贴、补贴、各种福利及其他有关支出。

（3）铁路运输企业在营运生产过程中发生的固定资产折旧费、修理费、租赁费、铁路线路灾害防治费、铁路线路绿化费、铁路护路护桥及乘客急救费、集装箱费、车辆冬季预热费、养路费、设计制图费、车辆清洗费、车辆牌照检验费、行车杂费、劳动保护费、事故净损失等支出。

2. 期间费用

（1）管理费用。铁路运输企业行政管理部门为组织和管理生产运输活动发生的各项费用支出。

（2）财务费用。铁路运输企业的财务费用是指铁路运输企业为筹集资金而发生的各项费用。包括：铁路营运期间发生的利息净支出，汇兑净损失，金融机构手续费，筹集资金发生的其他财务费用。

（二）铁路运输企业成本核算

铁路运输企业成本核算的内容是企业在一定期间内为完成客货运输而发生的支出，即该期间的运输总成本。客货运输支出一般分别由铁路局、分局、基层站、段按客运支出和货运支出两部分进行核算。

铁路运输企业应设置“运输支出”总账科目及相应的客、货运明细账户进行核算。该账户的借方登记发生的各种计入成本的运输费用，贷方为期末转入“本年利润”账户的金额。

1. 运输总成本的计算

铁路运输业务中跨局运输比重大，运输工作要由若干个铁路局共同协作完成，很难做到单独由某个路局、路段完成全部运输任务的情况，因此成本计算工作较为复杂。

在分级核算制下，每个基层单位的运输支出不仅属于本单位的直接费用，而且作为运输总成本的一部分，随着运输支出的层层结转，最后在铁路分局、铁路局通过结转汇总得出本系统运输总成本。

2. 单位成本的计算

在计算总成本的基础上，单位成本的计算也很重要。企业可以考核运输成本的高低及费用的节约情况，以便加强管理工作。

（1）换算吨公里成本。该种计算方法是将旅客人公里数折算为吨公里后再与货物吨公里数汇总在一起，求得该综合指标。公式如下：

吨公里成本＝运输支出总额÷换算吨公里总数

（2）客运单位成本及货物单位成本计算。为满足成本考核及制定客运单价及货运价格的需要，对于客运、货运这两种业务性质不同的产品有必要分别计算各自单位成本。

客运单位成本是根据运输支出中分离出来的客运支出成本（包括客运支出直接成本与客货混合支出成本按一定标准分配转入客运支出的间接费用两者合计数）与客运业务旅客人公里数相除求得。公式如下：

客运旅客人公里成本＝客运支出总额÷旅客人公里数

货运单位成本是根据运输支出中分离出来的货物运输支出成本（包括货运支出直接成本与客货混合支出成本按一定标准分配转入货运支出的间接费用两者合计数）与货运业务吨公里数相除求得。公式如下：

货运吨公里成本＝货运支出总额÷货运吨公里数

3. 期间费用的核算

铁路运输企业在生产经营活动中，还会发生期间费用。应设置“管理费用”和“财务费用”账户。

第四节　水路运输成本核算

水路运输按船舶航行水域不同，可以分为沿海运输、远洋运输和内河运输。各种运输由于使用的船舶、运输距离、航次时间等有很大差别，所以在成本核算上各具特点。

一、沿海运输企业成本核算

沿海运输属于近海、近洋运输，是船舶在近海航线上航行，往来穿梭于国内各沿海港口之间，负责运送旅客、货物的一种海洋运输服务。

沿海运输企业一般下设船队，将船队作为内部核算单位。

1. 成本计算对象

水路运输企业，无论是沿海、远洋或内河运输业都统一以客、货运输业务作为成本核算对象。为了加强成本管理，还应分别以旅客运输、货物运输、航线、船舶类型

（客轮、货轮、客货轮、油轮、拖船、驳船等）及单船作为成本核算对象计算成本。上述成本计算应以单船成本计算为基础，由此可以据以计算客运成本、货运成本、航线成本及船舶类型成本。而航次成本是单船成本按航次分解计算。

考虑水路运输的特点，可以采用按单船设立船舶费用明细账，定期或不定期计算客、货运输综合成本及更具体的客运成本、货运成本、单船成本、船舶类型成本。

2. 成本计算期

沿海运输企业由于航次时间较短，未完航次费用比较少且较稳定，所以一般以月、季、年为成本计算期。

3. 成本项目

成本项目一般包括工资及福利费、燃料、润料、材料、船舶折旧费、船舶修理费、港口费、事故损失及其他等。

4. 营运费用的归集及分配

沿海运输企业不仅需要计算客、货运综合成本，而且经常要求计算客运成本、货运成本、单船成本及船舶类型成本。因此应按单船设立船舶费用明细账，即按单船归集各项费用。对于按单船归集的营运费用，月末应根据成本计算要求，将其分配给各成本计算对象。比如，在要求计算客运成本和货运成本的情况下，应按照一定的分配标准将营运费用在客运成本与货运成本之间分配。

二、远洋运输企业成本核算

远洋运输是远洋运输企业的船舶在国际航线上航行，穿梭于国内外各港口之间，负责运送旅客和货物运输业务。

1. 成本计算对象

远洋运输企业是以客、货运业务为成本计算对象。但是由于远洋运输航次时间长（超过1个月），通常需要分别按航次计算成本。

航次是船舶按照出航命令装载货物（旅客）而完成一个完整的运输过程，包括单程航次和往返航次。空放航次不单独计算航次成本，而是必须与载货（客）航次合并计算航次成本。

2. 成本计算期

远洋运输企业成本的计算期为航次时间。企业计算报告期内已完航次的成本，期末未完航次的运输费用转入下期。如果航次时间较短，则也可以按月、季、年为成本计算期。

3. 成本项目

根据远洋运输的特点及航次成本计算的要求，将成本项目分为航次运行费用和营运固定费用两类。航次运行费用是指船舶在航次运行中所发生的费用，包括燃料、港口及运河费、货物费、客运费、垫舱材料费、事故损失及其他等；营运固定费用是指船舶为保持试航状况所发生的经常性维持费用，包括工资、福利费、润料、材料、船舶折旧、船舶修理费和保险费等。

4．营运费用的归集及分配

（1）航次运行费用的归集。航次运行费用按航次归集，直接由该航次成本负担。所以，远洋运输企业发生的船舶运行费用属于直接成本，应直接计入按航次开设的船舶航次费用明细账中。

（2）航次固定费用的归集。航次固定费用的归集是按船进行的，月末根据各船已完航次及未完航次的营运天数进行分配，由各航次成本承担。

三、内河运输企业成本核算

内河运输是指内河运输企业的船舶航行于江河湖泊航线上，往来与各江湖港口间，负责运送旅客和货物的运输业务。内河运输船舶往往是吨位较小的江轮，以拖轮和驳船为主。

（1）成本计算对象。内河运输企业的成本计算对象是客运业务和货运业务。一般还要按运输种类计算运输分类成本，具体包括客运如客轮客运、客货轮客运、拖驳客运，货运如货轮货运、客货轮货运、拖驳货运等。

（2）成本计算期。内河运输企业以月、季、年为成本计算期。

（3）成本项目。一般应分为船舶费用和港埠费用两类：

① 船舶费用为运输船舶从事运输工作所发生的各项费用，包括船员工资、职工福利费、燃料、润料、材料、船舶折旧、船舶修理基金、事故损失和其他费用。

② 港埠费用为分配由运输船舶负担的港埠费用，以及直接支付外单位的港口费用。

（4）营运费用的归集和分配。船舶费一般以船舶类型进行归集。港埠费用由各港设立港埠费用明细账进行归集。各港发生的港埠费用应按直接费用比例分别由运输、装卸、堆存和其他业务负担。

四、水路运输成本的计算

1．航次运行费用

航次运行费用或船舶费用是水路运输业务的直接费用。沿海、远洋及内河运输业务所发生的船舶费用在“运输支出”账户进行归集。

客、货轮航次运行费用按直接由客运和货运负担的费用，应直接分别计入客运成本和货运成本。货物费、中转费、垫隔材料、货物损失费，直接计入营运成本；客运费、事故损失等直接计入客运成本。客、货轮船舶固定费用中可以直接由客运和货运负担的费用（如客运业务员、货运业务员的工资及福利费等），也应直接分别计入客运成本和货运成本。

客、货轮航次运行费用和船舶固定费用中，凡不能直接计入客运、货运成本的共同性费用，应采用一定的分配方法分别计入客运成本和货运成本。

2．集装箱固定费用

企业应设置“集装箱固定费用明细账”，归集集装箱固定费用。月末，企业应编制“集装箱固定费用分配计算表”，根据集装箱固定费用明细账归集的总额和全部船舶装运集装箱的箱数和天数，计算出集装箱每箱每天的固定费用，作为集装箱固定费用的分配标准。其计算方法为：

$$\text{某船集装箱固定费用分配额}=\frac{\text{集装箱固定费用总额}}{\text{全部船舶的使用天数}}\times\text{该船使用箱数}\times\text{使用天数}$$

根据分配结果将集装箱固定费用转入“运输支出”账户。

3．营运间接费用

企业应设置“营运间接费用明细账”，归集不能直接计入“运输支出”账户的间接营运费用。月末，企业采用适当的标准将其费用分配到各成本计算对象。其分配方法如下：

$$\text{某船舶营运间接费用分配额}=\frac{\text{营运间接费用总额}}{\text{全部船舶艘天数}}\times\text{该船艘天数}$$

$$\sum\text{船舶艘天数}=\text{各类船舶营运数}\times\text{船舶营运天数}$$

4．船舶维护费用

内河运输企业在非通航期发生的船舶维护费用，应设置“船舶维护费用明细账”予以归集。船舶维护费由通航期各成本计算期的运转成本负担，分配方法是：

船舶维护费用分配率＝船舶维护费用总额÷通航期天数

通航期某月运输成本应负担的船舶维护费＝该月份通航天数×船舶维护费用分配率

平时可按计划分配率分配船舶维护费用，年终时，再将船舶维护费用的实际数与计算分配数的差异调整当期的运输成本。

5．运输成本计算

计算公式为：

运输总成本＝航次运行费用＋船舶固定费用＋营运间接费用

运输单位成本＝水路运输总成本÷客货运输周转量

客运单位成本＝客运总成本÷客运周转量

货运单位成本＝货运总成本÷货运周转量

第五节　航空运输成本核算

一、航空运输成本核算的特点

航空运输和其经营管理本身固有的特殊性，决定了在成本核算中具有以下特点：

1．成本计算对象

民航运输成本核算以每种机型为基础汇集和分配各类费用，计算每种飞机的机型成本，在此基础上再进一步计算和考核每种飞机的运输周转量的单位运输成本。

2．成本计算单位

民航运输周转量的成本核算单位是吨公里。

3．成本项目

民航运输企业的生产费用，按其经济用途分别归纳为三个项目：

（1）飞行费用，即与飞行有关的费用。

（2）飞机维修费，即飞机、发动机除大修改装以外的各级检修和技术维护费，以及零件的修理费。

（3）通用航空成本，即航空运输部门的经营费以及驻国外办事处的费用。

二、航空运输成本核算

1. 飞行费用的汇集和分配

飞行费用大部分是直接费用，费用发生时可直接计入有关的机型成本。

（1）空勤人员工资及福利费。空勤人员工资按照所飞的机型分配计入各机型成本。乘务员工资按照各机型乘务员配备标准及本月飞行小时比例分配。计算公式为：

$$\text{某机型乘务员工资分配金额}=\text{本月乘务员工资数}\times\frac{\text{某机型乘务机配备标准(人数)}\times\text{某机型本月飞行小时}}{\text{本月各机型人时数之和}}$$

（2）航空燃料消耗。航空燃料消耗包括飞机在飞行中或在地面检修试车时所消耗的航空油料和润滑油。

（3）飞机、发动机的折旧费。民航运输企业的飞机和发动机折旧费的计提可以采用两种方法：一是按实际飞行小时计提折旧，采用这种办法应按机型分别计提折旧；二是按年限计提折旧，采用这种办法应按每架飞机分别计提折旧。

（4）飞机、发动机大修理费。飞机、发动机大修理费是指各机型飞机定期进行大修所发生的费用。民航对此项大修费可采用预提大修理费或大修理费发生后分期摊销的办法进行核算。

（5）飞机租赁费。有以下两种情况：普通租赁则租赁期内每月应付的租赁费，计入成本科目；融资租赁则按投资购置固定资产的办法作相应的处理。

（6）飞机保险费。飞机保险费包括飞机险、旅客货物意外险、第三者责任险等。飞机保险费一般采用待摊的方式，按月平均摊入飞机保险费科目。

（7）飞机起降服务费。飞机起降服务费包括飞机在国内外机场按协议或规定标准支付的起降费、停场费、夜航设施费、地面服务费、通信导航费、过境费以及特种车辆设备的使用费。飞机起降服务费直接计入机型成本科目。

（8）旅客供应服务费。旅客供应服务费是指在飞机上为顾客提供各种服务所发生的费用，以及由于民航原因取消飞行时按规定由民航负责旅客食宿的费用。配给机上的供应品凭乘务签领的清单，按实际领用数分别计算，直接计入有关的机型成本。

2. 飞机维修费的汇集和分配

飞机维修费是飞机、发动机维护检修时所发生的费用及零附件的修理费用。飞机维修费分为材料费、人工费和间接维修费三个项目进行核算。民航运输企业发生的维修费先通过“飞机维修费”科目进行汇集。“飞机维修费”科目下设材料费、人工费、间接维修费三个明细科目，月末按下列方法分配到各机型成本：

（1）材料费根据领料凭证上所列机型直接计入各机型成本。

（2）人工费按各机型维修实耗工时比例分配到各机型成本。计算公式为：

每工时人工费率 = 本月人工费总额 ÷ 本月各机型维修耗工时总额

某机型应分配的人工费 = 本月该机型维修实耗工时 × 每工时人工费率

（3）间接维修费可按各机型维修实耗工时比例分配到各机型成本。计算公式如下：

单位工时间接维修费分配率 = 本月间接维修费总额 ÷ 本月各机型维修实耗工时数

某机型负担的间接维修费 = 本月该机型维修实耗工时数 × 单位工时间接维修费分配率

3．通用航空成本

通用航空成本是指民航运输企业从事运输所发生的计入成本，但不属于上述成本项目的费用支出，如飞机日常养护费用等。

民航运输企业各机型成本之和为民航运输总成本，与运输周转量相除可得运输单位成本。月末编制民航运输成本计算表，表内不仅可以反映运输总成本及单位成本，而且可以分别反映各机型的总成本及单位成本。

第七章　施工与房地产企业工程成本核算

【内容提要】

工程类企业生产经营活动的主要对象是不动产，因此在成本核算方面与工业制造企业存在很大的差异。本章主要阐述施工企业成本的内容和成本核算的特点，房地产开发企业成本的内容、成本核算特点和成本核算程序，本章的重点内容是工程施工成本的核算、土地开发成本和房屋开发成本的核算。

第一节　施工企业工程成本的内容及成本核算的特点

一、施工企业工程成本的内容

施工企业是指从事建筑、安装工程或其他专业施工活动的工程施工单位。施工工程是指施工企业按照发包方（甲方）图纸和合同要求进行施工建设的工程，是施工企业组织的主要生产活动。施工企业生产经营成本包括施工企业工程成本、机械作业成本和辅助生产成本等。

1. 施工企业工程成本

施工企业工程成本是指施工企业为施工生产某工程而发生的各种生产耗费的总和。施工企业工程成本可以分为直接成本与间接成本。

直接成本是指施工过程中耗费的构成工程实体或有助于工程形成的各项支出，包括人工成本、工程材料成本、机械使用费和其他直接费用。其中：人工成本包括从事建筑安装施工人员的工资和工资附加费；工程材料成本包括施工中耗费的构成工程实体的原材料、辅助材料、构配件、零件、半成品的费用，以及周转用材料的摊销费、租赁费；机械使用费指工程施工过程中使用自有施工机械发生的机械使用费，租用外单位施工机械的租赁费以及施工机械的安装、调试、拆卸、修理及施工机械进出场费；其他直接费用包括施工过程发生的材料移动费、临时设施摊销费、生产工具使用费、检验试验费、工程定位复测费及场地清理费等。间接成本是指施工企业下属各施工单位（工程处、施工队、项目管理部、工区等）为组织和管理施工活动所发生的各项费用支出。包括施工单位管理人员工资及工资附加费、固定资产的折旧费及修理费、物料消耗、低值易耗品摊销、取暖费、水电费、办公费、差旅费、财产保险费、工程保修费、排污费、检验试验费、劳动保护费、防暑降温费及其他费用等。

企业在施工过程发生的直接费用能够直接认定应直接计入有关成本，间接费用可先通过“工程施工——间接费用”账户汇总归集，月末按一定标准分配计入有关工程成本。

2. 机械作业成本

机械作业成本指施工企业内部独立核算的机械施工、运输单位使用自有施工机械或运输设备进行机械作业发生的各项费用。机械作业成本应按成本核算对象和成本项目归集，机械作业成本的成本项目一般分为人工费、燃料及动力费、折旧费及修理费以及为组织管理机械作业生产所发生的间接生产费用。

3. 辅助生产成本

辅助生产成本指施工企业所属内部独立核算的工业企业（预制构件厂、机械加工厂等）为满足工程施工需要进行产品生产所发生的各种生产费用。

二、施工企业的生产特点

施工企业是指从事建筑安装工程施工的企业。其生产活动的对象主要是不动产。与工业企业相比，施工企业具有如下独特的生产特点：

1. 建筑安装产品的多样性和施工生产的单件性

施工企业的产品都具有特定的目的和专门的用途。每一建筑安装工程都有其独特的形式、结构和质量要求，即使采用相同的标准设计，也会由于受到地形、地质、水文等自然条件以及文化习俗等社会条件的影响，需要对设计图纸以及施工方法和施工组织等作出适当的调整和改变，这使得建筑安装工程极少完全相同。建筑安装产品的多样性，决定了施工企业只能按照建设项目的不同设计要求进行施工生产，施工时需要采用不同的施工方法和施工组织，这又使施工企业的生产表现出单件性。

2. 施工周期较长

建筑安装工程一般规模较大，生产周期较长，需要跨年度施工。

3. 受气候条件的影响明显

建筑安装工程大都在露天施工，受气候条件的影响很强，一般在雨季和冬季完成的工作量明显减少，各个月份完成的工作量很不均衡。因此在费用的分配上，一般不宜将当月发生的费用全部计入当月的工程成本，而应采用按全年工程数量平均分配的方法。

三、施工企业成本计算的特点

施工企业的生产特点决定了施工企业的成本计算具有以下特点：

1. 以单位工程作为成本计算对象

施工企业一般以单位工程作为施工企业成本计算的对象。因为建设单位一般按单位工程编制工程预算、制订工程成本计划、结算工程价款，以单位工程作为成本计算对象，可以与建设单位制订的工程成本计划保持口径一致，便于工程成本的比较和与建设单位结算价款。如果单位规模较大，工期较长，为了及时分析工程成本的超支、节约情况，可以将分部工程作为工程成本计算的对象；相反，如果在一个建设项目或一个单项工程中，若干个单位工程的施工地点相同、结构类型相同、开工和竣工日期接近，为了简化工程成本计算，则可以将其合并为一个成本计算对象。

2. 按月定期计算工程成本

施工企业工程规模较大、施工周期长的特点，决定了施工企业很多项目需跨月跨年完工，企业为了能及时地分析、考核工程成本计划的完成情况并计算财务成果，有必要将已完成预算定额规定的一定组成部分的工程作为“完工工程”，视为“产成品”进行成本计算；对于尚未达到预算定额规定的一定组成部分的工程，则作为“未完工程”，视为“在产品”进行成本计算，而不能待某项工程全部完工后再计算该项目的成本。

3. 施工费用需在已完工程和未完工程之间进行分配

施工企业尽管是以单位工程作为成本计算对象，但其生产费用应按月归集和分配，如果月末某成本计算对象没有“完工工程”，则该成本计算对象所归集的生产费用即为“未完工程”成本；如果当月有“完工工程”，则应同时计算“完工工程”成本和“未完工程”成本；如果当月该成本计算对象的工程竣工，则不仅要计算当月“完工工程”成本，而且还应对竣工工程进行决算，计算出竣工工程的实际总成本。

从以上的成本计算特点可见，施工企业的成本计算方法应采用类似于工业企业的分批法。因为，它的生产特点属单件性多步骤生产，而且多步骤是连续和平行的，与生产相交织的，很难分步骤计算成本，所以，只宜用分批法。但其与工业企业分批法不同，施工企业常需按月定期计算成本，而不是等一批（件）产品完工才计算成本。

第二节　施工企业工程成本核算

一、施工企业工程成本核算应设置的主要账户

为了归集和分配施工企业在工程施工过程中所发生的各项费用，核算工程成本，需设置“工程施工”、“机械作业”、“辅助生产成本”和“主营业务成本”等账户。

1.“工程施工”账户

该账户用来核算企业进行建筑安装工程施工所发生的各项费用支出。借方登记施工过程中发生的各项费用，其中人工费、材料费、机械使用中的租入外单位施工机械租赁费，以及大部分其他直接费都应直接计入，机械使用费中使用自有施工机械所发生的费用，部分其他直接费先归集于“机械作业”和“辅助生产”账户，然后再分配转入“工程施工”账户借方，间接费用可先在本账户设置的“间接费用”明细账归集，然后再分配结转至各工程成本（“工程施工”明细账借方）；已完工程的成本应从“工程施工”贷方结转，本账户余额为未完工程实际成本。该账户按成本计算对象设置明细账，账内按成本项目设专栏。

2.“机械作业”账户

该账户用来核算企业及其内部独立核算的施工单位、机械站和运输队使用自有施

工机械和运输设备进行机械作业（包括机械化施工和运输作业等）所发生的各项费用。该账户是集合分配账户，当费用发生时，计入账户借方，月终将借方归集的费用按一定标准分配并从贷方结转，其中，为本单位承包的工程进行的机械作业应结转入“工程施工”账户借方。该账户按不同机械、设备设置明细账。

3．“辅助生产成本”账户

该账户用来核算企业非独立核算的辅助生产部门为工程施工等生产材料或提供劳务（如设备维修，构件现场制作，供应水电气，施工机械的安装、拆卸等）所发生的各项费用。但是企业下属的生产车间、单位或部门，如机修车间、混凝土车间、供水站、运输队等，如果实行内部独立核算，所发生的费用不在本账户核算（在“工业生产”、“机械作业”账户核算）。发生辅助生产费用支出，计入本账户借方，月末按受益对象分配，从本账户贷方结转，其中，为本单位承包工程提供的劳务或生产材料的，结转计入“工程施工”账户借方。“辅助生产成本”账户期末余额为辅助生产部门在产品的实际成本，该账户按车间、部门或劳务项目设置明细账。

二、施工企业工程成本核算程序

施工成本核算程序是指施工成本核算步骤。尽管各工程规模大小、结构繁简的程度不同，施工成本计算过程不会千篇一律，但就一般而言，主要经过以下步骤：

1．确定施工成本计算对象

一般说来，施工成本计算对象应以每一个工程单位作为成本计算对象。但是，一个施工企业同时承包多个建设项目，每个项目的具体情况不同，一个工程项目可能由多个建设单位承包，承包的工程量不同，施工成本计算对象的确定都会受到一定程度的影响。工程成本计算对象需根据具体情况而定，一般可按下述方法确定：

（1）一般应以每一独立编制施工图预算的单位工程为成本计算对象。

（2）一个单位工程由几个施工单位共同施工时，各施工单位都应以同一单位工程作为成本计算对象，各自计算自行施工完成的部分。

（3）规模大、工期长的单位工程，可以将工程划分为若干个分部工程，以各分部工程作为成本计算对象。如 B 栋住宅基础工程、B 栋住宅主体工程、B 栋住宅装饰工程等。

（4）同一建设项目由同一单位施工，同一施工地点，同一结构类型且开工竣工时间相接近的若干单位工程、可以合并作为一个成本计算对象。例如，某施工单位同一住宅小区中甲、乙、丙、丁四栋住宅同时施工，结构类同，开竣工时间接近。可将甲、乙、丙、丁合并作为一个成本对象，工程竣工后再按一定比例计算各栋住宅成本。这类似于工业企业成本核算的分类法。

（5）改建、扩建的零星工程，可以将开工竣工时间相接近、同属于一个建设项目的各个单位工程合并作为一个成本计算对象。

2．要素费用的归集与分配

按照成本核算要求，当月发生的一切要素费用，均应按其经济用途，分别计入施工成本。如果多项要素费用的发生由单一工程承担，则应全部计入该项施工成本，如果多项工程共同耗用一项要素费用，则应选择适当方法，在各项工程之间进行合理分摊后，计入各施工成本；如果属于期间费用，则计入期间成本，由当期损益负担，不属于施工成本。

3. 归集和分配辅助生产费用

施工企业的辅助生产是指为工程施工提供产品或劳务服务的生产活动。如机械修理、构件预制、材料加工，供水、供电、供热、供气、运输等。这些单位或部门发生的费用属于辅助生产费用，通过“辅助生产成本”账户予以归集，并按一定分配标准，在各受益单位之间进行分配。

4. 归集和分配间接费用

间接费用的归集是通过“工程施工——间接费用”二级明细账户进行的，在分配时，如果只有一个单项工程，可将间接费用全部计入该项工程施工成本；如果是为多项工程共同发生的，则应选择适当方法在各项工程之间进行分配。

5. 施工费用在已完工程和未完施工（未完工程）之间的分配

作为成本计算对象的单项工程全部完工后，称为竣工工程；尚未全部完工但已完成预算定额规定的部分工程（分项工程），称为已完工程；虽已投入材料、设备进行施工但尚未完成预算定额所规定的分项工程，称为未完施工或未完工程。为了计算已完工程成本，确认当期损益，对成本计算对象已归集的施工费用，应在已完工程和未完施工之间进行分配，将已完工程成本转入“工程结算成本”。

6. 结转竣工工程成本

单项工程或整个工程完工后，应进行工程成本决算。按工程实际成本从“工程结算成本”账户转入“主营业务成本”账户。

三、施工企业工程成本核算

施工企业为进行工程施工而发生各种施工费用，是构成施工成本的基础，应计入施工成本。在施工过程中发生的直接费用与施工产品的形成有直接的关系，或构成工程实体，在一般情况下，可以根据相关会计凭证直接计入施工成本；间接费用虽然不直接参与施工产品的形成，而是为了组织和管理工程施工而发生的，它仍然是施工成本的组成部分，应采用一定的方法分配计入施工成本。其中直接费用包括材料费用、人工费用、机械使用费和其他直接费用等四项内容。

（一）材料费用核算

施工企业为进行工程施工而耗用的各种材料主要包括构成工程实体的原材料、辅助材料、结构件、零件、配件、半成品以及周转材料摊销价值和租赁费等。材料费用在整个施工成本中所占比重较大，对施工成本构成内容有着重大影响，因此，施工活动中发生的各种材料费用，可区别以下情况予以处理。

（1）领用材料时能够点清数量、明确成本计算对象的，可按有关凭证记录，直接计入该成本计算对象的施工成本明细账。

（2）领用材料时虽然能够点清数量，但不能明确成本计算对象归属的，应编制

“集中配料分配表”，在各成本计算对象间合理分配后计入施工成本。

（3）领用材料时既不易点清数量，也不易明确成本计算对象的，可采用实地盘存法倒挤发出数量，然后再编制“大堆材料费用分配表”，分配后计入施工成本。

（4）施工现场剩余材料，应及时办理退料手续，按实际退料价值冲减施工成本。

（5）施工现场出现的下脚料、废料、包装材料和包装物，如果有回收利用价值，可按估计价值冲减施工成本。

【例7－1】大洋建筑公司承接了A、B两个工程项目，本月材料费用发生及分配情况如表7－1：

表7－1　　　　材料费用分配表　　　　单位：元

工程成本核算对象 / 材料类别			A工程	B工程	机械作业		合计
					搅拌机	挖土机	
主要材料	红砖水泥	计划成本	60 000	50 000			110 000
		成本差异(3%)	1 800	1 500			3 300
	钢材	计划成本	200 000	180 000			380 000
		成本差异(5%)	10 000	9 000			19 000
	铝材	计划成本	80 000	60 000			140 000
		成本差异(2%)	1 600	1 200			2 800
	其他主要材料	计划成本	50 000	60 000			110 000
		成本差异(－1%)	－500	－600			－1 100
	小计	计划成本	390 000	350 000			740 000
		成本差异	12 900	11 100			24 000
结构件		计划成本	250 000	220 000			470 000
		成本差异(1%)	2 500	2 200			4 700
其他材料		计划成本	40 000	30 000	1 000	800	71 800
		成本差异					
合计		计划成本	680 000	600 000			1 281 800
		成本差异	15 400	13 300			28 700
周转材料摊销			15 000	14 000			29 000

根据“材料费用分配表”作会计分录：

借：工程施工——A工程　　680 000
　　　　　　——B工程　　600 000
　贷：原材料——主要材料　　740 000
　　　　　　——结构件　　470 000
　　　　　　——其他材料　　70 000

借：机械作业——搅拌机　　1 000
　　　　　　——挖土机　　800
　贷：原材料——其他材料　　1 800

结转材料成本差异：

借：工程施工——A 工程　　15 400

　　　　　——B 工程　　13 300

　贷：材料成本差异——主要材料　　24 000

　　　　　　　　——结构件　　4 700

计提本月应分担的周转材料成本时：

借：工程施工——A 工程　　15 000

　　　　　——B 工程　　14 000

　贷：周转材料摊销　　29 000

（二）人工费的归集分配

施工企业的人工费应按其不同用途进行归集分配：直接从事工程施工和在现场制作构件、模板的建筑安装工人，在施工现场范围内转移器材，为施工机械配料、送料等辅助工人的人工费，应计入“工程施工”总账及其所属明细账的人工费成本项目；自有机械设备的操作员、驾驶员，以及机械设备的管理人员的人工费，应先在“机械作业”总账及其所属明细账有关项目归集；企业非独立核算的辅助生产部门人员的人工费，应在“辅助生产成本”总账及其所属明细账有关项目归集；施工单位管理人员的人工费，应先计入“工程施工”总账及其所属的“间接费用”明细账借方。

建筑安装工人及辅助工人的人工费，在计件工资形式下，可根据“工程任务单”、“工资结算凭证”直接汇总计入“工程施工”及所属各明细账“人工费”成本项目。在计时工资形式下，如果只进行一个单位工程（成本计算对象），也可直接计入该工程成本。如同时进行几个单位工程，则需要将共同发生的人工费采用适当的分配方法计入各工程成本，一般是按照当月工资总额和总工作日数计算的日平均工资及各工程的实际工作日数来计算分配。计算公式为：

$$\text{某施工单位当月每工日平均工资}=\frac{\text{该施工单位当月工资总额}}{\text{当月建安及辅助工人实际工作日数}}$$

某工程应该分配工资 = 工程当月实际工作日数 × 当月每工日平均工资

【例 7 - 2】 大洋建筑公司承建 A 和 B 两项单位工程，实行计时工资制，本月施工工人应付工资及工资附加费共 81 000 元，A 工程实用工作日为 1 800 工日，B 工程实用工作日为 1 200 工日。另应付搅拌机操作人员工资 3 000 元，挖土机操作人员工资 1 600 元。

工程队某月每工日平均工资 = 81 000 ÷ （1 200 + 1 800） = 27（元）

A 工程应分配工资 = 1 800 × 27 = 48 600（元）

B 工程应分配工资 = 1 200 × 27 = 32 400（元）

实际工作中，施工企业在月末应根据工资结算汇总表、工程任务单等有关凭证，通过“人工费用分配表”归集分配人工费。“人工费分配表”如表 7 - 2 所示：

表 7－2　　　　　　　　　　人工费分配表

20 × ×年 12 月

工程成本对象		实际用工日数	分配率	分配金额
A 工程		1 800		48 600
B 工程		1 200		32 400
小计		3 000	27	81 000
机械作业	搅拌机			3 000
	挖土机			1 600
合计				85 600

根据“人工费用分配表”作会计分类：

借：工程施工——A 工程　　48 600

　　　　　　——B 工程　　32 400

　　机械作业——搅拌机　　3 000

　　　　　　——挖土机　　1 600

　贷：应付职工薪酬　　85 600

（三）机械使用费的归集分配

1. 自有施工机械使用费的归集分配

自有施工机械使用费包括机上操作人员工资、奖金、工资性津贴、职工福利费、燃料动力费、材料费、机械折旧和修理费、运输费、装卸费、养路费等。这些费用在发生时应先通过“机械作业”账户进行归集，月末根据各成本计算对象实际使用的机械台班数或完成工作量，采用一定方法分配。主要分配方法有：

（1）台班分配法。台班分配法即以机械实际工作台班为分配标准分配。计算公式为：

$$机械台班单位成本 = \frac{该机械本月实际费用总额}{该机械本月实际工作台班总数}$$

某项工程应分配的某种机械使用费 = 某项工程实际使用机械台班数 × 该机械台班单位成本

（2）工作量法。工作量法即以机械完成的作业量为分配标准分配。计算公式为：

$$某机械作业量单位成本 = \frac{该机械本月实际费用总额}{该机械实际完成作业量总额}$$

某项工程应分配某种机械使用费 = 该机械为某项工程提供的作业量 × 该机械作业量单位成本

（3）定额费用比例分配法。定额费用比例分配法即以机械使用费用的定额费用为分配标准分配。计算公式为：

$$机械使用费分配率 = \frac{该机械本月实际费用总额}{该机械使用费定额费用}$$

某项工程应分配某种机械使用费 = 某工程使用该机械的定额费用 × 该机械使用费分配率

（4）计划分配率法。计划分配率法即根据预先确定的计划分配率和本月实际使用机械台班分配机械使用费。机械使用费实际费用与按计划分配率分配的数额的差额在年末或季末调整。其计算公式为：

$$某机械使用计划分配率 = \frac{该机械年度使用费预算总额}{该机械年度计划工作台班总数}$$

某项工程某月应负担某机械使用费 = 某项工程某月实际使用该机械台班 × 该机械使用费计划分配率

【例 7－3】 大洋建筑公司自有机械混凝土搅拌机和挖土机，某月通过“机械作业”归集的费用总额分别为 6 400 元和 3 000 元，混凝土搅拌机本月工作台班 80，其中 A 工程 48 台班，B 工程 32 台班，挖土机本月挖土 500 立方米，其中为 A 工程挖 200 立方米，为 B 工程挖 300 立方米。

根据以上资料，编制“机械使用费分配表”如表 7－3 所示：

表 7－3　　　　　　　　　　　机械使用费分配表

20××年 12 月

项目 应借科目	混凝土搅拌机			挖土机			合计
	台班	分配率	金额	作业量（m^3）	分配率	金额	
工程施工——A 工程	48		3 840	200		1 200	5 040
工程施工——B 工程	32		2 560	300		1 800	4 360
合计	80	80	6 400	500	6	3 000	8 900

根据“机械使用费分配表”作会计分类：

借：工程施工——A 工程　　　　5 040

　　　　　　——B 工程　　　　4 360

　贷：机械作业——搅拌机　　　　5 040

　　　　　　——挖土机　　　　4 360

2. 租入施工机械的租赁费归集分配

施工机械的租赁费包括向外单位或企业内部独立核算的机械站租入的施工机械。按租赁合同规定的台班费、实际使用台班支付的租金，一般可根据出租单位转来的“机械租赁费结算账单”和工作台班记录，直接计入“工程施工”总账及其所属各明细账的机械使用费成本项目，但如果租入施工机械是几个工程成本计算对象共同使用则应将所支付的租赁费用总额按成本计算对象各自使用台班或定额费用比例分配计入各成本计算对象。

（四）其他直接费的归集分配

施工中发生的各项其他直接费，按其来源可分为由外部单位提供和由企业内部非独立核算辅助生产部门提供。如果由外部单位提供，如水、电、气等，可根据实际耗用量和结算价格，计入各有关工程成本；如果由企业非独立核算辅助生产部门提供的水、电、气等费用，则先通过“辅助生产成本”账户归集，月末分配计入各受益对象。

其中，施工现场直接耗用的计入“工程施工”总账及其所属明细账；其他直接费用成本项目，如果几个工程项目共同耗用其他直接费用，如临时设施摊销费、生产工具用具使用费等，应按各工程的机械台班或定额耗用量或该项费用的定额费用等标准进行分配。

【例7－4】非独立核算的供水车间为A、B建筑工程供水分别为1 000吨、950吨，工程队一般耗用水50吨，辅助生产费用共4 000元；外购用电10 000度，每度0.70元。A工程、B工程、搅拌机和工程队管理用电分别为5 000度、3 000度、1 000度、1 000度；A工程和B工程共同使用临时设备，本月摊销费4 800元，按该项定额费用比例分配，A工程定额费用2 400元，B工程定额费用1 600元。

根据上述资料编制“其他直接费分配表”，如表7－4所示：

表7－4　　其他直接费用分配表

20××年12月

项目 应借科目	水费			电费			临时摊销费			合计
	耗时量	分配率	金额	耗用量	分配率	金额	定额费用	分配率	金额	
				5 000	0.7	3 500				8 380
工程施工——A工程	1 000		2 000				2 400	1.2	2 880	
工程施工——A工程				3 000	0.7	2 100				5 920
机械作业——搅拌机	9 50		1 900				1 600	1.2	1 920	
				1 000	0.7	700				700
工程施工——间接费用	50		100	1 000	0.7	700				800
合计	2 000	2	4 000	10 000		7 000	4 000		4 800	15 800

根据“其他直接费用分配表”作会计分录：

借：工程施工——A工程　　8 380
　　　　　——B工程　　5 920
　　　　　——间接费用　　800
　　机械作业——搅拌机　　700
　贷：辅助生产成本　　4 000
　　　应付账款（或银行存款）　　7 000
　　　待摊费用　　4 800

（五）间接费用的归集分配

间接费用应在“工程施工”总账下设置“间接费用”二级账户进行核算，还应分别按施工单位设置明细分类账户，账内按费用明细项目设专栏。

当发生间接费用时，根据要素费用、待摊和预提费用、辅助生产费用等分配表，借记“工程施工——间接费用”及其所属明细账有关专栏。借方归集的间接费用，月末应按一定标准分配计入各项工程成本。间接费用的分配通常以各项建筑安装工程定额间接费用的比例分配。这种分配方法的计算公式为：

$$\text{间接费用分配率} = \frac{\text{本期实际发生的间接费用}}{\text{各项建筑安装工程定额间接费用之和}}$$

某项工程应负担的间接费用＝该项工程间接费用定额×间接费用分配率

【例7-5】大洋建筑公司本月施工间接费用总额12 000元，该施工单位承建的A工程。B工程定额间接费用分别是5 500元和4 500元。

根据上述资料编制“间接费用分配表”，如表7-5所示：

表7-5 间接费用分配表

20××年12月

应借科目 \ 项目	定额费用	分配率	间接费用
工程施工——A工程	5 500		6 600
工程施工——B工程	4 500		5 400
合计	10 000	1.2	12 000

根据“间接费用分配表”作会计分录：

借：工程施工——A工程　　6 600

　　工程施工——B工程　　5 400

　贷：工程施工——间接费用　　12 000

由于施工企业的生产受季节气候影响，各月完成工作量不均衡，因此间接费用也可以采用计划分配率进行分配，实际发生的间接费用与按计划分配率分配的间接费用的差额在年末进行调整。计算公式为：

$$间接费用分配率=\frac{全年间接费用预算数}{全年计划工作量（或预算成本）}$$

某项工程某月应负担间接费用＝该工程该月计划工作量（或预算成本）×间接费用计划分配率

（六）施工费用在已完工程和未完施工之间分配

通过以上各项费用的归集和分配，各成本计算对象应负担的费用都已计入工程施工明细账（即工程成本明细账）的相应成本项目，这些费用连同期初未完工成本应于月末（按月结算工程价款时）或某期末（按期分段结算工程价款时）在已完工程和未完施工成本之间分配。如前所述，已完工程是指尚未全部完工，但已完成预算定额规定的一定组成部分的工程（一般为分部或分项工程），而未完施工是指已投料施工，但尚未达到预期定额规定的一定组成部分的工程。

已完工程成本＝期初未完施工成本＋本期施工费用－期末未完施工成本

要计算已完工程成本，首先要确定期末未完施工成本。计算未完工程成本通常有以下两种方法：

（1）未完施工成本按预算成本计价。如果未完施工比重不大，可按预算成本计算未完施工成本，具体步骤是：首先通过实地盘点确定未完施工实物量，填列“未完工程盘点单”，然后根据未完工程的施工进度折合已完工程量。其计算公式为：

未完工程预算成本＝未完施工约当产量×预算单价

（2）未完施工成本按预算成本比例计算计价。即按已完工程预算成本和未完施工预算成本比例计算未完施工成本。其计算公式为：

$$未完施工成本 = 未完施工预算成本 \times \frac{期初未完施工成本 + 本期施工费用}{已完工程预算成本 + 未完施工预算成本}$$

【例7-6】 大洋建筑公司A、B两项工程已发生的成本如表7-6、表7-7所示，本月末A工程已全部竣工；B工程尚有两项未完工程，经实地察看，确定该两项未完工程的预算成本分别为350 000元、80 000元，其中：材料费404 800元，人工费20 000元，机械使用费3 000元，其他直接费用1 500元，间接费用1 700元。

表7-6　　工程施工明细卡

工程名称：A工程　　20××年12月　　开工日期：20××年6月6日

竣工日期：20××年12月28日

单位：元

摘要	材料费	人工费	机械使用费	其他直接费	施工间接费	合计
月初未完工程	240 000	32 400	3 960	6 180	3 400	285 940
本月施工费用						
1. 材料费	710 400					710 400
2. 人工费		48 600				48 600
3. 机械使用费			5 040			5 040
4. 其他直接费				8 380		8 380
5. 间接费用					6 600	6 600
小计	710 400	48 600	5 040	8 380	6 600	779 020
累计工程成本	950 400	81 000	9 000	14 560	10 000	1 064 960
已完工程成本	950 400	81 000	9 000	14 560	10 000	1 064 960

表7-7　　施工成本明细账

（工程成本明细卡）　　开工日期：20××年9月8日

工程名称：B工程　　20××年12月　　单位：元

摘要	材料费	人工费	机械使用费	其他直接费	施工间接费	合计
月初未完工程	260 000	92 000	53 000	19 000	14 800	438 800
本月施工费用						
1. 材料费	627 300					
2. 人工费		32 400				
3. 机械使用费			4 360			
4. 其他直接费				5 920		
5. 间接费用					5 400	
小计	627 300	32 400	4 360	5 920	5 400	675 380
累计工程成本	887 300	124 400	57 360	24 920	10 200	1 114 180
未完施工成本	404 800	20 000	3 000	1 500	1 700	430 000
已完工程成本	482 500	104 400	54 360	23 420	9 500	684 180

根据上述计算结果，结转已完工程成本，作会计分录：

借：工程结算成本　　1 749 140

　贷：工程施工——A 工程　　1 064 960

　　　工程施工——B 工程　　684 180

（七）竣工工程成本决算

已经完成工程设计文件所规定的全部内容的单位工程称为竣工工程。为反映工程预算的执行情况，分析工程成本升降原因，并为同类型工程积累成本资料，当工程竣工后，应及时办理竣工工程成本决算，即要确定竣工工程实际成本比预算成本的降低额和降低率，编制竣工工程成本决算表，其格式如表 7－8 所示：

表 7－8　　竣工工程成本决算表

工程名称：A 工程　　20××年 12 月　　单位：元

项目	预算成本	实际成本	降低额	降低率（%）
人工费	450 000	425 000	－25 000	－5.56
材料费	1 220 000	1 250 000	+30 000	+2.46
机械使用费	260 000	257 400	－2 600	－1
其他直接费	170 000	153 000	－17 000	－10
直接成本小计	2 100 000	2 085 400	－14 600	－0.7
间接费用	200 000	180 000	－20 000	－10
工程成本合计	2 300 000	2 265 400	－34 600	－1.504

补充资料：　　制表：　　日期：

第二节　房地产开发产品的成本核算

房地产开发成本规范化核算是房地产企业管理的重要工作，它涉及各个部门，成本核算工作质量的高低，反映一个企业的整体素质。由于房地产投资项目具有资金投入大、建设周期长、成本核算环节多、投资风险高等特点，这就更需要开发企业精打细算，规避风险，力求以最少的成本耗费获取最大的经济利益。因此，为了加强开发产品成本的管理，降低开发过程耗费的活劳动和物化劳动，提高企业经济效益，必须准确核算开发产品的成本，在各个开发环节控制各项费用支出。

一、房地产产品开发过程及其成本耗费

（一）房地产开发企业及其主要经营业务

房地产开发企业是指按照相关法规的规定，以营利为目的，从事房地产开发和经营的企业。房地产开发企业经营活动的主要业务房地产是房产与地产的总称。房地产

开发企业可将土地和房屋合在一起开发，也可将土地和房屋分开开发。进行的主要经济业务有：

（1）土地的开发与经营。企业将有偿获得的土地开发完成后，既可有偿转让给其他单位使用，也可自行组织建造房屋和其他设施，然后作为商品作价出售，还可以开展土地出租业务。

（2）房屋的开发与经营。房屋的开发指房屋的建造，房屋的经营指房屋的销售与出租。企业可以在开发完成的土地上继续开发房屋，开发完成后，可作为商品作价出售或出租。企业开发的房屋，按用途可分为商品房、出租房、周转房、安置房和代建房等。

（3）城市基础设施和公共配套设施的开发。

（4）代建工程的开发。代建工程是指企业接受政府和其他单位委托，代为开发的工程。

（二）房地产企业开发产品的过程

房地产开发是指在依法取得国有土地使用权的土地上进行基础设施、房屋建设，并进行出售的行为。房地产项目开发程序是指进行房地产开发过程中应遵循的法律、法规及办事程序。房地产开发的程序通常分为四个阶段，即投资决策分析阶段、前期工程阶段、建设阶段和租售阶段。成本核算工作的主要任务是正确而规范地核算房地产开发过程中发生的成本费用，为决策提供可靠的依据。值得注意的是房地产开发企业的基础设施和建筑安装等工程的施工，可以采用自营方式，也可以采用发包方式，其成本核算的方式有所不同。

（三）房地产开发产品的成本耗费

房地产企业开发产品过程的四个阶段，将耗费一定物化劳动和活劳动，从耗费性质和投入时间先后的角度来看，主要包括如下内容：

1．土地征用及拆迁补偿费

土地征用及拆迁补偿费指因开发房地产而征用土地所发生的各项费用，包括征地费、安置费以及原有建筑物的拆迁补偿费，或采用批租方式取得土地的批租地价。主要包括以下内容：

（1）政府地价及市政配套费：支付的土地出让金、土地开发费，向政府部门交纳的大市政配套费、交纳的契税、土地使用费、耕地占用税，土地变更用途和超面积补交的地价。

（2）合作款项：补偿合作方地价、合作项目建房转入分给合作方的房屋成本和相应税金等。

（3）红线外市政设施费：红线外道路、水、电、气、通信等建造费、管线铺设费、接口补偿费。

（4）拆迁补偿费：有关地上、地下建筑物或附着物的拆迁补偿净支出，安置及动迁支出，农作物补偿费，危房补偿费等。

2．前期工程费

前期工程费指在取得土地开发权之后、项目开发前期的水文地质勘察、测绘、规划、设计、可行性研究、筹建、“三通一平”等前期费用。主要包括以下内容：

（1）勘察设计费。①勘测丈量费：包括初勘、详勘等。主要有水文、地质、文物和地基勘察费，沉降观测费，日照测试费，拨地钉桩验线费，复线费，定线费，放线费，建筑面积丈量费等。②规划设计费：方案招标费、规划设计模型制作费、方案评审费、效果图设计费、总体规划设计费、施工图设计费、修改设计费等。③建筑研究用房费：材料及施工费。

（2）报建费：安检费、质检费、标底编制费、交易中心手续费、人防报建费、消防配套设施费、散装水泥集资费、白蚁防治费、墙改基金、建筑面积丈量费、路口开设费等、规划管理费、新材料基金（或墙改专项基金）、教师住宅基金（或中小学教师住宅补贴费）、拆迁管理费、招投标管理费等。

（3）“三通一平”费。①临时道路：接通红线外施工用临时道路的设计、建造费用。②临时用电：接通红线外施工用临时用电规划设计费、临时管线铺设、改造、迁移、临时变压器安装及拆除费用。③临时用水：接通红线外施工用临时给排水设施的设计、建造、管线铺设、改造、迁移等费用。④场地平整：场地清运费、旧房拆除等费用。

（4）临时设施费。①临时围墙：包括围墙、围栏设计、建造、装饰费用。②临时办公室：租金、建造及装饰费用。③临时场地占用费：含施工用临时占道费、临时借用空地租费。④临时围板：包括设计、建造、装饰费用。

3. 建筑安装工程费

建筑安装工程费指项目开发过程中发生的主体内列入土建预算内的各项费用，按建筑安装工程施工图施工所发生的各项建筑安装工程费和设备费。主要包括：

（1）基础造价：土石方、桩基、护壁（坡）工程费等。

（2）结构及粗装修造价：结构及粗装修（含地下室部分），如系高层建筑，有裙楼架空层及转换层，原则上架空层结构列入裙楼、转换层结构并入塔楼。

（3）门窗工程：主要包括室外门窗、户门、防火门的费用。

（4）公共部位精装修费：大堂、楼梯间、屋面、外立面及雨篷的精装修费用。

（5）户内精装修费：厨房、卫生间、厅房、阳台、露台的精装修费用。

（6）室内水暖气电管线设备费：室内给排水系统费、室内采暖系统费、室内燃气系统费、室内电气系统等。

（7）室内设备及其安装费：空调及安装费、电梯及其安装费、发电机及其安装费、高低压配电及安装费、消防通风及安装费、背景音乐及安装费等。

（8）室内智能化系统费：保安监控及停车管理系统费用、电信网络费用、卫星电视费用、家居智能化系统费用等。

4. 基础设施费

基础设施费指项目开发过程中发生的建设安装工程施工预算图以外的费用，包括供水、供电、道路、供热、燃气、排洪、电视、通信、绿化、环卫设施、场地平整及道路等基础设施费用。

5. 配套设施费

配套设施费指房屋开发过程中，根据有关法规，产权及其收益权不属于开发商，开发商不能有偿转让也不能转作自留固定资产的公共配套设施支出。主要包括以下几类：

(1) 在开发小区内发生的不会产生经营收入的不可经营性公共配套设施支出，如居委会、派出所、岗亭、儿童乐园、自行车棚等设施的支出。

(2) 在开发小区内发生的根据法规或经营惯例，其经营收入归于经营者或业主委员会的可经营性公共配套设施的支出，如建造幼托、邮局、图书馆、阅览室、健身房、游泳池、球场等设施的支出。

(3) 开发小区内城市规划中规定的大配套设施项目不能有偿转让和取得经营收益权时发生的没有投资来源的费用。

(4) 对于产权、收入归属情况较为复杂的地下室、车位等设施，应根据当地政府法规、开发商的销售承诺等具体情况确定是否摊入开发成本项目。如开发商通过补交地价或人防工程费等措施，得到政府部门认可，取得了该配套设施的产权，则应作为经营性项目独立核算。

6. 开发间接费

开发间接费核算与项目开发直接相关，但不能明确属于特定开发环节的成本费用性支出，以及与项目推广销售有关但发生在楼盘开盘前的费用支出。

(1) 工程管理费：工程监理费、预结算编审费、行政管理费、直接从事项目开发的部门的人员的工资、奖金、补贴等人工费以及直接从事项目开发的部门的行政费。

(2) 营销推广费：项目开盘前发生的广告、策划、样板间、卖场建设、售楼书、模型等所有营销推广费用。

(3) 资本化利息：直接用于项目开发所借入资金的利息支出、汇兑损失，减去利息收入和汇兑收益的净额。

7. 期间费用

期间费用包括管理费用、销售费用、财务费用三类，均不属于房地产的开发成本范畴，三类期间费用与“开发间接费”均有联系和区别。

上述房地产企业的产品开发成本耗费按其经济用途，可分为如下四类：

(1) 土地开发成本指房地产开发企业开发土地(即建设场地)所发生的各项费用支出。

(2) 房屋开发成本指房地产开发企业开发各种房屋（包括商品房、出租房、周转房、代建房等）所发生的各项费用支出。

(3) 配套设施开发成本指房地产开发企业开发能有偿转让的大配套设施及不能有偿转让、不能直接计入开发产品成本的公共配套设施所发生的各项费用支出。

(4) 代建工程开发成本指房地产开发企业接受委托单位的委托，代为开发除土地、房屋以外其他工程如市政工程等所发生的各项费用支出。

二、房地产开发产品成本核算要点

(一) 成本核算对象与成本核算项目的确定

1. 成本核算对象的确定

成本核算对象的确定应满足成本计算的需要，便于成本费用的归集，有利于成本的及时结算，适应成本监控的要求，同时结合项目开发地点、规模、周期、方式、功能设计、结构类型、装修档次、层高、施工队伍等因素和管理需要等当地实际情况，来具体确定成本核算对象。其基本规则如下：

（1）单体开发项目，一般以每一独立编制设计概算或施工图预算所列的单项开发工程为成本核算对象。

（2）在同一开发地点、结构类型相同、开竣工时间相近、由同一施工单位施工或总包的群体开发项目，可以合并为一个成本核算对象。

（3）对于开发规模较大、工期较长的开发项目，可以结合项目特点和成本管理的需要，按开发项目的一定区域或部位或周期划分成本核算对象。①成片分期（区）开发的项目，可以以各期（区）为成本核算对象。②同一项目有公寓、写字楼等不同功能的，在按期（区）划分成本核算对象的基础上，还应按功能划分成本核算对象。③同一小区、同一期有高层、多层、复式等不同结构的，还应按结构划分成本核算对象。

（4）根据核算和管理需要，对独立的设计概算或施工图预算的配套设施，不论其支出是否摊入房屋等库存商品成本，均应单独作为成本核算对象。对于只为一个房屋等开发项目服务的、应摊入房屋等开发项目成本且造价较低的配套设施，可以不单独作为成本核算对象，发生的开发费用直接计入房屋等开发项目的成本。

2. 成本核算项目的确定

房地产开发企业发生的各项成本费用，可按不同的标准分类。按成本费用在开发产品形成过程中的作用和地位分类，称为成本项目，房地产开发产品主要包括以下成本项目：

（1）土地征用及拆迁补偿费或批租地价，指因开发房地产而征用土地所发生的各项费用，包括征地费、安置费以及原有建筑物的拆迁补偿费，或采用批租方式取得土地的批租地价。

（2）前期工程费，指土地、房屋开发前发生的规划、设计、可行性研究以及水文地质勘察、测绘、场地平整等费用。

（3）基础设施费，指土地、房屋开发过程中发生的供水、供电、供气、排污、排洪、通信、照明、绿化、环卫设施以及道路等基础设施费用。

（4）建筑安装工程费，指土地房屋开发项目在开发过程中按建筑安装工程施工图施工所发生的各项建筑安装工程费和设备费。

（5）配套设施费，指在开发小区内发生，可计入土地、房屋开发成本的不能有偿转让的公共配套设施费用，如钢炉房、水塔、居委会、派出所、幼托、消防、自行车棚、公厕等设施支出。

（6）开发间接费，指房地产开发企业内部独立核算单位及开发现场为开发房地产而发生的各项间接费用，包括现场管理机构人员工资、福利费、折旧费、修理费、办公费、水电费、劳动保护费、周转房摊销等。

（二）会计账户的设置与运用

为规范核算开发企业的开发成本，企业可根据其本身经营开发的业务要求，主要设置下列账户：

1."开发成本"账户

本账户核算房地产开发企业在土地、房屋、配套设施和代建工程的开发过程中所发生的各项费用。本账户借方登记企业在土地、房屋、配套设施和代建工程的开发过程中所发生的各项费用，贷方登记开发完成已竣工验收转出开发产品的实际成本。借方余额反映未完开发项目的实际成本。本账户应按开发成本的种类，如"土地开发"、"房屋开发"、"配套设施开发"和"代建工程开发"等设置二级明细账户，并在二级明细账户下，按成本核算对象进行明细核算，具体如表7－9：

表7－9　　开发成本账户明细

<table>
<tr><th></th><th>二级科目</th><th>三级科目</th><th>成本项目</th></tr>
<tr><td rowspan="5">开
发
成
本</td><td>房屋开发</td><td>1. 商品房　2. 经营房
3. 周转房　4. 代建房</td><td rowspan="5">1. 土地征用及拆迁补偿费
2. 前期工程费
3. 基础设施费
4. 建筑安装工程费
5. 公共配套设施费
6. 开发间接费用</td></tr>
<tr><td>土地开发</td><td></td></tr>
<tr><td>配套设施开发</td><td></td></tr>
<tr><td>配套设施开发成本</td><td></td></tr>
<tr><td>代建工程开发</td><td></td></tr>
</table>

2."开发间接费"账户

本账户核算房地产开发企业内部独立核算单位为开发产品而发生的各项间接费用，包括工资、福利费、折旧费、修理费、办公费、水电费、劳动保护费、周转房摊销等。本账户借方登记企业内部独立核算单位为开发产品而发生的各项间接费用，贷方登记分配计入开发成本各成本核算对象的开发间接费，月末本账户无余额。本账户应按企业内部不同的单位、部门（分公司）设置明细账户。

3."开发产品"账户

本账户核算已开发完成并验收合格开发产品的实际成本。各单位在进行"开发产品"核算的同时，应收集、整理具体到每户的可售面积构成、销售及其回款情况的详细资料，本账户明细设置如表7－10：

表7－10　　开发产品账户明细

<table>
<tr><th></th><th>二级科目</th><th>三级科目</th></tr>
<tr><td rowspan="4">开发产品</td><td>房屋开发</td><td>1. 商品房　2. 经营房　3. 周转房　4. 代建房</td></tr>
<tr><td>土地开发</td><td>土地</td></tr>
<tr><td>配套设施</td><td></td></tr>
<tr><td>代建工程开发</td><td></td></tr>
</table>

（三）房地产开发产品成本费用的归集与分配

房地产企业开发经营过程中，发生许多费用，比如可行性研究费、前期工程费、建筑安装费、广告费、销售费、信贷资金利息费，以及企业为组织和管理生产经营而发生的管理费用等，其中有些可以计入开发产品成本中，有些则不能计入开发产品成本。可以直接计入到开发产品成本中的费用称为开发直接费用；经分配后才能计入到开发产品成本中的费用称为开发间接费用；不能计入到开发成本中的费用称为期间费用。①在项目开发中发生的各项直接开发费用，直接计入各成本核算对象，即借记“开发成本”总分类账户和明细分类账户，贷记有关账户。②为项目开发服务所发生的各项开发间接费用，可先归集在“开发间接费”账户，即借记“开发间接费”总分类账户和明细分类账户，贷记有关账户。然后将“开发间接费”账户归集的开发间接费，按一定的方法分配计入各开发成本核算对象，即借记“开发成本”总分类账户和明细账户，贷记“开发间接费”账户。通过上述程序，将应计入各成本核算对象的开发成本，归集在“开发成本”总分类账户和明细分类账户之中。具体包括以下方面：

1. 土地征用及拆迁补偿费

一般能分清成本核算对象的，可直接将土地成本计入特定的成本核算对象中；如果分不清成本核算对象，可先在“土地征用及拆迁补偿费”之“待分摊成本”的核算项目进行归集，然后再在有关成本核算对象间分配；也可以不进行归集而直接通过设定分摊方法分配计入有关成本核算对象。有关分配方法如下：

（1）按占地面积计征地价、进行补偿、缴纳市政配套费时：

方法一：先按小区的占地面积将土地成本分配到各小区；再将分配到各小区内的土地成本，按小区内房屋等成本核算对象和道路、广场等公用场所的占地面积进行直接分配；然后将分配到小区内道路、广场等公用场所占地面积的土地成本，按房屋等成本核算对象的占地面积进行间接分配，计入房屋等成本核算对象的的生产成本；房屋等成本核算对象的直接分配数加间接分配数，即为该房屋等成本核算对象应负担的土地成本。

方法二：也可将公用占地面积先分摊到房屋等成本核算对象的占地面积上，房屋等成本核算对象自身的占地面积加分摊的公用占地面积，再乘以单位面积的土地成本来分配。

（2）按建筑面积计征（或补偿）时：按成本核算对象的建筑面积来分摊。

2. 前期工程费、建筑安装工程费、基础设施费、配套设施费

能够分清成本核算对象的，可直接计入成本核算对象的相应成本项目；应由两个或两个以上的成本核算对象负担的费用，可按一定标准分配计入各成本核算对象。

3. 开发间接费

（1）应先通过“开发间接费”账户分项目归集开发间接费的实际发生数，在每月末，根据其实际发生数按一定标准分配计入各开发项目的各成本核算对象。

（2）不能有偿转让的配套设施、留作自用的固定资产，均不分配开发间接费。

4. 关于借款费用资本化

（1）借款费用资本化的期限：自开发投入日起至完工交付日止的借款费用可资本化，其间开发商主动实施的停工期间不包括在内；

（2）可资本化的借款费用包括：与开发项目直接相关的借款利息支出、汇兑损失

等借款费用，但不包括借款手续费及佣金；

（3）可确定借款用途并专款专用于某特定开发项目的，可将借款费用直接计入受益的开发项目；不能分清具体用途的借款费用，可采用各项目累计投资额、各项目缺口资金等标准在受益的各开发项目间分摊。

综上所述，构成房地产开发企业产品的开发成本，相当于工业产品的制造成本和建筑安装工程的施工成本，而期间费用计入当期损益，不再计入开发产品成本，因此，房地产开发企业开发产品只计算开发成本，不计算完全成本。

（四）房地产开发产品成本核算一般程序

开发产品成本核算程序是指房地产开发企业核算开发产品成本时应遵循的步骤和顺序。房地产开发产品成本核算的一般步骤是：

第一步，根据成本核算对象的确定原则和项目特点，确定成本核算对象。

第二步，设置有关成本核算会计账户，核算和归集开发成本费用。

第三步，按受益原则和配比原则，确定应分摊成本费用在各成本核算对象之间的分配方法、标准。

第四步，将归集的开发成本费用按确定的方法、标准在各成本核算对象之间进行分配。

第五步，编制项目开发成本计算表，计算各成本核算对象的开发总成本。

第六步，正确划分已完工和在建开发产品之间的开发成本，分别结转完工开发产品成本。

三、房地产开发产品成本核算实务

（一）土地开发产品成本的核算

土地开发也称建设场地开发。通常有两种情况，一是企业为了自行开发商品房、出租房等建筑物而开发的自用建设场地，二是企业为了销售、有偿转让而开发的商品性建设场地。自用的建设场地属企业的中间产品，其费用支出应记人有关商品房或出租房的产品成本，而商品性建设场地是企业的最终产品，应单独核算其土地开发成本。

1．土地开发成本核算对象的确定

为了既有利于土地开发支出的归集，又有利于土地开发成本的结转，对需要单独核算土地开发成本的开发项目，可按下列原则确定土地开发成本的核算对象：①对开发面积不大、开发工期较短的土地，可以每一块独立的开发项目为成本核算对象；②对开发面积较大、开发工期较长、分区域开发的土地，可以一定区域作为土地开发成本核算对象。成本核算对象应在开工之前确定，一经确定就不能随意改变，更不能相互混淆。

2．土地开发成本项目的设置

企业开发的土地，因其设计要求不同，开发的层次、程度和内容都不相同，因此，企业要根据所开发土地的具体情况和会计制度规定的成本项目，设置土地开发项目的成本项目。根据土地开发支出的一般情况，企业对土地开发成本的核算，可设置如下几个成本项目：①土地征用及拆迁补偿费或土地批租费；②前期工程费；③基础设施费；④开发间接费。土地开发项目如要负担不能有偿转让的配套设施费，还应设置“配套设施费”成本项目，用以核算应计入土地开发成本的配套设施费。

3. 土地开发费用的归集与分配

企业在土地开发过程中所发生的各项费用支出，除能直接计入房屋开发成本的自用土地开发支出在“开发成本——房屋开发”账户核算外，其他土地开发支出均应通过“开发成本——土地开发”账户核算。分别按照“自用土地开发”、“商品性土地开发”等设置二级明细账户，按企业选择的成本核算对象设置账页，进行土地开发费用的明细核算。

（1）土地征用及拆迁补偿费、前期工程费、基础设施费和建筑安装费的归集与分配。这些费用，一般能分清受益对象，可直接计入成本核算对象，借记“开发成本——土地开发”账户及有关明细账户，贷记“银行存款”、“应付账款”等账户。

（2）配套设施费的归集与分配。配套设施的建设可能与土地开发同步进行，也可能不同步进行，所以其费用归集的方法有以下两种情况：①与土地开发同步进行的配套设施开发费用，能够分清受益对象的，应直接计入有关成本核算对象，借记“开发成本——土地开发”账户，贷记“银行存款”等账户；分不清受益对象时，应先通过“开发成本——配套设施开发”账户归集，待配套工程竣工时，再按一定分配标准，在有关受益对象中进行分配。②与土地开发不同步进行的配套设施开发费用，一般可先通过“开发成本——配套设施开发”账户归集，待配套设施竣工时，再转入“开发成本——土地开发”账户中。如果土地开发已完成等待出售或出租，而配套设施尚未完工，为及时结算完工土地的开发成本，经批准对这类配套设施的费用可先按其计划成本（或预算成本）在土地开发成本中预提。预提时，借记“开发成本——土地开发”账户，贷记“预提费用——预提配套设施费”账户。实际发生的配套设施开发费用通过“开发成本——配套设施开发”账户核算，待配套设施完工后，对预提的配套设施费与实际发生的配套设施费差额，应调整有关土地开发成本。

（3）开发间接费用的归集与分配。企业内部独立核算单位为组织和管理开发项目而发生的费用先通过“开发间接费用”账户核算，月末再按一定的分配标准分配计入有关开发成本核算对象。应由土地开发成本负担的，由“开发间接费用”账户转入“开发成本——土地开发”账户内。如果直接组织和管理开发项目的部门是企业内部非独立核算的部门，其费用直接计入有关土地开发成本的开发间接费用项目内。

4. 完工土地开发成本的结转

已完土地开发项目应根据其用途，采用不同的成本结转方法：①为销售或有偿转让而开发的商品性建设场地。开发完成后，应将其实际成本转入“开发产品——土地”账户。②开发完成后直接用于本企业商品房等建设的建设场地。应于开发完成投入使用时，将其实际成本结转计入有关的房屋开发成本中。结转计入房屋开发成本的土地开发支出，可采用分项平行结转法或归类集中结转法。分项平行结转法是指将土地开发支出的各项费用按成本项目分别平行转入有关房屋开发成本的对应成本项目。归类集中结转法是指将土地开发支出归类合并为“土地征用及拆迁补偿费或批租地价”和

“基础设施费”两个费用项目，然后转入有关房屋开发成本的“土地征用及拆迁补偿费或批租地价”和“基础设施费”成本项目。凡与土地征用及拆迁补偿费或批租地价有关的费用，均转入有关房屋开发成本的“土地征用及拆迁补偿费或批租地价”项目；对其他土地开发支出，包括前期工程费、基础设施费等，则合并转入有关房屋开发成本的“基础设施费”项目。经结转的自用土地开发支出，应将它自“开发成本——自用土地开发成本”账户的贷方转入“开发成本——房屋开发成本”账户的借方。

5. 土地开发成本的核算方法举例

【例7-7】甲房地产开发公司于2010年5月在恒大开发一块土地，占地面积40 000平方米。开发完成后准备将其中的30 000平方米对外转让，其余的10 000平方米企业自行开发商品房。假设恒大土地开发过程中只发生了如下经济业务：

(1) 支付土地出让金25 000 000元，作会计分录如下：

借：开发成本——土地——恒大（土地征用及拆迁费）　　25 000 000
　贷：银行存款　　25 000 000

(2) 支付拆迁补偿费5 500 000元，作会计分录如下：

借：开发成本——土地——恒大（土地征用及拆迁费）　　5 500 000
　贷：银行存款　　5 500 000

(3) 支付勘察设计费210 000元，作会计分录如下：

借：开发成本——土地——恒大（前期工程费）　　210 000
　贷：银行存款　　210 000

(4) 支付土石方费用5 500 000元，作会计分录如下：

借：开发成本——土地——恒大（前期工程费）　　5 500 000
　贷：银行存款　　5 500 000

(5) 由某施工企业承包的地下管道安装工程已竣工，应支付价款1 500 000元，作会计分录如下：

借：开发成本——土地——恒大（基础设施费）　　1 500 000
　贷：应付账款——A施工企业　　1 500 000

(6) 9月末，恒大土地开发工程完工。假设“开发成本——土地开发——梁园”账户归集的开发总成本为37 710 000元，则单位土地开发成本为942.75元/平方米。其中自用的10 000平方米土地尚未投入使用，其余30 000平方米已全部转让，月终结转本块土地的开发成本。作会计分录如下：

借：开发产品——土地（恒大）　　9 427 500
　　主营业务成本　　28 282 500
　贷：开发成本——土地——恒大　　37 710 000

【例7-8】续例7-7，若自用的10 000平方米土地在开发完成后立即投入房屋开发工程的建设中，则企业可采用下面两种方法结转土地开发成本：

(1) 采用归类集中结转法结转土地成本时，作会计分录如下：

借：开发成本——房屋——恒大（土地征用及拆迁费）　　7 625 000
　　　　　　　　　　——恒大（基础设施费）　　1 802 500

贷：开发成本——土地——恒大（土地征用及拆迁费） 7 625 000
——恒大（前期工程费） 1 427 500
——恒大（基础设施费） 375 000

（2）采用分项平行结转法结转土地成本时，作会计分录如下：

借：开发成本——房屋——恒大（土地征用及拆迁费） 7 625 000
——恒大（前期工程费） 1 427 500
——恒大（基础设施费） 375 000

贷：开发成本——土地——恒大（土地征用及拆迁费） 7 625 000
——恒大（前期工程费） 1 427 500
——恒大（基础设施费） 375 000

（二）房屋开发产品成本的核算

房屋开发是房地产开发企业的主要经济业务，开发的房屋，按其用途可分为如下几类：一是为销售而开发的商品房；二是为出租经营而开发的出租房；三是为安置被拆迁居民周转使用而开发的周转房；四是代为开发如职工住宅等代建房。这些房屋所发生的开发费用的性质和用途大体相同，在成本核算上可采用相同的方法。通常，在会计上除设置“开发成本——房屋开发成本”账户外，还按开发房屋的性质和用途，分别设置商品房、出租房、周转房、代建房等三级账户，并按各成本核算对象和成本项目进行明细分类核算。企业在房屋开发过程中发生的各项支出，先按房屋成本核算对象和成本项目进行归集，后将归集到的各种成本费用在不同的成本对象之间分配，最终计算出房屋的开发成本。

1．开发房屋的成本核算对象

房屋的成本核算对象，应结合开发地点、用途、结构、装修、层高、施工队伍等因素加以确定：①一般房屋开发项目，以每一独立编制设计概（预）算，或每一独立的施工团预算所列的单项开发工程为成本核算对象。②同一开发地点，结构类型相同的群体开发项目，开竣工时间相近，同一施工队伍施工的，可以合并为一个成本核算对象，于开发完成算得实际开发成本后，再按各个单项工程概预算数的比例，计算各幢房屋的开发成本。③对于个别规模较大、工期较长的房屋开发项目，可以结合经济责任制的需要，按房屋开发项目的部位划分成本核算对象。

2．开发房屋的成本核算项目

开发企业对房屋开发成本的核算，通常应设置如下几个成本项目：①土地征用及拆迁补偿费或批租地价；②前期工程费；③基础设施费；④建筑安装工程费；⑤配套设施费；⑥开发间接费。

3．房屋开发成本费用的归集与分配

（1）土地征用及拆迁补偿费或批租地价

房屋开发过程中发生的土地征用及拆迁补偿费或批租地价，应根据不同情况，采用不同的归集与分配方法。

能分清成本核算对象的，应直接计入有关房屋开发成本核算对象的“土地征用及拆迁补偿费”成本项目，并记入“开发成本——房屋开发成本”账户的借方和“银行存款”等账户的贷方。

房屋开发过程中发生的自用土地征用及拆迁补偿费，如分不清成本核算对象的，应先将其支出先通过“开发成本——自用土地开发成本”账户进行汇集，待土地开发完成投入使用时，再按一定标准将其分配记入有关房屋开发成本核算对象，并记入“开发成本——房屋开发成本”账户的借方和“开发成本——自用土地开发成本”账户的贷方。房屋开发占用的土地，如属企业综合开发的商品性土地的一部分，则应将其发生的土地征用及拆迁补偿费，先在“开发成本——商品性土地开发成本”账户进行汇集，待土地开发完成投入使用时，再按一定标准将其分配计入有关房屋开发成本核算对象，并记入“开发成本——房屋开发成本”账户的借方和“开发成本——商品性土地开发成本”账户的贷方。如开发完成商品性土地已经转入“开发产品”账户，则在用以建造房屋时，应将其应负担的土地征用及拆迁补偿费记入有关房屋开发成本核算对象，并记入“开发成本——房屋开发成本”账户的借方和“开发产品”账户的贷方。

（2）前期工程费

房屋开发过程中发生的各项前期工程支出，能分清成本核算对象的，应直接记入有关房屋开发成本核算对象的“前期工程费”成本项目，并记入“开发成本——房屋开发成本”账户的借方和“银行存款”等账户的贷方。应由两个或两个以上成本核算对象负担的前期工程费，应按一定标准将其分配记入有关房屋开发成本核算对象的“前期工程费”成本项目，并记入“开发成本——房屋开发成本”账户的借方和“银行存款”等账户的贷方。

（3）基础设施费

房屋开发过程中发生的供水、供电、供气、排污、排洪、通信、绿化、环卫设施以及道路等基础设施支出，一般应直接或分配记入有关房屋开发成本核算对象的“基础设施费”成本项目，并记入“开发成本——房屋开发成本”账户的借方和“银行存款”等账户的贷方。如开发完成商品性土地已转入“开发产品”账户，则在用以建造房屋时，应将其应负担的基础设施费（按归类集中结转的还应包括应负担的前期工程费和开发间接费）计入有关房屋开发成本核算对象，并记入“开发成本——房屋开发成本”账户的借方和“开发产品”账户的贷方。

（4）建筑安装工程费

房屋开发过程中发生的建筑安装工程支出，应根据工程的不同施工方式，采用不同的核算方法。采用发包方式进行建筑安装工程施工的房屋开发项目，其建筑安装工程支出，应根据企业承付的已完工程价款确定，直接记入有关房屋开发成本核算对象的“建筑安装工程费”成本项目，并记入“开发成本——房屋开发成本”账户的借方和“应付账款——应付工程款”等账户的贷方。如果开发企业对建筑安装工程采用招标方式发包，并将几个工程一并招标发包，则在工程完工结算工程价款时，应按各项工程的预算造价的比例，计算它们的标价即实际建筑安装工程费。

【例7-9】某开发企业将两幢商品房建筑安装工程进行招标，标价为2 160 000元，这两幢商品房的预算造价为：

001 商品房 630 000 元

002 商品房 504 000 元　　　合计 1 134 000 元

则在工程完工结算工程价款时，应按如下方法计算各幢商品房的实际建筑安装工程费：

某项工程实际建筑安装工程费 = 工程标价 × 该项工程预算造价 ÷ 各项工程预算造价合计

设例中：

001 商品房　2 160 000 元 ×630 000 元 ÷1 134 000 元 =1 200 000 元

002 商品房　2 160 000 元 ×504 000 元 ÷1 134 000 元 =960 000 元

采用自营方式进行建筑安装工程施工的房屋开发项目，其发生的各项建筑安装工程支出按如下方式处理：

工程量较小的直接工程开发成本，账务处理为：

借：开发成本——房屋开发成本

　贷：原材料（应付账款等）

工程量较大、建设规模较大的，应经过“工程施工”进行核算。账务处理为：

借：工程施工

　贷：原材料（应付账款等）

然后再按合适的方法进行分配。其账务处理为：

借：开发成本——房屋开发成本

　贷：工程施工

企业用于房屋开发的各项设备，即附属于房屋工程主体的各项设备，应在出库交付安装时，记入有关房屋开发成本核算对象的“建筑安装工程费”成本项目，并记入“开发成本——房屋开发成本”账户的借方和“库存设备”账户的贷方。

（5）配套设施费

房屋开发成本应负担的配套设施费是指开发小区内不能有偿转让的公共配套设施支出。在具体核算时，应根据配套设施的建设情况，采用不同的费用归集和核算方法。

①配套设施与房屋同步开发，发生的公共配套设施支出，能够分清并可直接计入有关成本核算对象的，直接记入有关房屋开发成本核算对象的“配套设施费”项目，并记入“开发成本——房屋开发成本”账户的借方和“应付账款——应付工程款”等账户的贷方。如果发生的配套设施支出，应由两个或两个以上成本核算对象负担的，应先在“开发成本——配套设施开发成本”账户先行汇集，待配套设施完工时，再按一定标准（如有关项目的预算成本或计划成本），分配记入有关房屋开发成本核算对象的“配套设施费”成本项目，并记入“开发成本——房屋开发成本”账户的借方和“开发成本——配套设施开发成本”账户的贷方。

②配套设施与房屋非同步开发，即先开发房屋、后建配套设施，或房屋已开发等待出售或出租，而配套设施尚未全部完成，在结算完工房屋的开发成本时，对应负担

的配套设施费，可采取预提的办法。即根据配套设施的预算成本（或计划成本）和采用的分配标准，计算完工房屋应负担的配套设施支出，记入有关房屋开发成本核算对象的“配套设施费”成本项目，并记入“开发成本——房屋开发成本”账户的借方和“预提费用”账户的贷方。预提数与实际支出数的差额，在配套设施完工时调整有关房屋开发成本。

(6) 开发间接费

①对能分清开发项目和不能有偿转让的配套设施的间接费用可直接计入房屋开发成本，账务处理为：

借：开发成本——房屋开发成本

　贷：应付职工薪酬（累计折旧、银行存款等）

②如有多个开发项目应先归集费用再进行分摊。账务处理为：

借：开发间接费用

　贷：应付职工薪酬（累计折旧、银行存款等）

4. 房屋开发成本的结转

房地产开发企业对已完成开发过程的商品房、代建房、出租房、周转房，应将其开发成本结转“开发产品”账户，应根据房屋开发成本明细分类账记录的完工房屋实际成本，记入“开发产品”账户的借方和“开发成本——房屋开发成本”账户的贷方。

5. 房屋开发成本核算举例

【例7-10】 某房地产企业在某年度内，共发生下列有关房屋开发支出，如表7-11所示：

表7-11　　房屋开发成本费用明细表　　单位：元

摘要	01 商品房	02 商品房	03 出租房	04 周转房
支付征地拆迁费	100 000	80 000		
结转自用土地征地拆迁费			75 000	85 000
应付承包设计单位前期工程费	30 000	30 000	30 000	30 000
应付承包施工企业基础设施工程款	80 000	75 000	70 000	60 000
应付承包施工企业建筑安装工程款	600 000	480 000	450 000	450 000
分配配套设施费（水塔）	80 000	65 000	60 000	50 000
分配开发间接费用	82 000	67 000	63 000	68 000

则在用银行存款支付征地拆迁费时，会计处理为：

借：开发成本——房屋开发成本——01 商品房　　100 000

　　开发成本——房屋开发成本——02 商品房　　80 000

　贷：银行存款　　180 000

结转出租房、周转房使用土地应负担的自用土地开发成本时，会计处理为：

借：开发成本——房屋开发成本——出租房　　75 000

开发成本——房屋开发成本——周转房 85 000

贷：开发成本——自用土地开发成本 160 000

将应付设计单位前期工程款入账时，会计处理为：

借：开发成本——房屋开发成本——01 商品房 30 000

开发成本——房屋开发成本——02 商品房 30 000

开发成本——房屋开发成本——出租房 30 000

开发成本——房屋开发成本——周转房 30 000

贷：应付账款——应付工程款 120 000

将应付施工企业基础设施工程款入账时，会计处理为：

借：开发成本——房屋开发成本——01 商品房 80 000

开发成本——房屋开发成本——02 商品房 75 000

开发成本——房屋开发成本——出租房 70 000

开发成本——房屋开发成本——周转房 60 000

贷：应付账款——应付工程款 285 000

将应付施工企业建筑安装工程款入账时，会计处理为：

借：开发成本——房屋开发成本——01 商品房 600 000

开发成本——房屋开发成本——02 商品房 480 000

开发成本——房屋开发成本——出租房 450 000

开发成本——房屋开发成本——周转房 450 000

贷：应付账款——应付工程款 1 980 000

分配应由房屋开发成本负担的水塔配套设施支出时，会计处理为：

借：开发成本——房屋开发成本——01 商品房 80 000

开发成本——房屋开发成本——02 商品房 65 000

开发成本——房屋开发成本——出租房 60 000

开发成本——房屋开发成本——周转房 50 000

贷：开发成本——配套设施开发成本——水塔 255 000

分配应由房屋开发成本负担的开发间接费用时，会计处理为：

借：开发成本——房屋开发成本——01 商品房 82 000

开发成本——房屋开发成本——02 商品房 67 000

开发成本——房屋开发成本——出租房 63 000

开发成本——房屋开发成本——周转房 68 000

贷：开发间接费用 280 000

同时应将各项房屋开发支出分别记入各有关房屋开发成本明细分类账。最后，应将完工验收的商品房、出租房、周转房的开发成本结转“开发产品”账户的借方。会计处理为：

借：开发产品——房屋开发——01 商品房 972 000

开发产品——房屋开发——02 商品房 797 000

开发产品——房屋开发——出租房 748 000

开发产品——房屋开发——周转房　　743 000

贷：开发成本——房屋开发成本——01 商品房　　972 000

开发成本——房屋开发成本——02 商品房　　797 000

开发成本——房屋开发成本——出租房　　748 000

开发成本——房屋开发成本——周转房　　743 000

(三) 配套设施开发产品成本的核算

配套设施是指企业根据城市建设规划的要求，或开发项目建设规划的要求，为满足居住的需要而与开发项目配套建设的各种服务性设施。配套设施开发成本是指房地产开发企业开发能有偿转让的配套设施及不能有偿转让、不能直接计入开发产品成本的公共配套设施所发生的各项费用支出，可以分为如下两类：一类是开发小区内开发不能有偿转让的公共配套设施，如水塔、锅炉房、居委会、派出所、消防、幼托、自行车棚等。另一类是能有偿转让的城市规划中规定的大配套设施项目，包括：开发小区内营业性公共配套设施，如商店、银行、邮局等；开发小区内非营业性配套设施，如中小学、文化站、医院等；开发项目外为居民服务的给排水、供电、供气的增容增压、交通道路等。

1. 配套设施开发成本核算对象的确定

一般说来，对能有偿转让的大配套设施项目，应以各配套设施项目作为成本核算对象。对不能有偿转让、不能直接计入各成本核算对象的各项公共配套设施，如果工程规模较大，可以各该配套设施作为成本核算对象；如果工程规模不大、与其他项目建设地点较近、开竣工时间相差不多、并由同一施工单位施工的，也可考虑将它们合并作为一个成本核算对象，于工程完工算出开发总成本后，按照各该项目的预算成本或计划成本的比例，算出各配套设施的开发成本，再按一定标准，将各配套设施开发成本分配记入有关房屋等开发成本。

2. 配套设施开发成本项目的设置

对于能有偿转让的大配套设施项目，应设置如下六个成本项目：①土地征用及拆迁补偿费或批租地价；②前期工程费；③基础设施费；④建筑安装工程费；⑤配套设施费；⑥开发间接费。其中配套设施费项目用以核算分配的其他配套设施费。

对于其他配套设施的开发成本，为简化核算手续，可不再分配其他配套设施支出，其本身应负担的开发间接费用，也可直接分配计入有关房屋开发成本，因此，在核算时常仅设置如下四个成本项目：①土地征用及拆迁补偿费或批租地价；②前期工程费；③基础设施费；④建筑安装工程费。

3. 配套设施开发成本的归集与分配

为了正确核算和反映企业开发建设中各种配套设施所发生的支出，对配套设施支出的归集，应按成本项目进行归集，通常有如下三种方法：

(1) 对能分清并直接计入某个成本核算对象的不能有偿转让配套设施支出，可直接计入有关房屋等开发成本，并在“开发成本——房屋开发成本”账户中归集其发生的支出；

（2）对不能直接计入有关房屋开发成本的不能有偿转让配套设施支出，应先在“开发成本——配套设施开发成本”账户进行归集，于开发完成后再按一定标准分配计入有关房屋等开发成本；

（3）对能有偿转让的大配套设施支出，应在“开发成本——配套设施开发成本”账户进行归集。

对配套设施与房屋等开发产品不同步开发，或房屋等开发完成等待出售或出租，而配套设施尚未全部完成的，经批准后可接配套设施的预算成本或计划成本，预提配套设施费，将它记入房屋等开发成本明细分类账的“配套设施费”项目，并记入“开发成本——房屋开发成本”等账户的借方和“预提费用”账户的贷方。开发产品预提的配套设施费的计算，一般可按以下公式进行：

某项开发产品预提的配套设施费＝该项开发产品预算成本（或计划成本）×配套设施费预提率

配套设施费预提率＝该配套设施的预算成本（或计划成本）÷应负担该配套设施费各开发产品的预算成本（或计划成本）合计×100%

式中应负担配套设施费的开发产品一般应包括开发房屋、能有偿转让在开发小区内开发的大配套设施。

【例7－11】某开发小区内幼托设施开发成本应由101、102商品房，111出租房，121周转房和201大配套设施商店负担。由于幼托设施在商品房等完工出售、出租时尚未完工，为了及时结转完工的商品房等成本，应先将幼托设施配套设施费预提计入商品房等的开发成本。假定各项开发产品和幼托设施的预算成本如下：

101　商品房　1 000 000元

102　商品房　900 000元

111　出租房　800 000元

121　周转房　800 000元

201　大配套设施——商店　500 000元

251　幼托设施　320 000元

幼托设施配套设施费预提率

＝320 000÷（1 000 000＋900 000＋800 000＋800 000＋500 000）×100%

＝320 000÷4 000 000×100%＝8%

各项开发产品预提幼托设施的配套设施费为：

101商品房：1 000 000×8%＝80 000（元）

102商品房：900 000×8%＝72 000（元）

111出租房：800 000×8%＝64 000（元）

121周转房；800 000×8%＝64 000（元）

201大配套设施——商店：500 000×8%＝40 000（元）

4. 配套设施开发成本的结转

已完成全部开发过程经验收的合格配套设施，应按其不同情况和用途结转其开发成本：

（1）对能有偿转让给有关部门的大型配套设施，应在完工验收后将其实际成本自“开发成本—配套设施开发成本”账户的贷方转入“开发产品——配套设施”账户的借方，作如下分录入账：

借：开发产品——配套设施

　贷：开发成本——配套设施开发成本

（2）不能有偿转让的，按规定应将其开发成本分配计入商品房等开发产品成本的公共配套设施，在完工验收后、应将其发生的实际开发成本按一定的标准，分配记入有关房屋和大配套设施的开发成本，作如下分录入账：

借：开发成本——房屋开发成本

　　开发成本——配套设施开发成本

　贷：开发成本——配套设施开发成本

5. 配套设施开发成本核算举例

【例7-12】某房地产开发企业根据建设规划要求，在开发小区内负责建设一间商店和一座水塔、一所小学，这些设施均发包给施工企业施工，其中商店建成后有偿转让给商业部门，水塔和小学的开发支出按规定计入有关开发产品的成本，这些设施同步开发，共发生了下列有关支出（单位：元）：

支付征地拆迁费：

商店：50 000，水塔：5 000，小学：50 000

支付承包设计单位前期工程款：

商店：30 000，水塔：20 000，小学：30 000

应付承包施工企业基础设施工程款：

商店：50 000，水塔：30 000，小学：50 000

应付承包施工企业建筑安装工程款：

商店：200 000，水塔：245 000，小学：190 000

分配水塔设施配套设施费：商店：35 000

分配开发间接费：商店：55 000

预提幼托设施配套设施费：商店：40 000

则用银行存款支付征地拆迁费时，会计处理为：

借：开发成本——配套设施开发成本　　　105 000

　贷：银行存款　　　105 000

用银行存款支付设计单位前期工程款时，会计处理为：

借：开发成本——配套设施开发成本　　　80 000

　贷：银行存款　　　80 000

将应付施工企业基础设施工程款和建筑安装工程款入账时，会计处理为：

借：开发成本——配套设施开发成本　　　765 000

　贷：应付账款——应付工程款　　　765 000

分配应记入商店配套设施开发成本的水塔设施支出时，会计处理为：

借：开发成本——配套设施开发成本——商店 35 000

贷：开发成本——配套设施开发成本——水塔 35 000

分配应记入商店配套设施开发成本的开发间接费用时，会计处理为：

借：开发成本——配套设施开发成本——商店 55 000

贷：开发间接费用 55 000

分配应记入商店配套设施开发成本负担的幼托设施支出时，会计处理为：

借：开发成本——配套设施开发成本——商店 40 000

贷：开发成本——配套设施开发成本——小学 40 000

同时应将各项配套设施支出分别记入各配套设施开发成本明细分类账。已完成全部开发过程经验收的配套设施，应按其用途结转其开发成本，会计处理为：

借：开发产品——配套设施——商店 460 000

贷：开发成本——配套设施开发成本——商店 460 000

借：开发成本——房屋开发成本 570 000

贷：开发成本——配套设施开发成本 570 000

（四）代建工程开发产品成本的核算

代建工程是指开发企业接受委托单位的委托，代为开发的各种工程，包括土地、房屋、市政工程等。由于各种代建工程有着不同的开发特点和内容，在会计上也应根据各类代建工程成本核算的不同特点和要求，采用相应的费用归集和成本核算方法。

1. 代建工程的成本核算对象和成本项目

代建工程开发成本的核算对象，通常以有单独的施工图设计、能单独编制施工图预算、在技术上可以单独施工的单位工程作为一个成本核算对象。代建工程的成本项目一般可设置如下几项：①土地征用及拆迁补偿费；②前期工程费；③基础设施费；④建筑安装：工程费；⑤开发间接费。在实际核算工作中，应根据代建工程支出内容设置使用。

2. 代建工程开发成本的归集与分配

企业代委托单位开发的土地（即建设场地）、各种房屋所发生的各项支出，应分别通过“开发成本——商品性土地开发成本”和“开发成本——房屋开发成本”账户进行核算，并在这两个账户下分别按土地、房屋成本核算对象和成本项目归集各项支出，进行代建工程项目开发成本的明细分类核算。除土地、房屋以外企业代委托单位开发的其他工程如市政工程等，其所发生的支出，则应通过“开发成本——代建工程开发成本”账户进行核算。房地产开发企业发生的各项代建工程支出和代建工程分配的开发间接费用，应记入“开发成本——代建工程开发成本”账户的借方和“银行存款”、“应付账款——应付工程款”、“库存材料”、“应付工资”、“开发间接费用”等账户的贷方。同时应按成本核算对象和成本项目分别归类记人各代建工程开发成本明细分类账。

3. 代建工程开发成本的结转

完成全部开发过程并经验收合格的代建工程，应将其实际开发成本自“开发成本——代建工程开发成本”账户的贷方转入“开发产品”账户的借方。

4. 代建工程开发成本核算举例

【例7-13】某开发企业接受市政工程管理部门的委托，代为扩建开发小区旁边一条道路，扩建过程中，用银行存款支付拆迁补偿费600 000元，前期工程费320 000元，应付基础设施工程款1 080 000元，分配开发间接费用160 000元，在发生上列各项扩建工程开发支出和分配开发间接费用时，应作如下分录入账：

借：开发成本——代建工程开发成本　　2 160 000
　贷：银行存款　　920 000
　　应付账款——应付工程款　　1 080 000
　　开发间接费用　　160 000

道路扩建工程完工并经验收，结转已完工程成本时，应作如下分录入账：

借：开发产品——代建工程　　2 160 000
　贷：开发成本——代建工程开发成本　　2 160 000

第八章　物业劳务成本

【内容提要】

物业管理服务是一种综合性服务活动，因此其成本核算比较繁杂。本章主要阐述物业劳务成本的内容、特点、分类和核算程序。

第一节　物业劳务费用与物业劳务成本

一、物业与物业管理

物业是指已经建成并具有规定的使用功能和经济价值的各类居住和非居住使用的，相对独立的单元性房屋及与之相配套的设备、公共设施的建筑产品。简单地说，物业是指具有价值和使用价值的各类建筑产品构成的商品，具体包括高层或多层住宅楼、写字楼、商业大厦、宾馆、酒楼、工业厂房、仓库、群体性住宅小区或单体的房屋等。本章主要是指群体性住宅小区。

物业管理是指物业产权人、使用人委托物业管理公司对房屋及其设备、设施以及相关的居住环境进行维护、修缮和服务的活动。实质是指具体的管理机构通过相应的工具和手段，为物业产权人、使用人提供的劳务服务活动。

物业管理是一种综合性服务活动，涉及的内容繁杂、范围广泛。不同的物业公司具备的功能不同，提供服务的能力不同，因而可以承揽的服务业务各有不同。归纳起来，物业管理活动能够提供劳务服务的主要业务可以概括为“五大管理”、“三类服务”。

“五大管理”包括：①治安消防管理；②房屋及公共设施、设备维护保养管理；②环境卫生管理；④绿化管理；⑤车辆管理。

“三类服务”包括：①常规性公共服务（合同服务）；②委托性特约服务（非合同零星委托服务）；③经营性多种服务（商业服务和劳务服务）。

物业公司的主要经营活动内容决定了物业公司全部服务业务内容，可分为主营业务和其他业务两大类。主营业务包括物业管理业务和物业维修业务两部分，前者包括公共服务业务、代办服务业务、特约服务业务；后者包括公共设施维修、专项设备维修。其他业务包括经营业务和非经营业务两部分。

二、物业劳务服务费用及其分类

物业企业在一定时期内为物业产权人、使用人提供一定种类和一定数量的劳务服务而发生的各种耗费，称为物业劳务服务费用，又称为要素费用。按费用性质分类，包括：①物业管理人员工资、社会保险费、按规定提取的福利费；②物业公共部位、公共设施、设备日常运转维护保养费；③物业管理区域清洁卫生费；④物业管理区域绿化养护费；⑤物业管理区域秩序维护费；⑥办公费；⑦物业管理企业固定资产折旧费；⑧物业公共部位、公共设施、设备及公众责任保险费；⑨经业主同意的其他费用。

另外，物业公司如果计提大修基金或更新改造基金等专用基金，对物业公用部位、公共设施设备的大修、中修、更新改造等费用，应通过专项资金列支，不得列入物业服务支出或物业成本。

物业劳务服务费用按计入物业成本的方法分类，可分为直接费用、间接费用两大类。直接费用包括直接材料费、直接人工费、其他直接费用三部分；间接费用是指物业企业管理费用及对外组织经营活动应支付的费用，如行政生活性物料、油耗、厂院绿化及门前三包费、税金、财务费用、诉讼费、广告费以及社会赞助费。

根据物业劳务服务费用的不同，物业劳务成本相应划分为营业成本和期间成本两大类。营业成本是指物业公司在正常经营过程中，为提供劳务服务活动发生的各项支出，即物业公司为获得营业收入而耗费的各项财产物资价值和劳务耗费成本，包括主营业务成本和其他业务支出。主营业务成本是物业公司在进行物业管理主要经营活动中，为物业产权人、使用人提供维修和管理服务而发生的各项费用支出，包括直接材料费、直接工人费、其他直接费和间接费等成本项目。主营业务成本按业务性质或核算内容不同，可分为：①物业管理成本，包括公共性服务成本、代办服务成本、特约服务成本三部分；②物业维修成本，包括公共设施、设备维修成本和专项设备维修成本两部分。

其他业务支出是指物业公司除主要管理活动以外，为其他活动而发生的各项支出，包括经营业务支出和非经营业务支出。其中，经营业务支出包括商品进价成本和劳务服务支出；非经营业务支出包括受托代收代办业务支出和其他服务业务支出。

期间成本是指为一定经营期间发生的费用支出，它仅与一定经营期间的收入相联系，由当期损益承担的费用，包括销售费用、管理费用、财务费用。

以上对物业成本所作的分类，如图 8 -1 所示：

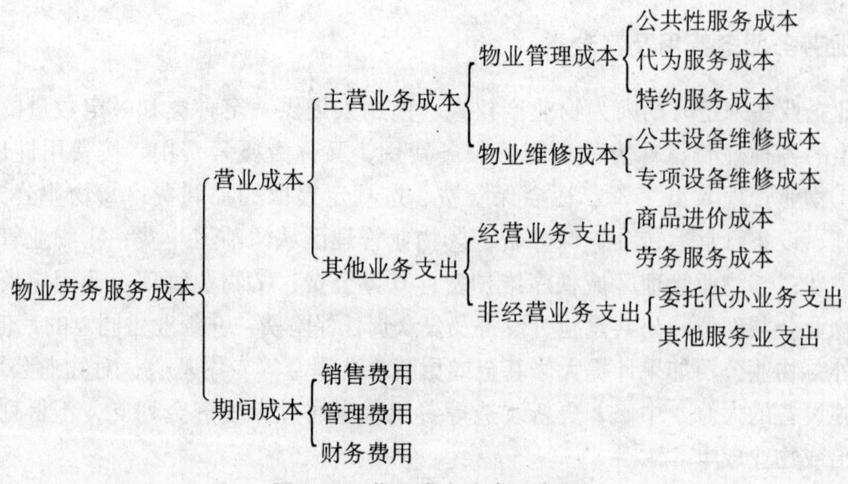

图 8-1　物业成本分类示意图

四、物业劳务成本核算账户设置

物业劳务服务成本核算应设置“主营业务成本”、“其他业务成本”、“销售费用”、“管理费用”等成本费用账户。

1.“主营业务成本”账户

该账户用来核算公司进行主营业务而发生的成本费用，为损益类账户。借方登记实际成本的发生，贷方登记期末转入“本年利润”账户的实际成本，结转后期末无余额。下设“物业管理成本”和“物业维修成本”

“物业管理成本”下设“公共性服务成本”、“公众代办服务成本”、“特约服务成本”二级明细账户。“物业维修成本”下设“公共设备维修成本”和“专项设备维修成本”。

2.“其他业务支出”账户

该账户是为了核算除主营业务以外的其他业务而设置的损益类账户，借方登记支出的增加，贷方登记支出的转销，期末无余额。

本账户下设“经营业务支出”和“非经营业务支出”等明细账户。

3.“管理费用”账户

该账户核算企业行政管理部门为组织和管理经营活动而发生的管理费用。包括工资、福利费、工会经费、职工教育费、劳动保险费、待业保险费、房产税、车船使用税、印花税、土地使用税、技术开发费、无形资产摊销、业务招待费以及其他管理费等。

4.“财务费用”账户

该账户核算企业在经营过程中，为进行资金筹集等理财活动而发生的财务费用，包括利息支出（减利息收入）、汇兑损失（减汇兑收益）以及相关的手续费等。

第二节　物业劳务成本核算

一、主营业务成本核算

（一）公共性服务成本

公共性服务成本包括对公共设备设施如电梯、供水、制冷站、照明、消防、停车棚等项目的维修保养和公共环境卫生的清洁、绿化、保安等费用支出。公共服务的具体项目可采用公司自营方式或对外委托发包方式进行。在自营情况下，公共服务成本就是在进行公共服务过程中发生的全部支出。在发包方式下，公共服务成本就是公共服务结算价格。

【例 8 -1】物业公司以自营方式对小区照明设施进行维修保养，耗用电器材料 325 元，同时，又以银行存款支付公共照明电费 1 080 元。作会计分录如下：

借：主营业务成本——物业管理成本（公共服务）　　1 405
　贷：库存材料　　325
　　　银行存款　　1 080

【例 8 -2】根据“工资结算汇总表”，本月份应付公司职工工资，其中：公共设施维修工人 1 860 元，清洁工人 1 240 元。作会计分录如下：

借：主营业务成本——物业管理成本（公共服务）　　3 100
　贷：应付职工薪酬　　3 100

【例 8 -3】物业公司以出包方式将小区内的绿化维护保养与种植任务，委托给某绿化工程服务组织。本月应付绿化费用 5 120 元，小区保安出包给保安公司，本月应付保安费 2 160 元，均以银行存款支付。作会计分录如下：

借：主营业务成本——物业管理成本（公共服务）　　7 280
　贷：银行存款　　7 280

（二）公众代办服务成本核算

代办服务是指公众委托物业公司代为办理某些业务的委托服务，如代缴水电费、电话费、有线电视费、燃气费等。在这种情况下，物业公司在收取一定数量的代办服务费之后，也应该付出一定的成本，如代办人员的工资等，应作为代办服务成本予以核算。

【例 8 -4】根据“工资结算汇总表”，本月应分摊公众代办服务工资 946 元。作会计分录如下：

借：主营业务成本——物业管理成本（代办服务）　　946
　贷：应付职工薪酬　　946

（三）特约服务成本核算

特约服务是指物业公司受业主或租住户委托的特约服务，如家电维修、音响维修以及其他特约业务。特约服务成本是指公司在进行这种服务过程中耗用的材料费、人工费等。其中材料费按实际成本计算，人工费按一定比例予以分摊。

【例8-5】物业公司受业主委托，为其修理家电，耗用材料费用76元，应分摊工资费60元。作会计分录如下：

借：主营业务成本——物业管理成本（特约服务）　　136

　贷：库存材料　　76

　　　应付职工薪酬　　60

（四）维修业务成本核算

物业公司进行的维修业务按维修对象分为公共设备维修和专项设备维修两部分，按维修方式可分为自营方式和出包方式，按维修程度可分为中小维修和大修两种，按维修的资金来源可分为计入维修成本的维修（中、小维修）和由专项资金来源负担的维修（大修）两种。设备维修过程中发生的维修费用，如果是大修理，在计提修缮基金情况下，应由专项资金负担，不得计入维修成本。其他维修业务发生的维修费用，一律计入维修成本。

【例8-6】物业公司采用出包方式对小区公用制冷设备进行维修，以银行存款支付维修980元。作会计分录如下：

借：主营业务成本——物业维修成本（公共维修）　　980

　贷：银行存款　　980

【例8-7】物业公司采用自营方式对小区内照明设施进行维修改造，以银行存款购入变压器5 480元，领用电器材料458元，应负担参与人员工资2 446元，工程已经完工。作会计分录如下：

借：主营业务成本——物业维修成本（公共维修）　　8 384

　贷：银行存款　　5 480

　　　库存材料　　458

　　　应付职工薪酬　　2 446

【例8-8】物业公司采用出包方式对业主委员会提供的管理用房屋（租用房）进行维修，以银行存款支付工程修缮费12 800元，工程已经完工。作会计分录如下：

借：主营业务成本——物业维修成本（公共维修）　　12 800

　贷：银行存款　　12 800

二、其他业务支出核算

物业管理公司除主营业务以外的其他经济活动，如从事运输、商业、餐饮、服务等经营活动，均属于其他业务活动，所发生的费用支出，均列入其他业务支出核算。

由业主委员会或物业产权人、使用人为物业公司提供的管理用房、商业用房，物业公司支付的有偿使用费（租赁费），应根据管理用房、商业用房的功能和使用部门分别处理：①属于物业公司管理用房，支付的有偿使用费（租赁费）计入管理费用；②属于物业公司下属的管理小区管理用房，支付的有偿使用费（租赁费）计入主营业务成本；③属于物业公司商业用房支付的有偿使用费（租赁费），计入其他业务支出。

【例8－9】物业公司从事商业经营，本月商品销售进价成本41 560元，材料物资销售成本280元，餐饮业耗用原材料成本5 480元，月末予以转账。作会计分录如下：

借：其他业务成本——经营性成本（商品进价）　41 560
　　　　　　　　——经营性成本（劳务成本）　5 480
　　　　　　　　——非经营性成本（其他支出）　280
　贷：库存商品　41 560
　　　库存材料　5 760

【例8－10】物业公司经计算本月应交纳营业税580元，受托代收代办业务支出260元，以现金支付，应付职工工资3 340元（商业部门）。作会计分录如下：

借：营业税金及附加　580
　　其他业务成本——非经营性成本（受托代办）　260
　　　　　　　　——非经营性成本（其他支出）　3 340
　贷：应付职工薪酬　3 340
　　　应交税费　580
　　　库存现金　260

三、间接费用核算

如果物业公司所属基层单位较多，会计核算分为两级核算的情况下，应进行间接费用的核算。在一级核算的情况下，可以不进行间接费用核算。

间接费用是指物业管理小区为组织和管理本辖区的物业管理活动所发生的各项费用支出。包括辖区管理人员工资、福利费、劳动保护费、办公费、水电费、折旧费、修理费、保安费、低值易耗品摊销等。这些费用的发生可增设“间接费用”账户进行核算。

【例8－11】物业公司某管理小区应计提固定资产折旧费386元，同时又领用劳保用品430元，计入成本。作会计分录如下：

借：间接费用——折旧费　386
　　　　　　——劳保费　430
　贷：累计折旧　386
　　　低值易耗品　430

【例8－12】物业公司某管理小区以银行存款支付辖区负担的水电费743元，办公费220元，保安费600元。作会计分录如下：

借：间接费用——水电费　743
　　　　　　——办公费　220
　　　　　　——保安费　600
　贷：银行存款　1 563

【例8－13】期末结转并分配本辖区间接费用2 379元，以建筑面积作为分配标准。其中：主营业务成本（公共性服务）2 140元，其他业务支出（其他支出）239元。作会计分录如下：

借：主营业务成本——物业管理成本（公共服务）　　2 140
　　其他业务支出——非经营成本（其他支出）　　239
　贷：间接费用　　2 379

四、期末结转营业成本

【例8－14】根据“主营业务成本”和“其他业务支出”总账账户及其明细账户所归集的费用，期末转入“本年利润”账户。作会计分录如下：

借：本年利润　　88 348
　贷：主营业务成本——物业管理成本　　15 025
　　　　　　　　　——物业维修成本　　22 164
　　　其他业务支出——经营性成本　　47 040
　　　　　　　　　——非经营性成本　　4 119

第九章　旅游餐饮服务成本

【内容提要】

本章主要阐述旅游餐饮服务企业成本的内容、特点、核算程序和方法。

第一节　旅游餐饮服务业务范围及成本核算特点

一、旅游餐饮服务业务内容

旅游餐饮服务企业是旅游业、饮食业、服务业的总称，均是以服务设施为条件，以知识和技能为手段，向消费者提供劳务服务的服务性行业。此行业包括旅行社、饭店、宾馆、酒楼、度假村、洗染、咨询、修理、电影院及会计师事务所等中介机构在内的各类服务行业，是我国第三产业的主要组成部分。

旅游企业是指依据旅游资源，以旅游设施为条件，满足旅客食、行、住、游、购、娱乐等旅游需求，提供商品和劳务服务的综合性服务企业，主要指各种旅行社。饮食业是指以从事加工、烹饪、出售烹制菜肴和食品，并为消费者提供消费设施和生活服务为主要业务的企业，主要包括饭店、酒楼、宾馆、副食品加工等企业。服务业是指利用其特有的设施和条件，以其特有的知识和技能，为消费者提供劳务服务的企业，主要包括度假村、游乐场、照相、洗染、修理、律师事务所等。

旅游餐饮服务企业所从事的经营业务，大致可以分为两大类：一类是提供生产性服务的企业。这种企业一方面为消费者提供生产性的产品，同时，还为消费者提供劳务服务，如照相、洗染、修理、饭店企业等。另一类是以提供劳务服务为主要业务的企业，如旅行社、度假村、旅店、浴池、电影院、酒吧、中介机构、律师事务所等。本章主要介绍旅游企业和餐饮企业的成本核算。

二、旅游餐饮服务企业营业成本的内容

旅游餐饮业是以提供旅游餐饮服务产品为主的行业，其人工耗费是其产品成本的最主要的部分。从会计核算的角度可将旅游企业的成本费用划分为营业成本与期间费用两大项。

营业成本是旅游企业在经营过程中发生的各项直接费用，包括各种直接材料消耗、代收代付费用、商品进价、交通等直接费用。

期间费用是不能明确由哪一成本计算对象承担，而应该计入旅游企业当期损益的费用消耗，主要包括销售费用、管理费用、财务费用。

旅游餐饮服务企业的营业成本是指企业在经营活动中发生的各种直接费用。由于旅游餐饮服务企业所从事的各类业务的特点及内容不同，因而其营业成本的内容也不相同，主要包括以下五个方面：

1. 直接材料成本

直接材料成本是旅游餐饮企业经营过程中专门用于某种旅游产品而消耗的材料费用支出。由于旅游企业所经营的产品类别各有所不同，在材料的消耗内容上也不完全相同。

旅游宾馆、饭店的餐饮部和各类餐馆、酒楼等企业在经营过程中直接的材料耗费主要包括原材料、调料和配料。

洗浴中心、浴池业的直接材料消耗是在经营中所消耗的燃气、煤等燃料。

旅游运输车船公司的直接材料消耗则是各种燃油及零配件。

2. 代收代付费用

代收代付费用是旅行社在组团或接团过程中直接用于游客完成旅游过程的各种费用和支出。其包含的内容很多，具体分为旅行社为游客所支付的住宿费、餐费、市内交通费、观看文艺演出费、签证费、订票费、景点门票费、翻译费、导游费、人身保险费、机场建设费、行李托运费、主管部门宣传费、专业活动费等。

3. 商品进价成本

商品进价成本是旅游酒店或景区内部商场为销售而购入的商品的价格及相关费用。

根据商品的不同来源，可以分为国内购进商品进价成本和国外购进商品进价成本。从国内供应商购入商品时，其进价成本主要是商品的实际采购成本，不包括购入商品时发生的进货费用，如运杂费、手续费等。

从国外购进一些名特产品、工艺品时，商品进价成本分为两部分，一是以商品到岸价，即买价加上海上运费、保险费作为商品的原价，二是商品在进口环节需缴纳的税金，如进口关税、进口产品税等。如进口商品是委托外贸部门代理进口的，则进价成本还应加上支付给外贸部门的手续费。

4. 汽车成本

汽车成本是指旅行社、宾馆、饭店提供车辆服务营运过程中发生的直接费用。包括汽油费、维修费、配件零件费、司乘人员工资。

5. 其他支出

其他支出是指不能计入以上成本的其他直接费用。以下各项支出不得计入成本费用：

（1）购建固定资产、无形资产和其他资产的各项支出；

（2）应列入存货成本的各项支出；各种赞助、捐赠支出；

（3）被没收的财物、各种违约金、赔偿金、滞纳金及其各项罚款等；

（4）对外投资和分配给投资者的利润；

（5）与企业经营无关的各项支出，如各项营业外支出等。

以旅游企业为例，期间费用主要包含内容如下：

销售费用：是指旅游企业各销售（营业）部门在其经营过程中发生的各项费用开支。主要包括运输费用、装卸费用、包装费、保管费、保险费、燃料费、水电费、展览费、广告宣传费、邮电费、差旅费、洗涤费、清洁卫生费、低值易耗品摊销、物料用品、经营人员工资及福利费、工作餐费、服装费、其他销售费用。

管理费用：是旅游企业管理部门为组织和管理企业经营活动而发生的各项费用，以及应由企业统一负担的其他费用。按其经济内容划分为公司经费、劳动保险费、董事会费、外事费、租赁费、咨询费、审计费、排污费、绿化费、土地使用费、税金、水电费、折旧费、无形资产摊销、开办费摊销、交际应酬费、坏账损失、上级管理费、燃料费、其他管理费用。

财务费用：是指旅游企业在其经营过程中为解决资金周转等问题在筹集资金时所发生的有关费用开支。主要包括利息支出、汇兑损益、金融机构手续费、其他财务费用。

旅游餐饮服务企业在经营过程中发生的直接费用，均通过“主营业务成本”账户进行核算。该账户为成本费用类账户，费用发生时借记本账户，期末转入“本年利润”账户，结转后无余额。本账户可按业务性质、劳务服务内容或业务类别设置明细账户。

第二节　旅游经营业务和营业成本核算

一、旅游经营业务的分类

（一）按旅游者活动的空间范围分类

可分为国内旅游业务和国际旅游业务两种。

（1）国内旅游业务是指组织本国公民，在国家行政主权疆域内进行的旅游活动。可以是本地旅游，也可以跨省市不同区域旅游。

（2）国际旅游业务是指旅客在不同国家之间进行的旅游活动。包括入境旅游和出境旅游两种。入境旅游业务是指组织国外旅客以团体或散客形式在本国境内进行的旅游活动。出境旅游业务是指组织本国公民以团体或散客形式，自费前往国外目的国进行的旅游活动。

（二）按服务形式分类

可分为组织团队旅游业务和接待团队旅游业务两种。

1．组团旅游业务

组团旅游业务是指旅行社预先制定目的地、日程、交通、住宿、旅游费用、旅游计划，并通过广告形式招揽游客，组织旅游团队，为游客办理签证、保险等手续，通过实施旅游计划，与接团旅游业务进行衔接而进行的旅游活动。

2. 接团旅游业务

接团旅游业务是指根据旅游接待安排，为旅客在某一目的地或某一区域，提供导游、翻译、安排游览并负责订房、订餐、订票、与各目的地联络，为旅客提供综合服务的旅游活动。

（三）按组织形式分类

可分为团体旅游业务和散客旅游业务两种。

（1）团体旅游业务，是指以团体为单位，通常设有导游或陪同而进行的旅游活动。

（2）散客旅游业务，是指以个人或少数人员为单位，通常不设陪同的旅游活动。

旅行社除进行上述基本经营业务外，根据需要，还可承担下列代办业务：①为旅客提供接送服务；②为旅客配备导游、翻译；③为游客代订客房、代租汽车；④为游客代办出入境、过境、居留和旅行的必要证件；⑤代购、订购、代签飞机、火车、轮船等交通工具票据；⑥为游客接送行李；⑦为游客向海关申报检验手续；⑧为游客代办意外事故伤害保险等等。

二、旅游营业成本核算

旅游营业成本是指直接用于接待游客，为其提供各项旅游服务所发生的全部支出。主要包括为游客支付的膳食费、住宿费、游览船费、游车费、门票、专业活动费、签证费、导游费、劳务费、宣传费、保险费、交通费、文娱费、行李托运费、机场费等，还包括旅行社自行安排的旅游车辆费，如汽油费、折旧费、司机工资、修理费等。旅行社为接待游客而发生的上述直接费用，应计入“主营业务成本”账户；另外，旅行社还会发生与接待游客有关的其他间接费用，费用发生时，可计入“销售费用”账户，作为期间费用处理。

销售费用核算举例：

【例9-1】 黄山度假村2008年12月有关业务情况及会计分录如下：

（1）3日，餐饮部门经理出差归来，报销差旅费1 250元。

借：销售费用　　1 250

　贷：其他应收款——餐厅经理　　1 250

（2）5日，向保险公司交纳财产保险费7 700元，其中，客房部分摊4 000元，餐饮部分摊3 700元。

借：销售费用——客房部　　4 000

　　　　　　——餐饮部　　3 700

　贷：银行存款　　7 700

管理费用及待摊费用的核算举例：

（3）12日，工程部领用低值易耗品价值6 150元，自本月起半年内摊销。作会计分录如下：

借：待摊费用——低值易耗品摊销　　6 150

　贷：低值易耗品　　6 150

同时，

借：管理费用　　1 025

　贷：待摊费用——低值易耗品摊销　　1 025

（4）18 日，度假村为参加旅游展销会开支 55 000 元。

借：管理费用　　55 000

　贷：银行存款　　55 000

（5）31 日，计提本月应付工资额 42 000 元，其中客房部员工工资 20 000 元，餐饮部员工工资 15 000 元，行政管理人员工资 7 000 元。

借：销售费用——客房部工资　　20 000

　　　　——餐饮部工资　　15 000

　　管理费用　　7 000

　贷：应付职工薪酬　　42 000

财务费用的核算举例：

（6）31 日，以银行存款支付应由本月负担的短期借款利息 31 000 元。作会计分录如下：

借：财务费用　　31 000

　贷：银行存款　　31 000

【例 9－2】 黄山旅行社 10 月份共支付综合服务费 254 900 元，交通费 14 350 元，餐费 5 430 元，合计 274 680 元，均以银行存款支付。另外，还支付办公费 540 元，职工工资 22 600 元，合计 23 140 元，也以银行存款支付。作会计分录如下：

费用发生时：

借：主营业务成本——综合服务费　　254 900

　　　　　　——城市交通费　　14 350

　　　　　　——餐费　　5 430

　　管理费用——办公费　　540

　　　　——工资费　　22 600

　贷：银行存款　　297 820

月末结转营业成本时：

借：本年利润　　297 820

　贷：主营业务成本　　274 680

　　　管理费用　　23 140

第三节　餐饮经营业务和营业成本核算

一、餐饮经营业务内容

餐饮业又称饮食业。饭店的成本是指饭店的经营成本，即饭店在经营客房、餐饮、康乐和其他服务项目中发生的各种消耗。餐饮业企业包括各种类型和风味的中餐馆、西餐馆、酒馆、咖啡馆、小吃店、冷饮店、茶馆、饮食制品以及副食品加工等企业。由于餐饮业具有经营内容繁多，品种规格不一，生产、销售时间短等特点，决定了餐饮业成本计算只计算总成本，不计算单位成本和产品品种成本；只计算原材料成本，不计算完全成本。由于餐饮行业的成本是指直接成本而言，所以，饭店所销售的各种无形商品的消耗都不应包括在其中，而以实物形式出售给客人的那部分成本才构成饭店的直接成本。

《企业会计制度》规定，为简化饭店的会计核算，除出售商品和耗用原材料、燃料的商品部、餐饮部按其销售的商品和耗用的原材料、燃料计算营业成本以外，其他各种服务性的经营活动，均不核算营业成本，而将其因提供服务而发生的各种支出，分别计入“销售费用”、“管理费用”等费用中。

二、餐饮营业成本核算

餐饮业的成本计算采用只计算原材料成本，不计算完全成本的核算方法。其耗用的原材料包括主食、副食、调味品三大类。其原材料购进、领用有两种管理办法，即领料制和非领料制。

为了正确核算餐饮业成本的发生和结转的变动情况，应设置“主营业务成本”账户。也可根据需要在“主营业务成本——餐饮”下按不同厨房设明细账，即“主营业务成本——餐饮——中餐厅厨房”等。

（一）领料制

领料制就是对餐饮用原材料的收、发和保管设有专人负责，购进原材料时，专人负责验收入库，填制相关会计凭证；发料时由专人负责发料，根据用料计划填制相关会计凭证。这种方法适用于饭店、大中型餐馆。

采用领料制进行原材料收发核算时，对所购入原材料，根据入库凭证，借记“原材料”账户，贷记“库存现金”或“银行存款”账户。所有发出原材料根据发出凭证，借记“主营业务成本”账户，贷记“原材料”账户。对尚未用完的在操作间保管的原材料，经过盘点应办理“假退料”手续，根据盘点金额，借记“主营业务成本”账户（红字），贷记“原材料”账户（红字），表示对发出原材料的冲回，下月初再借记“主营业务成本”账户（蓝字），贷记“原材料”账户（蓝字），表示重新计入营业成本。

为了简化核算，也可采用“以存计消”的核算办法。采用这种管理办法要求在购进原材料时，根据相关会计凭证，计入“原材料”账户，但在领用原材料时，只办理领料手续，会计上不作账务处理，月末时，采用一定方法倒挤当月发出原材料金额，计入“主营业务成本”账户。计算公式如下：

本月耗用原材料成本＝月初原材料结余额＋本月购进原材料额－月末原材料结存额

月初原材料结余额包括原材料库存余额和操作间结存额。

月末原材料余额包括库存原材料实地盘点额和操作间实地盘点额。

根据发出原材料总成本，借记“主营业务成本”账户，贷记“原材料”账户。

这种方法适用于耗用量大，领发比较频繁，而且价值较低的原材料的核算。

【例9－3】北海饭店设有川菜、粤菜和鲁菜三个厨房，2005年2月发生以下几笔业务：

（1）2日，购入活鱼50公斤，单价10元，经验收后直接由川菜和鲁菜厨房领用，每个厨房25公斤。款项尚未支付。按收料单作如下分录：

借：主营业务成本——川菜厨房　250
　　　　　　　　——鲁菜厨房　250
　贷：应付账款——某供应商　500

（2）3日，购进海蟹50公斤，单价100元；石斑鱼25公斤，单价160元；养殖虾15公斤，单价80元。全部直接交由粤菜厨房。款项尚未支付。按收料单作如下分录：

借：主营业务成本——粤菜厨房　10 200
　贷：应付账款——某供应商　10 200

（3）5日，各厨房分别从库房领用大米100公斤，单价2.2元。

借：主营业务成本——川菜厨房　220
　　　　　　　　——鲁菜厨房　220
　　　　　　　　——粤菜厨房　220
　贷：原材料——粮食类——大米　660

（4）8日，粤菜厨房临时需要豆腐5公斤，单价4元。以现金从市场购入。根据发票作如下分录：

借：主营业务成本——鲁菜厨房　20
　贷：库存现金　20

（5）月末盘点，粤菜厨房结余料3 260元，川菜厨房结余料80元，鲁菜厨房结余料133元。按盘点表填制如下红字凭证冲账，作假退料：

借：主营业务成本——粤菜厨房　[3 260]
　　　　　　　　——川菜厨房　[80]
　　　　　　　　——鲁菜厨房　[133]
　贷：原材料　[3 473]

假定月初各厨房都没有上期结余，则本月实际消耗食品材料成本为：

500＋10 200＋660＋20－3 473＝7 907（元）

3月初，再用蓝字凭证将上月末冲销原料金额重新入账：

借：营业成本——粤菜厨房　3 260
　　　　　　——川菜厨房　80
　　　　　　——鲁菜厨房　133
　贷：原材料　3 473

三、饭店商场商品成本核算

饭店商场的商品成本核算，主要是指商场进价成本的核算。

由于饭店内部所设商场一般采用销价成本核算，是按销价记入“库存商品”账户的，也是按销价成本从“库存商品”账户中转入已售商品成本账户上去的，为了如实核算商品销售业务的经营成果，月末就需要计算和结转平时多转到营业成本账户中去的商品成本部分，将售价成本调整为进价成本。计算的方法是采用综合差价率计算法。公式为：

综合差价率＝结转前“商品进销差价”账户余额/期末“库存商品”账户余额＋本期商品销售额

本期已销商品进销差价＝本期商品销售额×综合差价率

【例9－4】南方餐馆当月领用原材料32 700元，已办理领料手续。月末经实地盘点，有1 630元原材料尚未用完，按规定应办理“假退料”手续。作会计分录如下：

领料时：

借：主营业务成本　32 700

　贷：原材料　32 700

退料时：

借：主营业务成本　[1 630]

　贷：原材料　[1 630]

下月初：

借：主营业务成本　1 630

　贷：原材料　1 630

【例9－5】北川餐馆3月份“原材料”账面月初余额5 560元，本月购进原材料总额28 270元，月末操作间盘点原材料实存1 130元，仓库盘点实存2 430元，采用“以存计消”核算办法倒挤3月份原材料耗用总成本。作会计分录如下：

借：主营业务成本　30 270

　贷：原材料　30 270

【例9－6】南海餐馆本月发工资4 150元，购入消毒用品260元，支付水电费480元，燃料费1 780元，合计6 670元，均以银行存款支付。作会计分录如下：

借：管理费用　6 670

　贷：银行存款　6 670

期末结转营业成本30 270元，管理费用6 670元。

借：本年利润　36 940

　贷：主营业务成本　30 270

　　　管理费用　6 670

（二）非领料制

非领料制是指原材料的购进和领用不办理保管、领发手续，而是根据原材料购进会计凭证，直接计入营业成本。这种方法适用于小型餐饮业。在这种方法下，餐馆不设置专职保管人员，只对原材料的购进和使用实行现场监督。

【例9-7】北海餐馆以现金购进副食品746元，调味品24元，配料57元，当即交操作间使用。作会计分录如下：

借：主营业务成本　　827

　贷：库存现金　　827

第十章 金融保险成本

【内容提要】

本章主要阐述金融保险企业成本的构成、分类、特点及其成本核算程序和方法。

第一节 金融成本

一、金融成本的含义和核算原则

金融活动是指与货币流通及信用有关的一切活动。而金融体系则是指由各种金融机构组织构成的组织群体，包括中央银行、商业银行、专业银行以及非银行金融机构。其中，非银行金融机构包括保险公司、信托公司、证券公司等。

金融成本主要是指银行业务成本，即银行在业务经营过程中发生的与业务经营有关的营业成本，包括利息支出、金融企业往来支出、手续费支出、卖出购回证券支出、汇兑损失等。另外，银行企业还会发生与业务经营活动无直接关系、不直接计入营业成本的各种经营管理费用，称为营业费用，由当期损益负担。

为了提高金融成本核算工作质量，保证成本信息的准确性、真实性，金融企业成本核算应遵循以下原则：

1．成本计算单位应与会计核算单位保持一致

金融企业一般以县级分支机构或城市办事处等相对独立的会计核算单位作为成本核算单位。因为这些相对独立的会计核算单位，能够为成本核算提供所需会计核算资料，便于该单位组织成本核算工作。

2．遵守国家有关法律法规

金融企业进行成本核算，应以国家有关法规、政策、制度、纪律为依据，成本核算必须坚持真实、准确、及时、重要性的原则。

3．遵守一惯性和可比性原则

商业银行及其各分支机构应采取统一规定的核算办法对本单位的业务活动进行成本核算。并且同一业务在各期间应采用相同的成本核算法进行业务处理，方法一经确定，不得任意更改。只有这样，才能保证成本信息具有可比性。

4．遵循权责发生制原则

费用确认的时点应与费用支出相关效益时点相一致。凡与本期效益相关的费用支

出，均计入本期成本；凡不与本期效益相关，即使本期已经支付的费用，不计入本期成本。

5．遵循收入与费用合理配比原则

各级银行成本核算应与同期收入相配比，成本费用核算期与收入核算期相一致，计算口径也应保持一致。

6．划分成本费用不同支出界限

成本费用支出既有不同支出方式，又有不同支出用途，金融企业成本核算应划分本期支出与下期支出界限，划分资本性支出与收益性支出界限，划分营业支出与营业外支出界限。

二、金融成本计算程序

首先，确定成本计算对象。金融企业成本计算对象是指业务项目。所谓业务项目是指金融机构主要经营业务内容的不同分类，包括存、贷、汇等业务。这些业务发生的费用支出是金融企业成本计算的基础。

其次，归集和分配各种费用支出。金融机构在业务经营活动中必然发生各项费用支出，对这些费用支出，应分为营业活动相关费用和无关费用两大类。前者构成营业成本，而后者则形成营业费用。

最后，确定营业成本和营业费用。对上述各项费用支出，按用途归类后，根据有关凭证的记录，计入有关成本费用账户，包括“利息支出”和“手续费及佣金支出”、“金融企业往来支出”等账户。通过这些账户的归集，最后形成营业成本和营业费用。

三、金融企业营业成本核算

营业成本核算是指通过审核和控制金融机构发生的与经营业务有关的费用，设置相关成本费用账户，运用一定的成本计算方法，对所发生的费用，给予反映和监督，最终确定营业成本的核算过程。营业成本是指银行在业务经营过程中发生的与业务经营有直接关系的费用支出。包括利息支出、金融企业往来支出、手续费支出、汇兑损失等。

（一）利息支出的核算

利息支出是指商业银行以负债方式筹集各类资金（不包括金融机构往来资金），按规定利率提取并支付的利息。包括企业存款利息支出、储蓄存款利息支出、金融债券利息支出、借款利息支出等。对以上各种利息支出，商业银行应设置“利息支出”账户进行核算。该账户为成本费用类账户，借方登记费用的增加，贷方登记费用的减少，期末无余额。

本账户可按利息支出项目设置明细账户，包括“活期存款利息支出”、“定期存款利息支出”、“活期储蓄存款利息支出”、“定期储蓄存款利息支出”、“金融债券利息支出”等。

与其对应的账户是“应付利息”账户，该账户贷方登记应付利息的提取，借方登

记利息的偿还，贷方余额表示尚未偿还的利息。本账户可按具体存款单位或储户设置明细账户，以进行明细核算。

1．定期存款应付利息的计提和支付核算

定期存款应付利息的核算包括单位定期存款和储蓄定期存款两种，采用按月计提一次性支付的办法给予核算。在计提时，按定期存款的期限分为三个月、六个月、一年、二年、三年和五年不同期别的月平均余额和相应的利率逐月计提，借记“利息支出”账户，贷记“应付利息”账户。到期后即转为活期存款，借记“定期存款”（本金）、“应付利息”（利息）账户，贷记“活期存款”（本金加利息）账户。

【例 10－1】本月计提一年期定期储蓄存款利息，该月平均存款余额 820 000 元，年利率 2.25%。作会计分录如下：

应付利息＝820 000×2.25%×1/12＝1 538（元）

借：利息支出——定期储蓄存款利息　　1 538

　贷：应付利息——应付定期储蓄存款利息　　1 538

【例 10－2】银行将一年期到期定期储蓄存款本金 435 000 元，利息 10 875 元转存为活期储蓄存款。作会计分录如下：

借：定期储蓄存款——一年期定期储蓄存款　　435 000

　　应付利息——应付定期储蓄存款　　10 875

　贷：活期储蓄存款　　445 875

【例 10－3】银行以现金支付一年期到期定期储蓄存款本金 31 400 元，利息 785 元（假定尚未转为活期，即期支付）。作会计分录如下：

借：定期储蓄存款——一年期定期储蓄存款　　31 400

　　应付利息——应付定期储蓄存款利息　　785

　贷：库存现金　　32 185

785＝31 400×2.25%

如果已经转为活期储蓄存款，则：

借：活期储蓄存款　　32 185

　贷：库存现金　　32 185

【例 10－4】某储户将本年 3 月 20 日到期的一年期定期储蓄存款本金 30 000 元，利息 750 元，于同年 8 月 20 日到银行支取，活期存款利率 0.72%，银行以现金支付（假定尚未转为活期）。作会计分录如下：

借：定期储蓄存款——一年期定期储蓄存款　　30 000

　　应付利息——应付定期储蓄存款利息　　750

　　利息支出——活期储蓄存款利息　　92

　贷：库存现金　　30 842

如果已经转为活期储蓄存款，则：

借：活期储蓄存款　　30 750

　　利息支出　　92

贷：库存现金 30 842

【例10-5】储户王某以现金60 000元于本年2月10日向银行申请办理一年期定期储蓄存款，年利率2.25%。由于特殊情况，该储户于同年10月10日到银行要求支取，银行同意后以现金支付。活期存款利率0.72%。

银行计提8个月应付利息：60 000×2.25%×8/12=900（元）

银行按活期存款计算活期存款8个月利息：60 000×0.72%×8/12=288（元）

冲减原计提利息：

借：应付利息——应付定期储蓄存款利息 900

贷：利息支出——一年期定期储蓄存款利息支出 900

同时：

借：定期储蓄存款——一年期定期储蓄存款 60 000

利息支出——活期储蓄利息支出 288

贷：库存现金 60 288

2. 活期存款利息的计算与支付的核算

活期存款应付利息核算包括单位活期存款和活期储蓄存款两种。由于活期存款的存取业务比较频繁，为简化核算，对应付利息仍可以采用预先提取然后支付的方式进行核算。在计算应付利息时，可采用每季度计息一次，也可采用每半年计息一次甚至每年计息一次的计息办法。计算基数可按日累积余额和日利率计算。待应付利息计算后，按计算结果立即转存"活期存款"账户，在支取时，直接冲减"活期存款"账户。

【例10-6】银行于6月30日按活期储蓄存款半年平均累积余额726 000元，年利率0.72%，计算上半年活期储蓄存款利息。

应付活期储蓄存款半年利息：726 000×0.72%×1/2=2 613.60（元）

计息时：

借：利息支出——活期储蓄存款利息支出 2 613.60

贷：应付利息——应付活期储蓄存款利息 2 613.60

结转时：

借：应付利息——应付活期储蓄存款利息 2 613.60

贷：活期储蓄存款——××存款 2 613.60

【例10-7】某储户于本年3月20日存入银行活期储蓄存款80 000元，年利率0.72%，于同年11月20日取出30 000元，银行以现金支付（假定银行于6月30日计息）。

计算应付3月20日至6月30日三个月利息：80 000×0.72%×3/12=144（元）

计息时：

借：利息支出——活期储蓄存款利息支出 144

贷：应付利息——应付活期储蓄存款利息 144

结转时：

借：应付利息——应付活期储蓄存款利息 144

贷：活期储蓄存款——××存款 144

支取时：

借：活期储蓄存款——××存款 30 000

贷：库存现金 30 000

【例 10-8】以上例资料为例，某储户将活期储蓄存款上半年利息取出 140 元，其本金 80 000 元转为定期储蓄存款，期限一年，利率 2.25%。作会计分录如下：

借：活期储蓄存款——××存款 8 0 140

贷：库存现金 140

定期储蓄存款——一年期定期储蓄存款 80 000

（二）金融企业往来支出的核算

金融企业往来支出是指商业银行在经营过程中，与人民银行、其他金融机构和系统内部其他行处之间，因资金往来而发生的利息支出。为了核算金融企业往来支出，商业银行应设置“金融企业往来支出”账户，该账户为成本费用类账户。同时，在该账户下设置“向中央银行借款利息支出”、“系统内联行存放款项利息支出”、“同业拆借利息支出”、“向金融公司拆借利息支出”、“再贴现转贴现利息支出”等明细账户，进行明细核算。

另外，相关联的“存放中央银行款项”账户为资产类账户。

【例 10-9】计提向中央银行借款利息 360 000 元。作会计分录如下：

借：金融企业往来支出——向中央银行借款利息支出 360 000

贷：应付利息——应付中央银行利息 360 000

【例 10-10】实际支付以前期间已经计提的向中央银行借款利息 360 000 元。作会计分录如下：

借：应付利息——应付中央银行利息 360 000

贷：存放中央银行款项——备付金存款 360 000

【例 10-11】实际支付本期发生的向同业银行拆借资金利息 21 200 元。作会计分录如下：

借：金融企业往来支出——同业拆借利息支出 21 200

贷：压付利息——应付同业拆借利息 21 200

同时：

借：应付利息——应付同业拆借利息 21 200

贷：存放中央银行款项——备付金存款 21 200

注：按现行制度规定，拆入拆出资金必须通过人民银行资金融通中心划拨。

（三）手续费支出的核算

手续费支出是指商业银行委托其他单位代办业务时，按合同支付的手续费用，以及参加票据交换业务发生的管理费用支出等。委托代办手续费一律据实列支，不得预提。对于手续费支出，银行应设置“手续费及佣金支出”这个费用支出类账户进行核

算，借方反映费用支出的增加，贷方反映费用支出的冲销，期末无余额。

【例10－12】银行以现金支付某代办机构手续费4 360元。作会计分录如下：

借：手续费及佣金支出——××代办户　　4 360

　贷：库存现金　　4 360

　　（活期储蓄存款——××单位存款）

（四）汇兑损失的核算

汇兑损失是指商业银行在经营外币买卖和外币兑换业务时，因汇率变动而发生的损失。为了核算上述损失。商业银行应设置“汇兑损失”账户，该账户借方反映汇兑损失，贷方反映汇兑收益，如为借方余额，表示汇兑净损失；如为贷方余额，表示汇兑净收益。该账户可按不同币种设置明细账户，以进行明细核算。

【例10－13】银行以汇率8.20元购入美元40 000元，但以汇率7.80元全部卖出，其差额0.40元为汇兑损失。作会计分录如下：

借：汇兑损失——美元户损失　　16 000（0.40×40 000）

　　库存现金　　312 000（7.80×40 000）

　贷：外币买卖——美元户　　328 000（8.20×40 000）

四、金融企业营业费用核算

营业费用是指商业银行在业务经营活动及管理工作中发生的各项费用支出。包括折旧费、外事费、印刷费、公务费、差旅费、水电费、租赁费、修理费、会议费、诉讼费、公证费、咨询费、取暖费、绿化费、广告费、业务宣传费、业务招待费、安全防卫费、财产保险费、待业保险费、劳动保险费、劳动保护费、邮电通信费、工会经费、董事会费、电子设备运转费、技术转让费、研究开发费、上交管理费、银行结算费、防暑降温费、职工工资费、职工福利费、勘察理赔费、低值易耗品摊销、无形资产摊销、长期待摊费用摊销、房产税、印花税、车船使用税、土地使用税等。

银行应设置“业务及管理费”账户进行营业费用的核算。该账户为费用支出类账户，借方登记费用的增加，贷方登记费用的减少，即转入“本年利润”账户，期末无余额。本账户可按单位、部门、分支机构设置明细账户，进行明细核算。

第二节　保险成本

一、保险成本的含义、内容及种类

保险是指通过契约形式，将分散资金集中起来，用以对因自然灾害或意外事故造成的损失提供经济补偿的手段。保险成本是指保险企业在业务经营活动中发生的与业务经营有关的各项费用支出，包括营业成本和营业费用两大类。对于不同保险种类，有不同的营业成本，包括财产保险成本、人寿保险成本、再保险成本和资金运用成本四种。不同营业费用则分别由不同的营业成本负担。

（一）财产保险成本

财产保险成本包括：①赔款支出，是指保险公司对补偿性保险合同支付的保险金，以及发生的理赔勘察费用。②手续费用支出，是指保险公司支付给保险代理人的手续费。③利息支出，是指保险公司按规定借入短期借款、长期借款、拆入资金等发生的利息支出。④其他支出，是指保险公司咨询服务、代理勘察、转让无形资产等发生的或结转的相关费用、相关税金及附加以及公司取得利息收入而应交纳的营业税金及附加。⑤提取保险保障基金，是为了保障被保人的利益，保障理赔的资金来源按规定提取的保障基金。⑥准备金提转差，是指保险公司提存的未决赔款准备金、未到期责任准备金、寿险责任准备金、长期责任准备金、长期健康责任准备金与其转回部分之间的差额。⑦营业费用，是指保险公司在业务经营及管理工作中除手续费用、佣金支出以外的其他各项支出。

（二）人寿保险成本

人寿保险成本包括：①死伤医疗给付，是指保险公司按给付性保险合同约定，支付给被保险人的死伤医疗保险金。②满期给付，是指被保险人生存到保险期满，保险公司按给付性保险合同约定，支付给被保险人的保险金。③年金给付，是指被保险人生存到给付性保险合同约定的年龄或约定的期限，保险公司按合同约定支付给被保险人的年金。④退保金，是指具有现金价值的人寿保险单，在保户退保时，保险公司按合同约定，支付给被保险人的金额。⑤保护利差支出，是指人寿保险业务中，保险公司按合同约定，支付给保户的利差。计算方法有两种：第一种，保单利差＝期中保单价值准备金×（银行两年定期储蓄存款利率—预定利率）；第二种，保单利差＝上一保单年末保单现金价值×（平均利率—预定利率）。⑥各种赔款支出、手续费支出、佣金支出、营业费用以及提存的保险基金等。

（三）再保险成本

再保险成本包括：①分保赔偿款支出，是指接受公司向分出公司支付的分保赔偿款。②分出保费，是分出公司应向接受公司支付的保险费收入。③分保费用支出，是指接受公司向分出公司支付的分保费用，包括手续费、营业费、营业税金及附加。④各种赔款支出、手续费支出、营业费用和提取的保险基金等。

（四）资金运用成本

资金运用成本主要是指资金运用本金，包括对外投资成本、资金拆出成本、资金贷出成本和证券购回成本等。

二、财产保险成本核算

财产保险是指以各种物资财产以及有关利益为保险标的的保险，主要有财产损失保险、责任保险、信用保险等几种。财产损失保险主要有普通财产保险、运输工具保险、工程保险、货物运输保险、农业保险等；责任保险主要有公众责任保险、雇主责任保险、产品责任保险，职业责任保险等；信用保险主要有出口信用保险、投资保险和国内商业信用保险等。

（一）财产保险赔款支出的核算

财产保险赔款是指保险标的发生了保险责认范围内的保险事故后，保险人根据保险合同规定，对被保险人履行经济补偿义务所作的赔偿支出。为了核算和监督财产保险的赔款支出业务，应设置“赔偿支出”和“预付赔款”账户。

“赔款支出”账户核算公司财产保险、意外伤害保险、一年以内（含一年）的健康保险业务按保险合同约定支付的赔偿款，发生的理赔勘察费也在本科目核算。该账户为费用支出类账户，借方登记赔款支出，贷方登记损余物资冲减的赔款支出和转入“本年利润”账户的支出额，结转后本账户无余额。本账户可按保险种类设置明细账户。

“预付赔款”账户核算公司在处理各种理赔案件过程中，按照保险合同约定预先支付的赔款，为资产类账户。借方登记公司预付的赔偿款，贷方登记结案后将预付赔偿款转为赔款支出的赔款额，借方余额表示公司实际预付的赔款额。本账户可按保险种类设置明细账户，进行明细核算。

【例10－14】某公司投保的运输车辆损失保险出险，保险公司根据业务部门提供的赔款计算书等相关凭证，经审核认定赔款金额280 000元，开出转账支票予以赔偿。在理赔过程中聘请专业人员协助工作，发生现场勘察费1 200元以现金支付。作会计分录如下：

	借	贷
借：赔款支出——车辆损失保险	280 000	
——现场勘察费	1 200	
贷：银行存款		280 000
库存现金		1 200

【例10－15】某企业投保财产保险出险，因双方对实际损失的认定存在争议，保险公司按一定比例支付预付赔款640 000元，开出转账支票付讫。后经双方调查核实，确认实际损失836 000元，损余物资估价35 200元，按估价予以出售，公司开出转账支票补足其损失差额。会计处理如下：

预付赔偿款时：

	借	贷
借：预付赔款——普通财产保险	640 000	
贷：银行存款		640 000

结案及补赔差额赔偿款时：

	借	贷
借：赔款支出——普通财产保险	836 000	
贷：预付赔款——普通财产保险		640 000
银行存款		196 000

出售损余物资时：

	借	贷
借：银行存款	35 200	
贷：赔款支出——普通财产保险		35 200

（二）财产保险准备金的核算

财产保险准备金是指保险公司为履行其承担的保险责任或者备付未来赔款，从取得的保费收入中提存的准备资金，是一种资金积累。根据保险公司会计制度规定，财产保险业务应提存的准备金包括末决赔款准备金、未到期责任准备金和长期责任准备金三种。

1．未决赔款准备金核算

未决赔款准备金是指保险公司在会计期末，为本期已经发生的保险事故，应付未付赔偿款所提供的一种准备金。由于保险业务是根据有效保险单计算准备金的，而准备金是保险公司的一项重要负债。因此，提存和转回准备金应分别核算，并相应设置三个会计账户。

(1)“未决赔款准备金”账户，核算保险公司由于已经发生保险事故，并已经提出赔款要求，或未提出赔款要求但按规定已提存的未决赔款准备金。该账户为负债类账户贷方登记期末公司按规定提存的未决赔款准备金，借方登记转回上期提存的未决赔款准备金，贷方余额反映公司提存的未决赔款准备金。本账户按保险种类设置明细账户，以进行明细核算。

(2)“转回未决赔款准备金”账户，核算保险公司上期提存的未决赔款准备金转回业务，为负债类账户，贷方登记期末转回未决赔款准备金，借方登记期末将本账户贷方发生额转入“本年利润”账户贷方的未决赔款准备金。结转后本账户无余额。本账户可按保险种类设置明细账户，以进行明细核算。

(3)“提存未决赔款准备金”账户，核算保险公司已经发生保险事故，并已提出赔款要求或尚未提出赔款要求，按规定提存的未决赔款准备金，为成本费用类账户。借方登记公司按规定提存的未决赔款准备金，贷方登记提存的未决赔款准备金转入“本年利润”账户借方的转销额，结转后本账户无余额。本账户下设“已提出赔款准备金”和“未提出赔款准备金”两个明细账户，并按保险种类设置明细账户，以进行明细核算。现举例说明未决赔款准备金的核算。

【例10-16】某财产保险公司期末计提未决赔款准备金，对已决未付赔款，按当期已经提出赔款要求计提524 000元，对已发生但未报告的未付赔款，按当年实际支出850 000元的2%计提，同时，转回上年提存的未决赔款准备金356 000元。会计处理如下：

年末计提未决赔款准备金时：

借：提存未决赔款准备金——已提赔款　　524 000

　　　　　　　　　　——未提赔款　　17 000（850 000×2%）

　贷：未决赔款准备金　　541 000

同时，转回上年提存的未决赔款准备金时：

借：未决赔款准备金　　356 000

　贷：转回未决赔款准备金　　356 000

2．未到期责任准备金的核算

未到期责任准备金是指损益核算期在一年内（含一年）的财产保险、意外伤害保险、健康保险业务等，为承担跨期责任而提存的准备金。《保险法》规定：除人寿保险业务外，其他保险业务从当年自留保费收入中提取未到期责任准备金，数额应相当于当年自留保费收入的50%。为此，应设置“未到期责任准备金”、“转回未到期责任准备金”和“提存未到期责任准备金”三个会计账户。其核算方法同于未决赔款准备金的核算，不再举例叙述。

3．长期责任准备金的核算

长期责任准备金是指保险公司针对长期财产保险业务，为应付保险期内的保险责任和有关费用而提存的保险金。这种准备金按长期财产保险业务取得的保费收入扣除相关成本费用后的余额提存。为此，应设置“长期责任准备金”、“转回长期责任准备金”和“提存长期责任准备金”三个会计账户，其核算方法同于未决赔款准备金的核算，不再举例叙述。

三、人寿保险成本核算

人寿保险（人身保险）是指以人的生命和身体作为保险标的，以被保险人的生、死、残为保险事故的保险，包括人寿保险、人身意外伤害保险和健康保险三大类。人寿保险又可分为生存保险、死亡保险、两全保险和年金保险四种情况。

以上几类人寿保险业务均有保费收入，为此也必然会产生人寿保险成本。此成本包括死伤医疗给付、满期给付、年金给付、退保金、保户利差支出各种赔款支出、手续费支出、佣金支出、营业费用支出以及提取保险基金等。

对以上人寿成本进行的成本核算即为人寿保险成本核算，包括保险金给付核算、保户利差支出核算、寿险准备金提存核算以及手续费支出、各种赔款支出、营业费用支出核算等。

（一）保险金给付的核算

人寿保险业务的给付包括满期给付、死伤医疗给付和年金给付三种。

1．满期给付核算

当被保险人生存至保险契约规定的时间满期时，保险公司按照保险契约所订立的保险金额支付给被保险人，即所谓满期给付。为了核算满期给付业务，应设置“满期给付”这个费用支出类账户。发生满期给付业务时，或有贷款本息未还清者，按给付金额计入本账户借方，期末将本账户借方发生合计从该账户贷方转人“本年利润”账户的借方，结转后本账户无余额。本账户按保险种类设置明细账户。

【例10－17】某简易人寿保险保户，在保险期满时，持有关证件申请满期给付保险金160 000元，经审查无误后以现金支付。作会计分录如下：

借：满期给付——简易寿保　　　160 000

　贷：库存现金　　　　　　　　　160 000

2．死伤医疗给付核算

死伤医疗给付是指人寿保险及长期健康保险业务的被保险人，在保险期内发生保险责任范围内的死亡、伤残等意外事故，按保险合同规定付给被保险人的保险金。包括死亡给付和医疗给付两项。

为了核算死伤医疗给付业务，应设置“死伤医疗给付”这个费用支出类账户。发生死伤医疗给付或有贷款本息未还清者，按给付金额汇入本账户的借方。期末将本账户借方发生合计从贷方转入“本年利润”账户的借方，结转后本账户无余额。本账户下设“死亡给付”和“医疗给付”两个二级科目。

【例10-18】某保户投保了人寿保险20年，因意外伤害造成伤残。根据医院证明，按契约规定应给付医疗保险金78 400元，按契约规定免交全部保费，其保单依然有效，经审核后以现金支付。作会计分录如下：

借：死伤医疗给付——医疗给付　　78 400

　贷：库存现金　　78 400

3．年金给付核算

年金给付是人寿保险公司年金保险业务的被保险人生存至规定年龄，按保险合同约定支付给被保险人的给付金额。为了核算年金给付业务，应设置“年金给付”这个费用支出类账户。发生年金给付或有贷款本息未还清者，按给付金额计入本账户的借方。期末将本账户借方发生合计从贷方转入“本年利润”账户的借方，结转后本账户无余额。本账户可按保险种类设置明细账户。

【例10-19】某投保人投保终身年金保险，现已到约定年金领取年龄，保险公司审查后确认每月发给年金600元，直到被保险人死亡为止。作会计分录如下：

支付年金时：

借：年金给付——终身年金保险　　600

　贷：库存现金　　600

(二) 保户利差支出核算

保户利差是指人寿保险业务保险人按合同约定支付给保户的利差。由于人寿保险合同期长，以预计死亡率、利率和费用率为依据计算并确定的保费标准通常与实际情况不一致，保险费过剩实质上是对保户利益的侵占。我国人寿保险公司1997年推出利差返还型寿险产品规定：当实际利率高于预定利率时，保险人应将这个差额对寿险责任准备金产生的利息返还给保单持有人。对这种业务的核算，应设置“保户利差支出”和“应付保户利差”两个会计账户。

为了计算公司经营人寿保险业务返还的保户利差，应设置“保户利差支出”这个支出类账户。按业务部门计算的利差计入本账户借方，期末将本账户借方发生额从贷方转入“本年利润”账户的借方，结转后本账户无余额。本账户可按险种设置明细账户。

为了核算人寿保险公司按合同约定的应付保户利差，设置“应付保户利差”这个负债类账户。按业务部门计算的应付利差计入本账户贷方，实际支付时计入本账户的借方，期末贷方余额表示尚未支付的保户利差，从本账户借方转入“本年利润”账户的贷方，结转后无余额。本账户按险种设置明细账。

【例10－20】根据人寿保险业务，某人寿保险公司期末应付给某保单持有人当期利差3 700元。会计处理如下：

计算应付利差时：

借：保户利差支出——人寿保险　　3 700

　贷：应付保户利差——××保户　　3 700

实际支付时：

借：应付保户利差——××保户　　3 700

　贷：库存现金　　3 700

如果未能支付时，年末应予以转账：

借：应付保户利差——××保户

　贷：本年利润

(三) 寿险准备金核算

寿险准备金是寿险公司为了履行未到期的保险责任，从寿险保费收入中提存的专用基金，是寿险公司的一项负债，包括寿险责任准备金、长期健康责任准备金、未到期责任准备金和未决赔款准备金。其中，未到期责任准备金和未决赔款准备金的提存，转回账务处理与财产保险业务相同，不再赘述。

1. 寿险责任准备金核算

寿险责任准备金的提存应等于投保人缴付的纯保费及其所产生的利息扣除当年应分摊死亡成本后的余额。为了核算寿险责任准备金，应设置“寿险责任准备金”、“提存寿险责任准备金”和“转回寿险责任准备金”三个会计账户予以核算。

2. 长期健康责任准备金核算

为了核算长期健康责任准备金，应设置“长期健康责任准备金”、“提存长期健康责任准备金”和“转回长期健康准备金”三个会计账户予以核算。

以上两种寿险责任准备金的核算方法与财产保险准备金的核算方法大致相同，不再举例说明。

第十一章　教育成本

【内容提要】

教育行业作为一个特殊的行业，其成本核算有其自身的特点。本章主要阐述教育成本的构成、特点、核算程序、核算方法及其应用。

第一节　教育成本概述

一、教育成本概念及核算特点

教育成本是指教育单位在开展教学专业活动和辅助活动时，为接受教育者提供教育服务而发生的各种教育费用之和，也是指接受教育者的培养成本。所谓教育单位是指向接受教育者传授知识、技能等产品的单位或组织，主要包括各种类型的学校和教育组织。所谓教学专业活动是指教育单位向接受教育者提供专业知识 、技能、学习与教育等服务活动。为开展教学专业活动而进行的管理、组织活动称为教学辅助活动。

教育成本核算是指教育单位依照国家法令、法规，对教育费用的发生进行审核与控制，核算其发生的实际情况，并运用一定核算程序和方法，按成本对象予以分配和归集，最终确定各成本对象的总成本和单位成本的核算过程。

教育成本核算与其他行业成本核算相比具有以下特点：

(1) 高等学校教育成本通过直接和间接的方式得到补偿。物质生产部门可通过产品的出售直接得到补偿，而高等学校的产品主要是掌握一定技能的合格学生。这些学生在校期间通过缴纳一定的学费直接补偿了部分教育成本，毕业后投入到用人单位，通过服务用人单位，可为用人单位和国家创造出大大超过其教育成本的价值，增加国家财政收入，然后再通过财政拨款使高等学校的投入得到补偿。从这个意义上讲，国家投入的教育经费是对高等学校教育成本的间接补偿。

(2) 教育成本计算对象是教育服务的接受者，计算年人均成本。教育单位为接受教育者提供教育服务，因此，教育成本计算对象是教育服务的接受者，所计算的是年人均单位成本。

(3) 教育成本核算期与会计核算期保持一致，与教学周期不一致。从理论上说，教育成本核算应与教育周期保持一致，与会计核算期不一致。教育成本核算由于依赖的会计核算资料是与会计核算期间同步的，所以，教育成本核算期必须与会计核算期保持一致，从而导致与教育周期不一致。

(4) 高等学校产品的特殊性决定了成本计算的复杂性。除了以上原因以外，高等学校学生层次多、专业类别多等特点以及高等学校支出内容复杂等原因，也是造成高等教育成本核算难度大的重要原因之一。另外高等学校产品的制造过程需要全社会多方面的配合。学生的培养过程是一个循序渐进的过程，需要经过小学、中学和大学教育等多个阶段，同时它还受到国家政治、经济、文化、道德等方面和学生个体的心理素质、努力程度等因素的影响，不像企业产品质量好坏几乎取决于企业对生产过程的控制。

(5) 高等学校教育成本直接费用少，间接费用多。高等学校培养学生的各项投入大都是综合性投入，属于间接性费用，如网管服务、图书资料管理、行政管理、后勤服务等都是间接性费用。间接费用的分配标准直接影响到成本核算的准确性。

(6) 高等学校教育成本具有经济效益和社会效益。物质生产部门主要追求生产成本的经济效益，即如何以最小的成本获取最大的收入。而高等学校则不同，它不仅追求教育成本的经济效益，更加重视教育成本的社会效益，即通过提高受教育者的综合素质，不仅对受教育者个人有益，同时还可促进社会的物质文明和精神文明建设。

二、教育成本核算的对象

为了正确计算高等学校教育成本，高等学校首先必须明确成本计算对象，以便按照成本对象分别设置成本明细账目，归集各个成本对象所发生的成本费用，进而计算出各个成本对象的总成本和单位成本。高等学校与企业不同，企业成本计算对象比较简单，主要就是企业所生产的各类产品，而高校的产品则是它们所提供的教育服务，那么如何来计量教育服务呢？由于教育行政管理部门、社会和学生家长都很关心学校向学生提供一年的教育服务所发生的成本，因此，从教育成本信息的相关性考虑，以学校向每一个学生提供一年的教育服务量作为教育成本核算的对象较为合适。这样既符合教育主管部门要求，又可满足社会和学生家长的需要，也为高校编制预算提供依据。但是，高等学校的学生可以按多种标准来分类：按是否有学历划分为学历教育生（包括本专科生、研究生、成教生、网络生等）和非学历教育生（研究生课程进修生、应用型学位生、自考生等）；按学历层次划分为专科生、本科生、硕士研究生、博士研究生等；按学习方法划分为全日制学生和非全日制学生；按学习手段划分为面授生、函授生、网络生；按学科分类划分为文科、理科、工科、农科、医科等。不同科类、不同层次的学生教育成本是不同的，即使同一科类、同一层次的学生，由于专业不同，其教育成本也会有所差别。因此，从理论上讲，为了准确核算教育成本，就必须按不同专业把不同层次的学生分别作为教育成本核算的对象，但从目前高校会计核算的技术手段来看，做起来可能困难重重，这也是教育成本核算到目前仍然只停留在理论研究的一个主要原因。

在现阶段，我们把高等学校教育成本核算的对象界定为学历教育生，因为非学历教育生属于高等学校社会服务活动的范畴，其成本开支应该全额通过收入得到补偿。为提高教育成本核算的可操作性，我们一方面在前面会计假设中提出了学生可折算假设的前提，即可把不同层次的学生都折合成标准学生进行计算；另一方面简化核算对象的类别，即按高等学校设置的学院作为我们核算教育成本的基本单位。这样，我们只要核算出高等学校各学院的标准学历生当年发生教育服务的耗费总金额，就可计算出每个学院标准学历生一年的教育成本。因此，本教材认为可以把高等学校教育成本核算对象界定为高等学校各学院的标准学历生。

三、教育成本项目设置

根据我国现行高等学校会计制度对支出项目的划分，为了便于核算高等学校教育成本，我们把高等学校的经费支出按照成本核算的需要划分为教育成本项目和非教育成本项目。

四、教育成本核算项目设置

高等学校教育成本项目的设置应考虑以下原则：

1．衔接性原则

高等学校教育成本项目的设置应尽量与现行高校会计制度规定的支出项目一致，以便于操作和进行对比分析，满足国家教育行政管理部门的信息需求，提高教育资源的使用效率。

2．有用性原则

高等学校教育成本项目的设置应能准确反映教育成本的经济内容，以便于教育成本费用的归集和分配。

3．完整性原则

高等学校教育成本项目的内容应全面完整，所有应计入教育成本的费用支出都能在高等学校教育成本项目中反映出来。

4．简单性原则

高等学校教育成本项目的设置应简单明了，不能太多太杂，以便于操作。

基于以上的原则要求，参照我国现行高等学校会计制度，可以将高等学校教育成本项目设置为以下三大项：

（1）人员支出，是指高等学校开支的与教育服务有关的各类人员工资性支出、津贴、补贴和按照国家规定应缴纳的各项社会保障费支出，包括基本工资、津贴、奖金、社会保险缴费、助学金及其他。

（2）公用支出，是指高等学校用于教学和教学服务有关的各项支出，包括办公费、邮电费、水电费、维修费、交通费、差旅费、会议费、招待费、材料费、物业管理费、劳务费、修缮费等。

（3）折旧费，是指高等学校按照权责发生制原则计提的与教育服务有关的固定资产耗费的价值，包括房屋建筑物折旧费、专用设备折旧费、一般设备折旧费、图书以及其他教学用固定资产折旧费。

五、非教育成本核算项目

高等学校非教育成本核算项目是指高等学校耗费的资源与提供的教育服务无关，在教育成本核算时应予以剔除的项目。主要包含以下几个方面：

（1）校办企业支出。尽管校办企业作为独立核算、自负盈亏的企业法人，但从现实情况来看，还有相当多高等学校的校办企业产权没有理顺，根本没有做到真正意义上的独立核算，它不但占有大量的学校教育资源，还有大量的费用由学校在承担。因此，高等学校在进行教育成本核算时应该剔除那些与学生培养无关，本应由校办企业自行承担的费用开支。

（2）后勤集团支出。自高等学校后勤社会化以来，大部分高等学校相继成立后勤实体或后勤集团，它们独立核算、自负盈亏。尽管与学生培养有一定的关系，但由于它们通过向学生收费或与学校结算的方式实行有偿服务，有独立的经费来源，基本上能收支平衡或略有结余，因此后勤服务部门的支出不能计入教育成本。

（3）附属单位的支出。高等学校的附属单位如幼儿园、中小学、医院等由于与学生培养无关，因此其经费支出也不能计入教育成本。

（4）培训支出。高等学校从服务社会的角度考虑组织的各种培训班，由于实行成本核算，有独立的经费来源，因此其支出应通过收入补偿，不能计入教育成本。

（5）赔偿、捐赠支出以及自然灾害损失等。由于这类支出属于高等学校非正常性支出，与学生培养无关，因此不能计入教育成本。此外，高等学校还有一些支出项目比较特殊，是否计入教育成本目前一直争议较大，如科研支出、离退休人员支出、学生助学支出等，这部分支出占高等学校支出的比重高达30%，为计算简便，本书不将非教育成本计入教育成本内核算。

第二节　教育成本的核算方法

一、教育成本计算方法

教育成本计算方法主要有如下三种：

（1）原始凭证法。它是根据高等学校经费支出的原始凭证，按功能进行分类重新核算教育成本的一种方法。这种方法实际上是按权责发生制为基础把所有的会计凭证重新核算一遍，势必让成本核算的工作量大大增加，不利于推广应用。

（2）会计调整法。它是指在现行的高等学校会计制度的框架下，通过现有的会计核算科目及核算内容，根据教育主管部门制定统一的会计调整规则，经过进一步的按功能进行分类核算和数据转换计算出教育成本的一种方法。用这种方法计算教育成本是建立在教育成本核算原则的基础上得出的，其结果会比统计分析法更为准确，但是还不能提供关于教育成本系统准确的数据。

（3）会计核算法。这种方法主张彻底变革现行的高等学校会计制度，即通过对高等学校会计制度的重新设计以适应教育成本核算的需要。这种方法应该说是一种趋势，因为它核算教育成本是最为直接的，会随着高等学校日常会计核算的进行自然而然地产生教育成本信息，也是本书所采用的一种计算教育成本方法。

二、教育成本核算的程序

为了正确计算教育成本，在组织教育成本核算时可参照企业成本核算程序，遵循以下几个程序：

（1）确定成本核算对象和成本核算期间。根据我们前面的研究，为便于实务操作，把高等学校教育成本核算对象界定为高等学校各学院的标准学历生。成本核算期间为一年，即公历1月1日至12月31日。

（2）设置成本项目。主要分为人员支出、公用支出和折旧费三大类。每大类下再按单位和具体用途细分若干明细科目。

（3）确认、记录、归集和分配费用。这是核算高等学校教育成本的关键，也是核算教育成本的难点，可以按以下步骤进行：

①把高等学校发生的支出按其与培养学生是否有关，区分为教育成本项目高等学校教育成本核算问题研究与非教育成本项目。与教育成本有关的费用就计入教育成本科目，与教育成本无关的支出就计入有关支出科目。

②对于与教育成本有关的费用，应划分为直接费用或间接费用。若是直接费用，就直接计入“教育成本”科目；若是间接费用，则先在“间接教育费用”科目进行归集。

③月末将“间接教育费用”科目余额按一定的标准在教育产品中分配，转入“教育成本”科目。

（4）计算各教学单位（学院）的教育成本。年终时，根据“教育成本”科目归集的汇总金额与分学院明细金额，以及按照全校折合标准学生总数和各学院折合标准学生数，就可以计算出全校生均培养成本和各个学院的生均培养成本。

综上所述，高等学校教育成本计算过程就是费用的对象化过程。它通过对高等学校一定时期费用的归集和分配，按教育成本核算项目分别列入人员支出、公用支出和折旧费支出，凡与学生培养有关的费用列入直接费用或间接费用，与学生培养无关的费用就列入其他支出，最后根据直接费用和间接费用总额计算出高等学校教育成本。

教育成本核算流程如图11-1所示：

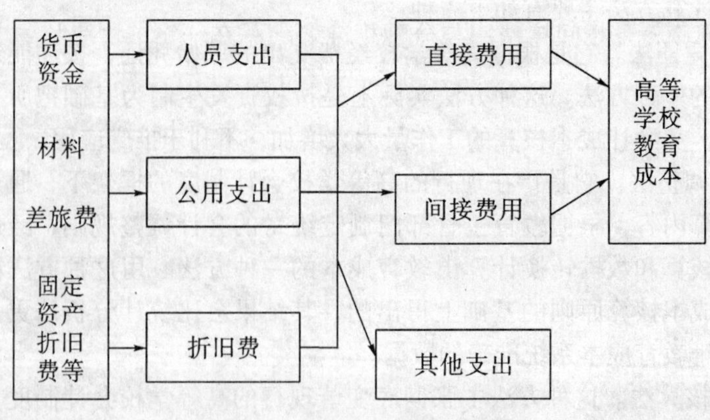

图11-1　教育成本核算流程图

三、教育成本核算科目的设置和核算内容

为建立以教育成本核算为中心的会计核算体系，需要按照权责发生制原则、配比原则等成本核算原则，对现行学校会计制度支出核算科目进行适当调整，增设“教育成本”、“间接教育费用”、“待摊费用”、“预提费用”、“累计折旧”等会计科目，用于核算教育成本费用，与教育成本无关的支出仍可在原来的支出科目核算，同时改变收入类、负债类和净资产类会计科目，使之与支出类会计科目相配比。鉴于本章主要是讨论教育成本核算问题，在此只考虑支出类会计科目设置，就不再详细讨论收入类和资产类会计科目的设置问题。这样，学校支出科目中用于核算教育成本的费用类会计科目主要有“教育成本”、“间接教育费用”、“待摊费用”、“预提费用”、“累计折旧”等。下面就对核算教育成本新增的会计科目进行详细的说明。

(1)“教育成本”科目是用于核算与培养学生直接相关的各学院教育费用以及月末由间接费用结转而来的共同教育费用，是对外提供教育成本信息的主要来源。在教育成本总账科目下按学院设置二级明细账，在二级科目下按教育成本核算内容设置三级明细科目进行核算，如基本工资、津贴、办公费、折旧费等。该账户月末余额反映用于培养学生所耗费的教育资源价值，年末该账户余额转入“事业结余”科目。

(2)“间接教育费用”科目用于核算与培养学生间接相关的公共教育费用，如行政管理费用、业务辅助费用、后勤保障费用等。在间接教育费用总账科目下按业务辅助部门或行政管理部门等设置二级明细账，在二级明细账下按教育成本核算内容设置三级明细科目进行核算，如基本工资、津贴、办公费、折旧费等。费用发生时记入“间接教育费用”的借方，月末按一定的标准在学院之间进行分配，记入“教育成本”账户的借方，该账户月末无余额。

高等学校教育成本组成要素中间接教育费用（共同费用）多、直接费用少的特点，是高等学校教育成本区别于企业产品成本的显著特征之一。因此，如何合理准确分配间接教育费用就成为能否正确计算各类学生教育成本的关键。根据高等学校的实际情况，分配间接教育费用时可以从以下原则入手：

①共有性原则，是指应承担间接费用的对象都具有分配标准的共有因素。分配标准应是各分配对象所共有的特性，使各受益对象都能根据其共有的特性承担间接费用。

②比例性原则，是指间接费用与分配标准之间存在一定的因果比例关系，以达到“多受益、多承担，少受益、少承担”的目的，使间接费用得到公平合理的分配。

③可取得和计量性原则，是指各受益对象分配标准的资料可以取得并能客观计量，这样才有利于间接费用的分配。

④相对稳定性原则，是指为了保持各期间接费用分配的可比性，间接费用的分配标准不宜经常变动，应保持相当稳定。

分配间接教育费用的因素标准：

①教师课时数。它是以各受益对象（各类学生）所消耗的任课教师课时数作为分配标准。

②实验课时数。它是以各受益对象（各类学生）所消耗的实验课时数作为分配

标准。

③教师工资数。它是以各受益对象（各类学生）所消耗的教师工资数作为分配标准。

④折合学生数。它是将各层次的实际学生人数折合成标准学生人数，并以折合后的标准学生作为分配标准，是本章基于实务操作简单方便考虑在会计假设中提出的。根据我国的具体情况并参照教育部的有关资料，把各类在校学生折算成标准生（本科生）的比例如下：本科生折合系数为1，硕士生折合系数为1.5，博士生折合系数为2，外国留学生折合系数为3，函授、夜大生折合系数为0.1等。

间接教育费用的分配方法：

间接教育费用的分配因素标准确定以后，就可以计算出各类学生应承担的间接教育费用分配率。其计算公式为：

某部门（学院）间接教育费用分配率=本期归集的间接教育费用总额/本期间接教育费用分配标准量合计。

某部门（学院）应负担的间接教育费用=某部门（学院）间接教育费用分配率×间接教育费用分配因素标准量

间接费用常用的分配方法主要有计划学时分配法、工资比例分配法、人数比例分配法、固定比率分配法和定额分配法等。其中最为常用的是计划学时分配法。因为任何教育费用的发生无不与教学时数有关，与教课时数往往成正比关系，教学时数多，负担的教育费用应该也随之增多。下面主要介绍计划学时分配法。计划学时分配法计算公式如下：

$$\text{分配率}=\frac{\text{单项教育费用总额}}{\text{各成本计算对象计划学时之和}}$$

该成本计算对象（学院）应负担教育费用=该成本计算对象计划总学时×分配率

（3）“待摊费用”属于资产类科目，用于核算应由本月和当年其他月份分别负担的费用，包括预付报纸杂志费用、预付水电费和保险费等。在待摊费用总账科目下也按部门和成本项目分别进行核算。支出待摊费用时，借记“待摊费用”，贷记“银行存款”、“材料”等科目；分月摊销费用时，应按待摊费用的用途分别借记有关成本、费用类科目，贷记“待摊费用”科目。若摊销年限超过一年以上的费用，可设置“长期待摊费用”科目进行核算。

（4）“预提费用”属于负债类科目，用于核算本期已经发生，但应在以后支付的费用，如预提租金、借款利息等。在预提费用总账科目下按部门和成本项目分别进行核算。预提费用时按部门和成本项目记入有关成本费用的借方，贷记“预提费用”科目；实际支付时，记入“预提费用”的借方，贷记“银行存款”等科目。

（5）“累计折旧”科目用于核算固定资产的折旧额，应按固定资产的使用部门以及固定资产的类别分别设置二级明细账进行核算。计提固定资产折旧时，根据固定资产的受益部门，借记有关成本、费用科目，贷记“累计折旧”科目。

第三节　教育成本日常核算及期末结转

一、教育成本日常核算账务处理

1. 发生人员费用和物质费用时

借：教育成本——教学单位（学院）——成本项目

　　间接教育费用——科研成本——成本项目

　　　　　　　　——行政管理费用——成本项目

　　　　　　　　——业务辅助费用——成本项目

　　　　　　　　——后勤保障费用——成本项目

　贷：银行存款（应付职工薪酬、原材料）

2. 预提费用、分配待摊费用时

借：教育成本——教学单位（学院）——成本项目

　　间接教育费用——科研成本——成本项目

　　　　　　　　——行政管理费用——成本项目

　　　　　　　　——业务辅助费用——成本项目

　　　　　　　　——后勤保障费用——成本项目

　贷：预提费用（待摊费用）

3. 提取折旧时

借：教育成本——教学单位（学院）——成本项目

　　间接教育费用——科研成本——成本项目

　　　　　　　　——行政管理费用——成本项目

　　　　　　　　——业务辅助费用——成本项目

　　　　　　　　——后勤保障费用——成本项目

　贷：累计折旧

4. 月末、年末分配间接教育费用时

借：教育成本——教学单位（学院）——成本项目

　贷：间接教育费用——科研成本——成本项目

　　　　　　　　　——行政管理费用——成本项目

　　　　　　　　　——业务辅助费用——成本项目

　　　　　　　　　——后勤保障费用——成本项目

假定某校本期发生如下有关业务：

【例 11-1】教育单位购进随购随用的教学器材一批，价款 16 200 元，增值税 2 754 元，均以银行存款支付，全部为教育学院领取领用。作会计分录如下：

借：教育成本——教育学院——办公费　　　　18 954

　贷：银行存款　　　　　　　　　　　　　　　18 954

【例 11－2】期末为了计算教育成本，将本期教学活动发生的器材费，按成本计算对象采用计划学时法进行分配。根据“材料出库领用汇总表”汇总资料，办公器材共出库使用 61 954 元。假定教育单位设立 A、B、C 三个成本计算对象（学院），各班计划学时分别为 420、380、480 课时，合计为 1 280 课时。采用计划学时分配法分配后计入各成本计算对象并转入“教育成本”账户。

$$分配率=\frac{61\ 945}{420+380+480}=48.40$$

A 应负担器材费 = 420 × 48.40 = 20 328（元）

B 应负担器材费 = 380 × 48.40 = 18 392（元）

C 应负担器材费 = 61 954 − 20 328 − 18 392 = 23 234（元）

借：教育成本——A　　20 328
　　　　　　——B　　18 392
　　　　　　——C　　23 234
　贷：教学物资仓库　　61 954

二、工资及福利费的归集与分配

教育费用中的工资及福利费主要包括各类教学、教辅人员基本工资、其他工资以及按一定比例计提的职工福利费，另外还包括社会保障费、助学金和社会统筹金等。这些费用统称为人员经费，通过“人员经费支出”账户予以汇总，期末按一定方法分配转入“教育成本”账户。

【例 11－3】经计算，本期教育学院共发放职工工资 215 000 元，其中：基本工资 123 000 元，其他工资 92 000 元，均用银行存款支付。假定按 14% 计提职工福利费 30 100 元，其中：基本工资计提 17 220 元，其他工资计提 12 880 元。作会计分录如下：

借：教育成本——人员经费支出——教育学院——工资　　245 100
　贷：银行存款　　215 000
　　　专用基金——福利基金　　30 100

【例 11－4】教育学院本期发放助学金 8 640 元，以银行存款支付。作会计分录如下：

借：教育成本——人员经费支出——教育学院——助学金　　8 640
　贷：银行存款　　8 640

三、管理费用的归集与分配

教育成本中的管理费用主要包括行政管理机构和教学管理机构的管理费用，属于教育成本中的公用经费支出，具体包括公务费、折旧费、修缮费、租赁费、利息支出和其他费用等。其中折旧费是因为核算教育成本的需要，对固定资产必须提取折旧费而设立的费用项目。

对以上这些费用，平时可通过“管理费用”账户予以汇总，在期末计算教育成本时，再按成本计算对象，采用一定方法分配计入各成本计算对象相关“教育成本明细账”，假定某校本期发生如下公用经费支出：

【例 11-5】 以银行存款支付学校行政办公大楼水电、通信费 14 200 元。作会计分录如下：

借：管理费用——公务费——水电费　　14 200

　贷：银行存款　　14 200

【例 11-6】 经计算本期行政办公大楼应计提折旧费 5 640 元。作会计分录如下：

借：管理费用——折旧费　　5 640

　贷：累计折旧　　5 640

【例 11-7】 期末为了计算教育成本，将本期已经发生的管理费用支出 194 060 元按成本计算对象，采用计划课时法分配计入各成本计算（学院）对象相关“教育成本”明细账户。

$$分配率=\frac{194\ 060}{420+380+480}=151.61$$

A 应负担管理费用 = 420 × 151.61 = 63 676（元）

B 应负担管理费用 = 380 × 151.61 = 57 612（元）

C 应负担管理费用 = 194 060 − 63 676 − 57 612 = 72 772（元）

借：教育成本——A——管理费　　63 676

　　　　　　——B——管理费　　57 612

　　　　　　——C——管理费　　72 772

　贷：管理费用——明细项目　　194 060

四、教育成本期末结转

教育成本的期末结转，就是将“教育成本明细账”所归集的本期教育费用，从“教育成本”账户的贷方，转入“事业结余”账户的借方，以便求出“事业结余”账户的贷方余额，为结余分配提供资料。如果该学院有两个班级，该累计数即为该班级学生在校时间内全部累计教育成本，据此可以再计算出单位成本。如表 11-1 所示：

表 11-1　　教育学院成本明细账

系别：　　入校日期：2005 年 8 月　　人数：60

专业别：　　入校人数：60　　人均成本：2 273 元

班级别：A 班　　日期：2009 年 12 月　　单位：元

年份	摘要	成本项目			合计
		公用经费	人员经费	折旧费	
200 912	上期累计 本期成本 累计成本 人均成本	58 563 20 328 78 891 1 315	169 652 84 668 254 320 4 239	148 546 63 676 212 222 3 537	376 951 168 672 545 623 9 091

根据以上各“教育成本明细账”归集的本期教育成本，期末予以转账。作会计分录如下：

借：事业结余　　545 433

　贷：教育成本——教育学院——人员经费 A　　254 320

　　　　　　　　　　　　　——公用经费 A　　78 891

　　　　　　　　　　　　　——折旧费 A　　212 222

第十二章　医院成本

【内容提要】

相对于其他服务行业，医院的成本核算可能更为复杂。本章主要阐述医院成本的构成内容、成本特点、成本的基本核算程序和方法，以及不同级别的成本核算实务。本章重点是院级成本核算实务。

第一节　医院成本概述

一、医院成本的概念、内容及种类

（一）医院成本的概念

医院成本核算是指对医院一定时期内实际发生的各项成本费用进行完整、系统的记录、归集、计算和分配，根据医院业务活动的特点和管理要求，按照医院医疗活动的不同对象、不同阶段、不同项目做出有关的账务处理，计算总成本和单位成本，以确定一定时期内的成本水平，并加以控制和考核，为成本管理提供客观真实的成本资料的一种经济管理活动。

医疗机构在开展医疗服务活动中，必然会发生各项耗费，这些耗费表现为医院占用在各种资金形态上的资金。具体地说，医院在进行医疗业务活动中所使用的医疗设备、器械、房屋和建筑物等物质资料的价值，是劳动手段占用的资金，这些物质资料的价值是通过计提折旧的方式逐渐转移到医疗成本当中的；医疗服务活动中消耗的药品、材料、器具、用品、工具等其他物质资料的价值，表现为医院占用在劳动对象上的资金耗费，这些劳动对象的价值是一次地、全部地转移到医疗成本中去的。至于医务劳动者为自己创造的价值，表现为医院以工资形式支付给劳动者的劳动报酬，是以基本工资、补助工资、其他工资、职工福利费、社会保障费的形式计入医疗成本的。

所以，医院成本是由医疗资金耗费形成的，反映了医院在进行医疗业务服务活动中资金耗费的价值。

（二）医院成本的内容

根据现行医院财务制度规定，医院的医疗收支和药品收支应分开核算，分开管理，医院可分别进行医疗成本核算和药品成本核算。医院成本包括医疗成本、药品成本和管理费用三部分。

医院成本核算内容如图 12－1 所示：

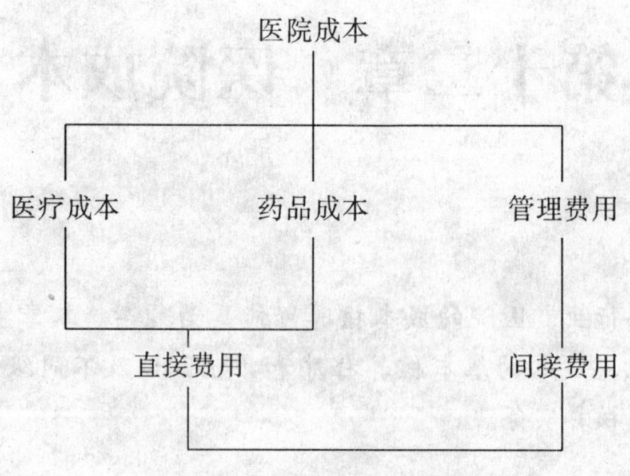

图 12－1　医院成本核算内容

（三）医院成本的种类

根据医院医疗业务服务活动的特点和管理要求、成本计算对象和目的及成本计算的内容的不同，可以对医院成本进行必要的分类，以便提高成本核算质量和成本管理水平，为有关部门提供成本信息。因此，医院可按下列标准对医院成本进行分类：

1. 按成本计算对象分类

根据医院成本计算对象不同，医院成本可分为医疗成本、药品成本、科室成本、医疗项目成本、诊次和床日成本、病种成本、出院病人成本等。

（1）医疗成本

医疗成本是指医院在开展医疗服务活动时发生的直接费用支出和摊入的管理费用，其内容包括从事医疗临床服务的职工的工资、补助工资、奖金、福利费、职工保障费，各种材料，低值易耗品的消耗，公务、业务费，医疗部门使用的固定资产提取的修购基金（即折旧）及小修小购等其他费用。

（2）药品成本

药品成本是指医院在向病人提供药品过程中发生的各种直接支出费用及摊入的管理费用，其内容包括从事药品采购、保管、发放以及药品管理工作的职工的工资、奖金、保障福利费，直接领用消耗的各种材料、公务费、业务费、向病人提供的药品成本费用支出，药品部门使用的固定资产提取的折旧及小修小购费用等。

（3）科室成本

医院各科室开展服务活动所发生的各项费用之和，即为科室成本。

（4）医疗项目成本

医疗项目成本指医院在开展某项医疗专项业务活动时发生的各项费用之和。

（5）诊次和床日成本

诊次和床日成本是指以诊次和床日计算医疗业务服务的耗费而形成的成本。

(6) 病种成本

病种成本是指以单病种为计算对象，计算单病种发生的各种耗费之和。

(7) 出院病人成本

出院病人成本是指以出院病人作为成本计算对象，换算出院病人所耗费的各项费用支出之和。

(8) 管理费用

管理费用是指医院行政后勤部门为组织和管理医疗服务活动而发生的各项费用。其内容一般包括行政后勤人员的工资、奖金、福利费、领用的材料物资耗费、公务业务费，宣传教育培训费、利息费、坏账损失、行政后勤部门使用的固定资产折旧及维修等费用。管理费用归集后要按照一定的方法分摊给医疗成本和药品成本。

2. 按成本核算目的分类

根据医院成本核算的目的，医院成本可分为院级成本、科室成本和单项成本。

(1) 院级成本，是指医院为完成全院医疗任务而支付的全部费用之和。其目的在于综合反映医院在进行医疗业务服务活动中发生的各项费用支出总体水平。它包括医疗成本和药品成本、管理费用三部分。

(2) 科室成本，是指基本业务科室和辅助业务科室在进行医疗活动和其他业务活动中所发生的全部费用之和，包括基本业务成本和辅助业务成本两部分。

(3) 单项成本，是指每一个医疗业务单项应当承担的医疗费用之和。其目的在于综合反映该医疗服务单项在提供医疗服务过程中发生的医疗费用支出总水平。其费用支出包括医疗费用、药品费用和管理费用三部分。

二、医院成本核算的基本原则

医院进行成本核算的目的是提供实际成本信息，为成本管理和决策提供可靠的依据，从而提高医院的经济效益和社会效益。因此，为了保证成本信息质量，充分发挥成本核算的重要作用，在进行成本核算时，应遵守以下基本原则：

1. 成本核算期与会计核算期保持一致原则

医院成本核算要分期进行，为了能够及时取得会计核算资料，并为会计核算提供成本资料，成本核算期与会计核算期应当保持一致。只有这样，医院成本核算才能正确计算各期医疗、药品以及其他专项成本。

2. 收入与费用配比原则

医院成本核算应以权责发生制原则为基础，凡应由本期成本负担的费用，不论是否在本期支付，均应计入本期成本；凡不属于本期成本负担的费用，即使在本期已经支付，也不计入本期成本。遵循权责发生制原则是为了保证支出发生期与支出受益期相一致，正确处理费用的支付与收益的收入合理配比，按照事物的因果关系确认收入与支出。

3. 实际成本原则

医院成本核算应按实际成本进行，实际成本原则就是对成本、费用的确认、分配、归集和结转均按实际成本计价，以保证成本资料的真实性和可比性。

4. 成本核算的合法性和一致性原则

所谓合法性是指计人成本的各项支出，应符合国家法令、政策、制度、纪律等有关规定，遵守规定的开支标准和范围，不得任意超过开支标准和范围。所谓一致性是指成本核算采用的方法、费用成本确认的依据应前后保持一致，不得任意调整、改变。

三、医院成本计算对象及账户设置

（一）医院成本计算对象

医院成本计算对象是指医疗费用的承担对象。医院在进行医疗服务活动中，其服务对象、服务项目和服务手段是多种多样的，因此其发生的医疗费用也应由多种多样的服务对象来承担，为这些服务对象计算成本。

医院成本计算对象简单说来分为住院和门诊两大类。医院提供医疗服务的主要场所和方式是向住院患者提供医疗服务，或者通过门诊对患者提供医疗服务。医院在两种服务活动中发生的医疗费用当然应由住院患者或者接受门诊的患者承担。因此，医院成本计算对象主要是指住院和门诊两个方面。其他成本计算对象，可根据具体情况确定。

医院确定成本计算对象的目的就是为了核算住院或门诊发生的医疗费用的发生情况及其承担对象，以便正确计算成本。医院成本就其内容来说，包括治愈病人，满足患者对医疗服务的需求而支出的全部医疗费用、药品费用和管理费用。这些费用的发生都是按成本计算对象进行归集的，因此，为了成本计算必须首先确定成本计算对象。

除此之外，还有科室、医疗项目、病种、诊次和床日等成本计算对象。这些成本计算对象因费用承担者的具体情况不同而有所不同，分别划分为四个层次级别：

1. 第一层次级别成本核算：医院级别的一级成本核算

医院级别的一级成本核算内容应包括医院资产、负债、净资产（基金）、收入、费用、结余等。院级成本核算包括医疗成本核算和药品成本核算两部分，成本费用分为直接费用和间接费用两部分，直接费用是可以直接计入科室成本的费用，间接费用是需按一定方法分摊计入的费用。

2. 第二层次级别成本核算：科室级别的二级成本核算

科室级别的二级成本核算内容根据核算单位的划分以及责任单元的性质不同而异，一般按医疗业务部门、药品部门、保障服务部门和行政管理部门划分。

3. 第三层次级别成本核算：医疗服务项目级别的三级成本核算

医疗服务项目级别的三级成本核算是指以具体医疗项目为核算对象，对医疗项目所发生的一切成本进行审核、记录、汇总、归集、分配并计算其成本的过程。

4. 第四层次级别成本核算：病种级别的四级成本核算

病种级别的四级成本核算是以病种为核算对象。实际上，目前医院的病种成本核算主要是核算某病种住院期间的平均费用，其核算数据来源于对该病种住院病人的各种医疗收费，各医院数据差异较大。

医院总成本是指医院在提供医疗服务过程中所消耗的费用总和。科室成本是指医院内部的科室在医疗服务过程中所消耗的费用。由于医院总成本和科室成本的核算方法不同，科室成本之和不一定等于医院的总成本。医疗项目成本是指医疗服务过程中为病人提供的某一医疗技术服务项目消耗的费用。病种成本是指诊疗某一种疾病所消耗的平均费用。目前，我国医疗项目成本多用于医疗收费标准定价，而病种成本多用于付费研究。诊次成本是指医疗服务成本按门诊人次进行分摊后的成本。

医疗服务项目成本核算在医院成本核算中的层次级别可用图 12－2 表示：

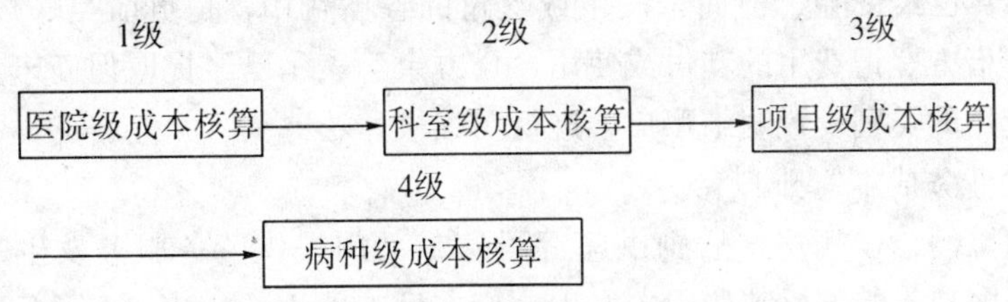

图 12－2　医院成本核算的层次级别流程

从图 12－2 可以看出，上一级别成本核算是下一级别成本核算的前提和基础，只有开展好上一级别的成本核算才能为下一级别成本核算铺垫好数据和资料。院级成本核算是科室成本核算的基础和保证，科室成本核算又是进行项目成本核算的前提和条件，没有科室成本核算，就不能很好进行项目成本核算，本章主要介绍医院级成本核算。

（二）医院成本费用核算应设置的账户

医院成本费用核算是通过设置一系列成本费用账户进行的，其中包括总分类账户和明细分类账户的设置。通过这些成本费用账户归集和分配医疗费用，计算医院成本。这些账户包括“医疗支出”、“药品支出”、“管理费用”、“待摊费用”、“预提费用”账户等。

1．“医疗支出”账户

该账户核算医院在进行医疗服务活动中发生的医疗费用支出，属于费用支出类账户。借方登记医疗费用的发生，贷方登记医疗费用的转出（转入“医疗收支结余”或“医疗成本”账户），月末无余额。本账户可按门诊医疗临床科室、住院医疗临床科室和医技科室设置明细账户，进行明细核算。

2．“药品支出”账户

该账户核算医院在为病人提供药品服务及药品治疗过程中发生药品费用支出，属于费用支出类账户。借方登记费用的发生，贷方登记费用的转出（转入“药品收支结余”或“药品成本”账户），月末无余额。本账户可按门诊药房、住院药房设置明细账户，进行明细核算。

3．“管理费用”账户

该账户核算医院行政管理机构为组织和管理医院的医疗服务活动发生的各项管理费用，属于费用支出类账户。借方登记费用的发生，贷方登记费用的转出（转入“医疗支出”、“药品支出”账户），月末无余额。本账户可按行政科室或费用类别设置明细账户，进行明细核算。

4.“待摊费用”账户

该账户核算已经发生，但应由本期和以后各期成本负担的，摊销期在一年以内的各项费用，是资产类账户。借方登记费用的发生，贷方登记费用的分配，借方余额表示尚未摊销完了的费用。本账户可按费用类别设置明细账户，进行明细核算。

5.“预提费用”账户

该账户核算已经受益，但尚未发生或支付的各项费用，是负债类账户。贷方登记费用的提取，借方登记费用的支付或使用，贷方余额表示已经提取但尚未支付的费用。本账户可按费用的类别设置明细账户，进行明细核算。

6.“辅助业务成本”账户

该账户核算门诊、病房、后勤供应等科室或部门提供劳务服务发生的成本费用，是成本计算类账户。借方反映费用的发生，贷方反映费用的转出（转入“医疗支出”、“药品支出”账户），期末无余额。本账户可按门诊、住院、后勤等辅助科室设置明细账户，进行明细核算。

四、医院成本计算步骤

医院成本核算是一项复杂而繁重的工作，应加以组织管理和科学分工，通过各部门的分工合作进行成本核算。医院应按以下基本步骤进行本单位的成本核算：

1. 确定成本核算中心

根据各科室、部门、分支机构的设置情况，按门诊医疗临床科室和药品科室；住院医疗临床科室和药品、医技科室、门诊、住院、药品、后勤等行政科室确定成本核算中心，负责本单位成本核算工作。

2. 归集各成本核算中心的直接费用

各中心当月发生的各种直接费用，按各成本核算中心予以归集，计入该中心成本明细账户。

3. 分配辅助科室成本费用

对后勤保障部门发生的费用，采用市价法、成本法、协商价格法确认劳务价格，根据后勤科室提供劳务数量，按受益对象采用一定方法如直接分配法、交互分配法等，在各受益对象间进行分配。对门诊辅助科室如门诊导医、咨询处、挂号处、划价处、供应室、收费处等发生的费用，按成本核算中心的门诊人次或业务收入金额进行分配。对住院辅助科室如住院部、结算处、营养供应处、药械科等发生的费用，按成本核算中心住院床日数或业务收入金额进行分配。对药品辅助科室如药剂科、中西药库、制剂室等发生的费用，按门诊、住院的药品收入金额进行分配。

4. 分配管理费用

管理费用属于间接费用，在计算医疗成本和药品成本时，管理费用应在二者之间合理分配，可按医疗人员数和药品人员数的比例进行分配；也可按收入比例、人员经费比例等进行分配。

5．计算各成本核算中心的成本费用

根据各成本中心归集的直接费用和间接费用，计算该中心的总成本。

6．根据科室成本计算结果计算专项成本

按照成本核算种类，以科室为单位可进行诊次、床日、项目、病种等专项成本核算。

第二节　医院成本要素费用核算

一、医院成本要素费用内容及其分类

（一）要素费用内容

医院在进行医疗服务活动中，必然会发生各种各样的医疗费用，这些费用按其经济内容不同给予的分类称为要素费用。医院成本中属于要素费用的内容主要包括14项要素费用：①工资；②职工福利费；③社会保障费；④药品费；⑤卫生材料费；⑥其他材料费；⑦业务费；⑧公务费；⑨低值易耗品摊销费；⑩修缮费；⑪购置费（折旧费）；⑫业务招待费；⑬租赁费；⑭其他费用。

（二）要素费用分类

为了便于对要素费用进行管理，有必要对费用要素按不同标准分类：

1．按管理要求分类

这种分类包括人员费用、业务费用和公用费用三大类。其中人员费用包括工资、职工福利费和社会保障费用等；业务费用包括药品费、卫生材料费、其他材料费、低值易耗品摊销费等；公用费用包括公务费、购置费、修缮费、业务招待费、租赁费和其他费用等。

2．按计入成本的方法分类

这种分类包括直接费用和间接费用两大类。

直接费用是指可以直接计入医院成本的费用。包括医务人员的工资、福利费、社会保障费、医疗机构或部门发生的业务费、公务费、卫生材料费、其他材料费、药品费、修缮费、购置费和其他费用等。

间接费用是指不能直接计入医院成本的各种管理费用。包括行政机构或部门管理人员工资、福利费、社会保障费、业务费、公务费、其他材料费、低值易耗品摊销费、坏账准备、科研费、书报费、租赁费、无形资产摊销费、职工教育费、利息支出、银行手续费、汇兑损失等。

不能计入医院成本的其他费用包括以专项资金开支的费用，用于基建支出的费用，转让无形资产的成本，被没收的财产损失，各种罚款、赞助捐赠支出，以及与医疗无关的科研支出和医疗赔偿支出等。

二、要素费用核算

要素费用核算是通过设置各种费用支出账户进行的。基本核算过程是：平时对要素费用的发生，可根据有关凭证，分别计入“医疗支出”、“药品支出”、“辅助业务成本”和“管理费用”账户，通过所属明细账户按有关费用项目汇总。进行医院成本核算，可先将“辅助业务成本”账户汇总的费用支出转入“医疗支出”、“药品支出”和“管理费用”账户，然后再将“管理费用”账户汇总的费用支出转入“医疗支出”和“药品支出”账户，结平“管理费用”账户，然后再将“医疗支出”、“药品支出”账户汇总的费用支出转入“医疗成本”和“药品成本”账户。

（一）人员费用核算

对于发生的医院人员费用应按不同用途计入不同账户。医疗、医技科室的医务人员工资，计入“医疗支出”账户；药品科室人员的工资，计入“药品支出”账户；后勤保障科室、门诊辅助科室、住院部辅助科室、药品辅助科室等人员的工资，计入“辅助业务成本”账户；医院行政管理人员工资，计入“管理费用”账户。

【例 12 -1】医院“工资结算汇总表”反映，医疗人员工资 36 400 元，药品科室人员工资 7 500 元，辅助人员工资 10 500 元，管理人员工资 9 200 元，共计 63 600 元。作会计分录如下：

借：医疗支出——工资	36 400	
药品支出——工资	7 500	
辅助业务成本——工资	10 500	
管理费用——工资	9 200	
贷：应付职工薪酬		63 600

【例 12 -2】医院按工资总额的 14% 计提福利费，按 2% 计提工会经费。作会计分录如下：

借：医疗支出——福利费工会经费	1 638	
药品支出——福利费工会经费	337	
辅助业务成本——福利费工会经费	473	
管理费用——福利费工会经费	414	
贷：专用基金——福利基金		1 590
其他应付款——工会经费		1 272

【例 12 -3】医院按工资总额计提社会保障费。作会计分录如下：

借：医疗支出——保障费	3 640	
药品支出——保障费	750	
辅助业务成本——保障费	1 050	
管理费用——保障费	920	
贷：应交社会保障费		6 360

（二）业务费用核算

医院业务费用是指医院在为患者提供医疗、药品服务时，发生的医疗费和药品费。由于医院实行医疗收支和药品收支分开核算，因此业务费用中的药品费用应单独核算，其他业务费用则按发生部门、科室予以核算。

1．药品费用

药品费用是指医院销售药品的成本，包括西药费、中成药费、中草药费三种。由于医院在购进药品时一律按售价入库，购进成本与售价之间的差额（药品进销差价）已计入“药品进销差价”账户。医院在计算药品成本时，必须将账面上的售价调整为成本。调整方法是将售价扣除进销差价，其差额即为药品成本。

【例12－4】假定医院当月西药销售收入620 100元，中成药72 800元，中草药54 300元，当月进销差价率分别为23%、17%、12%，药品成本计算如下：

西药进销差价：620 100×23%：142 623（元）

西药成本：620 100－142 623＝477 477（元）

中成药进销差价：72 800×17%＝12 376（元）

中成药成本：72 800－12 376＝60 424（元）

中草药进销差价：54 300×12%＝6 516（元）

中草药成本：54 300－6 516＝47 784（元）

作会计分录如下：

借：药品支出——西药费　477 477
　　　　　　——中成药费　60 424
　　　　　　——中草药费　47 784
　　商品进销差价——西药进销差价　142 623
　　　　　　　　——中成药进销差价　12 376
　　　　　　　　——中草药进销差价　6 516
　贷：药品——西药　620 100
　　　　　——中成药　72 800
　　　　　——中草药　54 300

2．卫生材料费用

卫生材料费用是指医院为患者提供医疗服务时使用的，其价值一次地、全部地转化为医疗卫生费用的医用物品。包括血浆、氧气、纱布、绷带、酒精、化验试剂、脱脂棉、一次性注射器、X光胶片等物品。月末根据“卫生材料出库单汇总表”编制会计分录。

【例12－5】月末根据“卫生材料出库单汇总表”记录如下：医疗费7 420元，药品费1 460元，辅助业务成本340元，管理费280元，共计9 500元。作会计分录如下：

借：医疗支出——卫生材料费　7 420
　　药品支出——卫生材料费　1 460
　　辅助业务成本——卫生材料费　340

管理费用——卫生材料费　280

贷：库存物资——卫生材料费　9 500

3．其他材料费用

其他材料费用包括办公用品、清洁用品、棉织品、印刷品、专用物资等。月末根据“其他材料出库单汇总表”编制会计分录。

【例12－6】“其他材料出库单汇总表”记录如下：医疗费474元，药品费116元，辅助业务成本43元，管理费67元，共700元。作会计分录如下：

借：医疗支出——其他材料费　474

药品支出——其他材料费　116

辅助业务成本——其他材料费　43

管理费用——其他材料费　67

贷：库存物资——其他材料　700

4．低值易耗品摊销费

低值易耗品摊销费包括办公用具、医疗用具、炊具、修理工具等。其价值摊销方法有一次摊销法、分次摊销法和五五摊销法等。

【例12－7】月末对领用低值易耗品按用途分类汇总如下：医疗费用530元，药品费112元，辅助业务成本128元，管理费260元，共计1 030元，均采用一次摊销法。作会计分录如下：

借：医疗支出——低值摊销　530

药品支出——低值摊销　112

辅助业务成本——低值摊销　128

管理费用——低值摊销　260

贷：库存物资——低值易耗品　1 030

（三）公用费用核算

公用费用是指不能直接计入医院成本，需要经过分配才能计入医疗成本和药品成本的各种间接费用。这些费用发生时按其用途和部门计入有关费用成本账户。其中：折旧费按固定资产使用部门分别计入“医疗支出”、“药品支出”、“辅助业务成本”和“管理费用”账户；其他间接费用发生时，一律计入“管理费用”账户。

1．折旧费

固定资产折旧是指固定资产在使用过程中，因损耗而转移到成本中去的那部分价值。目前医院是以提取修购基金方式计提折旧的。提取时，借记费用账户，贷记“专用基金——修购基金”账户。如果按计提折旧方式核算，一方面借记费用账户，贷记“累计折旧”账户。

如果以修购基金购置固定资产时，借记“固定资产”账户，贷记“银行存款”账户。同时，借记“专用基金”账户，贷记“固定基金”账户。

【例12－8】经计算医院当月应提修购基金如下：医疗部门4 200元，药品管理部门1 100元，辅助服务部门1 360元，行政管理部门1 670元，共计8 330元（按计提修

购基金方式核算)。作会计分录如下:

借:医疗支出——购置费　4 200

　　药品支出——购置费　1 100

　　辅助业务成本——购置费　1 360

　　管理费用——购置费　1 670

　贷:专用基金——修购基金　8 330

(四) 跨期摊提费用核算

跨期摊提费用包括待摊费用和预提费用两部分。待摊费用是指已经发生,应由本期和以后各期共同负担的费用,包括预付财产保险金、预付修理费、预付租赁费和低值易耗品分次摊销费等。预提费用是指本期已经受益,预先应计入本期成本,但在以后才能支付的费用,包括预提银行借款利息、预提修理费、预提租赁费等。

【例12-9】本月预付租赁费2 800元以银行存款支付,本月应摊销400元。作会计分录如下:

借:待摊费用——租赁费　2 800

　贷:银行存款　2 800

同时:

借:管理费用——租赁费　400

　贷:待摊费用——租赁费　400

【例12-10】本月预提银行借款利息310元,到期实际偿还利息1 690元(原提1 380元),以银行存款支付。作会计分录如下:

借:管理费用——利息支出　310

　贷:预提费用——利息费用　310

同时:

借:预提费用——利息费用　1 690

　贷:银行存款　1 690

第三节　院级成本核算

一、医院成本核算体系

医院成本核算内容和方式是多方面的,根据成本管理的需要,可以设置多种成本核算中心,进行多层次、多方位、多种目的的成本核算,形成医院成本核算体系。包括按门诊医疗临床科室和药品科室、住院医疗临床科室和药品、医技科室、门诊、住院、药品、后勤等行政科室建立成本核算中心进行不同方式、不同目的的成本核算。这些成本核算中心所建立的成本核算体系可以分为两大类:院级成本核算和单项科室成本核算。

院级成本核算是指以医院整体活动为核算单位，为核算全院医疗费用的发生和用途，确定该成本计算对象而进行的成本核算。包括医疗成本核算和药品成本核算两部分。这种成本核算是真正意义上的成本核算，因为它核算全院医疗费用的发生，并按用途进行归类，最后计算出全院医疗成本和药品成本，确定全院当期损益，其核算方式和内容是完整的。

单项科室成本是指以单位项目或单位科室为核算单位，核算本项目或本科室医疗费用的发生和用途，按单项或科室进行归类，确定单位项目或单位科室的核算成本。包括科室成本核算、项目成本核算、单病种成本核算、诊次床日成本核算和自制制剂成本核算等。这些成本核算除自制制剂成本核算外，其余均为非完整意义上的成本核算。因为这些成本核算只需要会计部门提供费用资料核算本单位成本，并不再为会计核算提供成本资料，而是为成本管理提供资料，以达到进行成本管理的目的。

二、院级成本核算内容及成本项目

根据现行医院财务制度规定，医院的医疗收支和药品收支分开核算、分开管理，医院在进行医疗费用核算时，要严格划分医疗费用支出和药品费用支出的界限。因此院级成本核算分为医疗成本核算和药品成本核算两部分。

院级成本核算是通过设置成本项目，按成本项目归集费用，进行成本核算的。其中医疗成本包括人员费用、业务费用和管理费用三大成本项目，药品成本包括药品费用、人员费用、业务费用和管理费用四大成本项目。

三、院级成本核算基本步骤

院级成本核算是归集全院各种费用支出，计算院级成本，以收入扣除成本后的差额，确认盈亏。所以，院级成本核算首先必须完整地、全面地汇集全院所有费用支出，分别在“医疗支出”、“药品支出”、“辅助业务成本”和“管理费用”等账户中归集要素费用。其次分配并结转“辅助业务成本”账户所归集的辅助费用，转入“医疗支出”、“药品支出”和“管理费用”账户。最后按“医疗支出”、“药品支出”和“管理费用”账户所归集的各种费用，转入“医疗成本”和“药品成本”账户，以确定院级成本。

四、辅助业务成本的结转与分配

关于要素费用归集的核算，在上节内容中已经讲述，这里只讲述院级成本核算的第二步，即分配并结转辅助业务成本。医院的辅助业务是指为医疗、药品基本业务服务而进行的劳务供应服务业务，这些劳务有的可能是为单一受益单位提供服务，但大多数情况下，是为多个受益单位提供劳务服务。因此，辅助业务成本应按服务对象在各受益单位之间进行分配。其主要分配方法多采用直接分配法和阶梯分配法。

直接分配法是将非项目科室成本，根据各项目科室接受其服务量的相对百分比，直接分配到各项目科室中去。

阶梯分配法是首先将各非项目科室按其提供的服务量大小依次排列，排在上面的科室向排在其下面的所有科室按接受服务量的相对百分比分摊其费用。该方法主要用于间接成本的分摊。分摊流程主要是先将为其他成本核算科室提供服务最多、接受其他科室服务最少的间接成本核算科室的成本首先分摊出去，不同间接成本核算科室根据其提供服务的特点按不同标准进行分摊，直到将所有间接成本核算科室的成本分摊完毕为止。在间接成本核算科室排序时将为其他成本核算科室提供服务多，接受其他成本核算科室服务少的间接成本核算科室排在前面，其他间接成本核算科室按这一原则依次排列。

按照以上方法，医院应先将行政科室的成本分摊到其他科室；其次分摊后勤科室成本；再次是分摊辅助医疗科室成本；最后分摊医技科室成本。如图 12－3 所示：

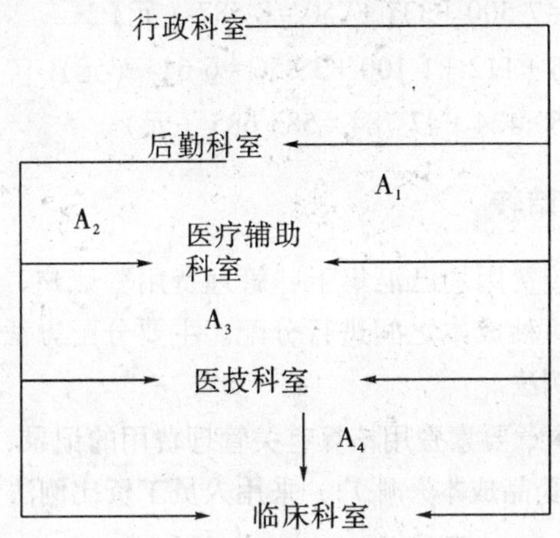

图 12－3　医院间接成本科室阶梯分摊法流程图

【例 12－11】以本章第二节“要素费用核算”中的资料为例，有关辅助业务成本 13 894 元，采用直接分配法，按服务对象进行分配。假设：医疗支出负担 8 540 元，药品支出负担 3 856 元，管理费负担 1 498 元，予以转账。作会计分录如下：

借：医疗支出——业务费　　8 540
　　药品支出——业务费　　3 856
　　管理费用——业务费　　1 498
　贷：辅助业务成本　　13 894

五、医疗支出和药品支出的结转

医院通过要素费用核算，将本期发生的各种要素费用均已计入“医疗支出”、“药品支出”等账户。期末为了计算院级成本，应将两个账户归集并汇总的要素费用总额分别转入“医疗成本”和“药品成本”账户，以便确认院级成本。

【例 12－12】现以有关“医疗支出”和“药品支出”两账户汇总的费用总额 62 842 元和 600 916 元为例，按成本项目转入“医疗成本”和“药品成本”账户。作会计分录如下：

借：医疗成本——人员费　　41 678
　　　　　　——业务费　　21 164
　　药品成本——人员费　　8 587
　　　　　　——业务费　　6 644

——药品费　　585 685

贷：医疗支出——人员费　　41 678

——业务费　　21 164

药品支出——人员费　　8 587

——业务费　　6 644

——药品费　　585 685

注：医疗成本：人员费 =36 400 +1 638 +3 640 =41 678（元）

业务费 =7 420 +474 +530 +4 200 +8 540 =21 164（元）

药品成本：人员费 =7 500 +337 +750 =8 587（元）

业务费 =1 460 +116 +112 +1 100 +3 856 =6 644（元）

药品费 =477 477 +60 424 +47 784 =585 685（元）

六、管理费用的分配与结转

平时发生的各种间接费用均已汇集于“管理费用”账户，为了计算医疗成本和药品成本，管理费用应在两种成本之间进行分配。主要分配方法有人员比例法、人员工资比例法、业务收入比例法。

【例 12 -13】现以本章要素费用核算有关管理费用的记录，按费用总额 22 259 元，转入“医疗成本”和“药品成本”账户，采用人员工资比例法予以计算分配。

$$分配率 = \frac{22\ 259}{41\ 678 + 8\ 587} = 0.442\ 833$$

医疗成本负担管理费用 =41 678 ×0. 442 833 =18 456（元）

药品成本负担管理费用 =8 587 ×0. 442 833 =3 803（元）

借：医疗成本——管理费　　18 456

药品成本——管理费　　3 803

贷：管理费用　　22 259

至此，为了院级成本计算而归集的属于医疗成本和药品成本的一切费用已入账，在医疗成本和药品成本明细账中，应该按成本项目予以反映，借以确定医疗和药品成本。

现根据本章所列举的例题资料，在医疗成本和药品成本明细账中，按成本项目予以登记。如表 12 -1 和表 12 -2 所示：

表 12 -1　　医疗成本明细账

××年×月份　　单位：元

摘要	成本项目			合计
	人员费	业务费	管理费	
结转医疗支出 结转医疗费用	41 678	21 164	 18 456	62 842 18 456
合计 期末转出	41 678 41 678	21 164 21 164	18 456 18 456	81 289 81 289

表 12-2　　药品成本明细账

××年×月份

单位：元

摘要	成本项目				合计
	药品费	人员费	业务费	管理费	
结转医疗支出 结转医疗费用	585 685	8 587	6 644	 3 803	600 916 3 803
合计 期末转出	585 685 585 685	8 587 8 587	6 644 6 644	3 803 3 803	604 719 604 719

七、院级成本的期末结转

为了计算当期损失，期末应对已经确认的医疗成本和药品成本，按照收入与支出相配比原则，予以转账，即转入“收支结余”总账账户及“医疗收支结余”和“药品收支结余”二级明细账户。

【例 12-14】根据以上“医疗成本明细账”和“药品成本明细账”已经确认的成本 81 298 元和 604 719 元，转入“收支结余”账户。作会计分录如下：

借：收支结余——医疗收支结余　　81 298
　　　　　　——药品收支结余　　604 719
　贷：医疗成本　　81 298
　　　药品成本　　604 719

第四节　其他医院级别成本核算

一、医院科室成本核算

（一）医院科室成本核算的意义与要求

医院的科室二级成本核算是在医院一级成本核算的基础上，划分成本核算单元科室，按科室进行明细成本核算，根据院级成本核算结果，进行各科室成本费用的归集，然后将间接成本科室的成本费用，按其受益对象和范围采用合适的分摊方法，逐步逐级分摊到各直接成本科室，直接费用能分清科室的直接计入科室，属科室共同费用采用合适分配方法分配计入各科室核算单元。

科室二级成本核算的基本框架可用图 12-4 表示：

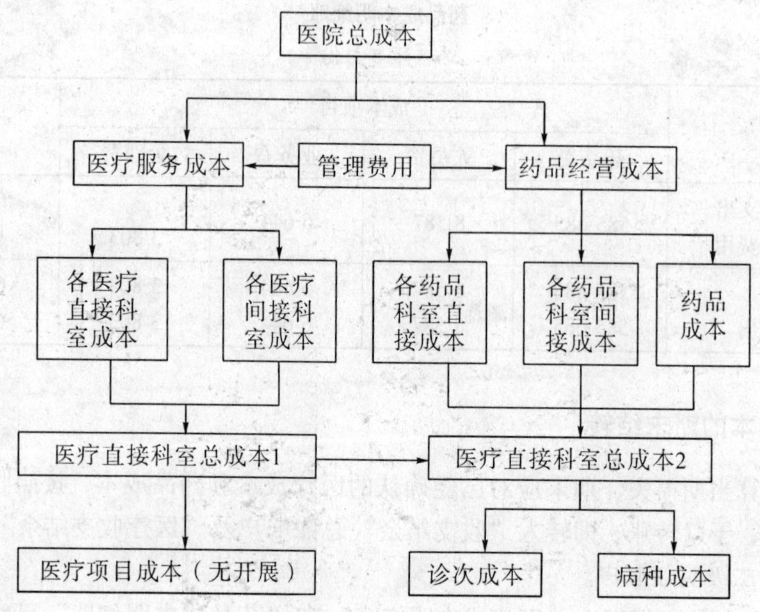

图 12－4　医院科室二级成本核算框架图

医院科室成本核算是医院二级核算单位，是院级成本核算的补充和完善，而院级成本核算是科室成本核算的前提和条件；同时，科室成本核算又是项目成本核算的基础和保证，没有完善而可行的科室成本核算，院级成本核算难以充分发挥成本核算的作用，无法保证院级成本核算目标的实现。因此，医院应当在建立、完善院级成本核算的前提下，进行科室成本核算，以完善院级成本核算体系。科室成本核算应明确划分各职能科室的经济责任和费用支出用途，在权责发生制的要求下，反映不同科室费用的归集与分配，进而确定该科室成本。

（二）医院科室的划分与费用分类

医院所进行的单项成本核算是以各职能科室为成本计算对象，为不同科室计算成本，医院所有科室按其费用处理方法不同，分为直接成本科室和间接成本科室两大类，各个科室又同时具有直接费用和间接费用。

1. 直接成本科室

直接成本科室是指费用发生时，可直接计入该科室成本，且有收入能力的科室。包括门诊医疗科室、医技科室、门诊药房、病房医疗科室、病房药房五大类。这些科室发生的费用，均可根据相关凭证直接计入该科室成本。

2. 间接成本科室

间接成本科室是指为医疗基本业务提供劳务服务的科室。包括门诊辅助科室、病房辅助科室、药品辅助科室、行政科室和后勤保障科室等。这些科室均无业务收入，费用支出无弥补来源，发生的费用必须按服务对象予以分配，间接计入其他科室成本。以上两类科室在进行业务活动时，发生的费用主要包括人员费用、业务费用、药品费用、卫生材料费用、修购费用、其他费用六大类。

（三）科室成本核算基本方法步骤

科室成本核算可按下列步骤进行：

1．直接费用的归集

科室成本核算所需要的费用资料，是由院级会计部门提供的，各单位不进行费用核算工作，只需将费用按用途分别计入单项成本即可。能够分清科室的费用，直接计入科室成本中心。对于发生的共同费用，可采用适当方法分配计入科室成本中心：①人员费用按实际发生额直接计入成本中心；②药品费用按药品收入折算为成本后，计入门诊、住院药房成本中心；③卫生材料和其他材料费按各科室实际领用金额计入成本中心；④修购费及其他公用费用，能够分清科室的，计入各成本中心，不能分清科室的，采用适当方法分配后计入本中心。

2．分配后勤科室间接费用

医院后勤科室是为其他科室提供劳务服务的科室，其所发生的费用应当由受益单位承担。包括医疗科室、医技科室、药品科室、辅助科室、行政科室等。

3．分配辅助科室费用

医院辅助科室包括门诊辅助科室、病房辅助科室及药品辅助科室三大类。这些科室发生的费用，应在医疗、药品有关科室之间进行分配后计入成本中心。药品辅助科室费用计入门诊药房和住院药房科室成本；门诊咨询、门诊医导、门诊办公室、门诊挂号室、门诊划价收费室等科室费用，根据门诊人次或门诊收入金额分配后计入本中心；住院部辅助科室费用，根据病区床位数分配。

4．分配行政科室费用

医院如果既计算院级成本，又计算科室成本，管理费用应计入院级成本，是否计入科室成本，由各医院具体核算要求决定；如果不计算院级成本，只计算科室成本，管理费用计入科室成本。

5．确认科室成本

医院当期发生的费用，经过归集和分摊后，直接费用和间接费用均已计入成本中心，直接成本科室所归集的直接费用，加上各间接成本科室分配转入的间接费用，即为科室总成本。

二、项目成本核算

医院的医疗服务项目是指医院在进行医疗业务活动时，提供的专项医疗服务手段，亦即服务单项。医疗项目成本核算是指以专项医疗服务为成本计算对象，归集与分配各项费用，计算各种服务单项总成本的核算。这种成本核算的基本程序是：首先，选择具有代表性的医疗项目，确定能够代表该项目特征的有关科室；其次，以科室为单位核算科室成本；最后，将科室成本采用系数法分配到各医疗项目成本计算对象，汇总后即为该项目的总成本。

项目成本核算步骤如下：第一，通过设置“医疗成本”总分类账户，归集在一定时期内发生的医疗费用总额。第二，在“医疗成本”总账户下，设置“门诊医疗科室”、“住院医疗科室”和“医技科室”等二级明细账户，以进行科室成本核算。第三，在“医疗科室明细账”下，按各医疗项目确定成本计算对象。第四，确定费用分配系数，采用系数法在各项目间分配科室成本。分配系数可分别采用人员费用分配系数、直接材料分配系数等，按费用类别进行分配。第五，核算项目成本，将各项目应承担的费用相加即为该项目总成本，同时，可根据该项目诊疗人次求出该项目平均单位成本。

科室成本核算只能反映一个科室层面的成本状况，而项目成本核算是由各个具体诊疗项目组成，按科室成本核算，成本和收入不能形成一一对应关系，也就不能揭开科室成本的真正面目，造成诊疗单项收入和成本不配比，不利于医院控制和节约成本，影响成本管理的效果。科室成本核算不能反映具体诊疗项目工作质量、管理水平、工作效率指标，而这些恰恰是诊疗项目成本核算反映的内容。项目成本核算能为医院降低诊疗成本提供真实可靠的依据，在最低层次上控制成本、挖掘降低成本的潜力；而科室级成本核算是概括性的，方向和目标都没有项目成本核算清晰、明确，诊疗项目成本核算缺失，影响成本管理效果。同时开展项目成本核算能向管理者提供项目开展的决策数据，让医院项目决策者明白哪些诊疗项目有收益，收益多少，能引导决策诊疗项目开展的策略和方向。

三、诊次床日成本核算

诊次成本是指医院为患者提供一次完整的门诊医疗服务所耗费的平均成本。一个诊次服务项目包括挂号、交款、检查、诊断直到有明确结果的全过程。

床日成本是指医院为一个住院病人提供一天的诊疗服务所耗费的平均成本。床日成本包括住院、检查、治疗、药品、血液、氧气、特殊材料等住院所有服务费用。诊次床日成本计算包括科室诊次床日成本计算和院级诊次床日成本计算两种。诊次床日成本计算一般程序是：首先，确定门诊科室和病房科室。其次，将各门诊科室成本除以各科室门急诊人次，求出科室诊次成本；各临床病房科室成本除以病人实际占用床日数，求出科室平均床日成本。最后，医院门诊总成本除以医院门诊总人数，求出医院平均诊次成本；医院病房总成本除以医院实际占用床日总数，求出医院平均床日成本。

四、病种成本核算

不同诊疗项目和数量的医疗服务组合，构成不同病种、患者的医疗成本。广义的病种包括门诊医治病种和住院诊治病种两部分。这里仅指住院治疗病种。病种成本是指医院为某患者诊治某种疾病，从其入院到出院期间所耗费的人均成本。病种成本计算是指以住院的不同病种为成本计算对象，进行费用的归集和分配，计算各病种项目总成本和单位成本。随着医疗改革深入，按单病种付费将是探讨目标之一，开展单病种成本核算也是医疗机构面对的课题。

参考文献

[1] 乐艳芬. 成本会计 [M]. 2 版. 上海：上海财第大学出版社，2006.

[2] 万寿义，任月君. 成本会计 [M]. 2 版. 大连：东北财经大学出版社，2010.

[3] 中国注册会计师协会. 财务成本管理 [M]. 北京：经济科学出版社，2009.

[4] 财政部. 企业会计准则 [M]. 北京：中国财政经济出版社，2006.

[5] 周仁仪，朱启明. 成本会计学 [M]. 长沙：湖南人民出版社，2007.

[6] 冯巧根. 成本会计 [M]. 北京：北京师范大学出版社，2007.

[7] 王生交，王振华. 成本会计 [M]. 大连：东北财经大学出版社，2008.

[8] 常颖. 成本会计学 [M]. 北京：机械工业出版社，2004.

[9] 杨洛新，胥兴军. 成本会计学 [M]. 武汉：武汉理工大学出版社，2007.

[10] 鲁广信，赵克罗，李树军. 成本核算实务 [M]. 北京：中国物价出版社，2005.

[11] 罗绍德，张珊. 成本会计 [M]. 广州：暨南大学出版社，2006.

[12] 肖序. 成本会计学 [M]. 长沙：中南大学出版社，2005.

[13] 刘英. 成本会计学 [M]. 成都：西南交通大学出版社，2003.

[14] 欧阳清. 成本会计学 [M]. 长春：东北财经大学出版社，1999.